世界史のなかの世界

文明の対話、政治の終焉、システムを越えた社会

汪暉
Wang Hui

丸川哲史
Marukawa Tetsushi

青土社

世界史のなかの世界　目次

世界史のなかの世界　文明の対話、政治の終焉、システムを越えた社会

第一章

二つの大洋の間の文明
——二〇一五年六月二九日カシュガル大学での講演

丸川哲史　訳

新疆にはもう五回も来ているのですが、カシュガルは今回が初めてです。言語学研究者によれば、ウイグル語の「カシュガル」は、テュルク語と古アラビア語とペルシャ語の語源が交じり合ったもので、一方中国語では「疏勒（シューロー）」と今日のウイグル語の発音としてカシュガルとなったわけですが、「シューロー」。いう旧称は付近の県の名としてのこっています。ところでカシュガルはユーラシア大陸のちょうど真ん中、西にはタジキスタン、西南はアフガニスタンやパキスタンやキルギスタン、ウズベキスタン、またインドともかなり近いようです。東側はタクラマカン砂漠で、東北、西北、東南はそれぞれアクス地区、クズルス・キルギス自治州とホータンに繋がっています。秦から漢にかけては、匈奴対策地方官（僮仆都尉）の管轄区で、漢代からは西域軍事機関（都护府）の行政範囲となり、唐朝になると安西四鎮の一つとなり、また五代から宋にかけてはヤルカンド・ハン国の首府や西遼〔カラ・キタイ〕の管轄区となり、蒙古時代にはチャガタイ国の封土となり、そして清朝になってからは「南八城」の統轄を担当するカシュガル参事大臣の駐屯地となりました。この地区の政治的所属には大きな変遷があり、ずっと多民族混在混住の状態であるわけです。昨日、ある友人が私にカシュガル地区には三一の民族がいて、ウイグルが人口として多数派である、とおしえてくれました。

地理、エスニシティ、所属のあり様などが複雑に重複しまた相互に変化していることは、カシュガルの文化的な混交性を物語っています。この土地はまた、『福楽智慧』〔テュルク語の長編詩『クタドゥグ・ビリグ』〕の作者、偉大なる詩人であり思想家でもあるユセフ・チャス・チャジフ（約一〇一〇～一〇九二）

を生んだところでもあり、また記念碑的な著作『テュルク語大辞典』〔アラビア語－テュルク語辞典『ディーワーン・ルガート・アッリテュルク』〕の作者、ウイグルのイスラム学者、マホメッド・カシュガリ（一〇〇八～一一〇五）の故郷でもあります。彼らの著作から、テュルク、アラブ、ペルシャと漢文化が併存、交流、重複、融合した痕跡が読み取れます。彼らが生きていた時代は、まさに宋代の理学（儒哲）が形成された時期であり、中国の儒者が自分たちは何者なのかを新たに考え直していた時代でした。またその前のおよそ六四二年の夏、あの玄奘法師が戻ってくる旅程を思い起こしました。すなわち、ワハーン回廊から大パミールを通ってタグトンパシェン・パミールに到り、それからまた向きを変えてサリクル王国の首府たるタシュクルガンにまで到る一帯――その高原の美しさと人情風俗は私の気持ちを神々しくもさせます。ここに来た第一日目、疏勒を訪問し、晩に戻って来る途中、班超路にさしかかった時、私はそこが漢代に班超が長期赴任していた場所だったことを知りました。伝説では、彼が疏勒から洛陽に戻ろうとした時、洛陽に戻ってほしくない人々が自決までして留めようとしたところでした。先に挙げた『福楽知恵』の中で、偉大なる詩人がシルクロードの交流についてこう述べています。「彼らは東から西へ必要なものを届ける……もし中国《ママ》の小隊の旗が打倒されたなら、どこから豊富な珍宝が得られるだろうか！」。また彼は「東方の国、トルコ人と中国人、その出会いに供される書物はまだない」とも書いています。カシュガル大学の使命は偉大な伝統を継承すること、このユーラシア大地の真ん中で、システムを越えた社会のために文化のシャンネルを作ること、また社会を超えたシステムのために文明の靭帯を創造すること、文明を超えた文明のために次の世代の継承者と創造者を育てること――そう私は信じています。

何をもって「システムを越えた社会」、あるいは「社会を越えたシステム」というのか、また「文明を越えた文明」というのか。これらは、中国の歴史問題を考える際に私が提出し、また説き及んだ概念であり、カテゴリーであり、命題です。この特別なる地において、私はそれらの概念の可能性について新たに考え直してみたい、またそれらがこの地区において、また現在の脈絡においてさらに意義を付け加えられるのかどうか考え直してみたいのです。

1 海洋時代と新たに定義された中国

歴史の変遷への理解と再解釈は、常にある特定の時期において出てくるものでしょうし、また人々が自身の社会や歴史を観察する方法において重要な変化が生じた時期に生まれてくるものでしょう。そういった時期、地域、文化についてその他の地区との相互関係が急に特に重要なものになることもある一方、別の地域や文化については相対的にあまり人の目を引かなくなる、ということもあります。ですから、このような変遷は、人々が歴史を観察する上での重心や視角を変えてしまいます。まず簡単な例から始めてみます。二〇〇年前の一八二一年のこと、当時はまだ有名ではなかったがその後は堂々たる思想家・文学家となる龔自珍が道光帝にある提案を上奏しました。その提案は後に名の知れることになる「西域置行省議」です。提案の直接の動機は新疆に行省（行政機関）を設置し、内地から移民を促し、西北地区の納税をアップさせること、その一方で内地の水害などで生じる難民保護のプレッシャーを軽減すると同時に、もう一方では新疆内外の反抗や転覆行動を抑えることができる、というものでした。帝政ロシアを牽制しつつ、西の海に出ること――これも実は私たちが現在インド洋への道として考えていることです。一七五八年から一七五九年の間、乾隆帝は二人のイスラム指導者、大和卓〔ブルハーン・アッディーン〕と小和卓〔ホージャ・ジャハーン〕による反乱を平定しました。続く軍事的支配と新疆各部の混乱の中で、清朝は地方エリートの中から協力者を見いだそうとし、また現地でのイスラム法による統治を許し、税と労役を軽くする富民政策を採用することにしました。しかし一八二〇年前後、内外にまた変化が生じます。清内部で、白蓮教、苗族、天理教などの反乱が前後して引き起こされ、また外部では帝政ロシアの西部での安定から生じた「東進」があり、清露の境界で危機が発生します。その時、新疆では何が起こっていたでしょうか。その年、大和卓の次男たる張格爾〔アパク・ホジャ〕が兵を集め反乱を起こしまして、イギリスとコーカンド勢力の支持の下、カシュガル一帯を攻撃しました。攻撃は挫折したものの、その数年後の一八二六年、ついにコーカンド・ハン国の兵がカシュガルを攻略、イェンギサール、ヤルカンド、ホータンなど新疆の半分の土地を支配しましたが、一八二七年再び清軍の攻撃によって退けられました。そういった動乱にあって、官僚の腐敗と怠慢が流行、さらに政策が整合性を欠いたため、民の恨みが充満していたこと――これも容易に想像できます。

ところで、「西域置行省議」には明晰な地理学的背景があります。嘉慶〔一七九六～一八二〇〕、道光〔一八二一～一八五〇〕の前、西北地理研究はまだ深くなく、限界のある幾つかの著作は主に清露辺境の叙述に終始していました。ところが嘉慶の中期、キャフタ貿易にかかわって次々に紛争が生じたことで、清朝の士大夫〔知識人〕の西北地理に対する研究が刺激されました。それはたとえば兪正燮、張穆などのロシア問題の研究です。そして嘉慶の最後の年、龔自珍と程同文が記録し集めた『平定羅刹方略』もまたこの流れから出てきました。これらの仕事は清露辺境の危機を描写すると同時に、この地区の民族、民俗、言語、宗教、各文化に対する調査を進め、顧炎武が道を開いた地学と風俗学の伝統をそこで展開するなど、また民俗誌的な味わいもあるものです。そして一八二〇年、前に湖南の学校〔教育行政〕を務めていた政徐松が、あのイリ将軍松筠幕に許され実地に考証して『伊犁《イリ》総統自略』を編纂、松筠幕を通じてそれを道光帝に進呈し、それに道光帝が序文を添えて『新疆自略』と命名されたこともありました。この本の中の「新疆水道総序」と「新疆水道表」には、新疆の一二の河と湖についての記載があります。徐松の他にまた祁韵士という人物もいますが、彼らは親代中期の新疆の地理、民情について深く調べました。徐松は一八二〇年に北京に戻りましたが、彼の周囲には地学〔地理学〕を研究するグループが形成され、張穆、龔自珍、魏源などがそのグループから出ています。彼らの地位は高くないわけですが、天下を憂い、朝政と共同体社会の行方に関心を寄せていました。特に龔自珍の著作の中では多く、蒙古と回教地域に関する研究があります。龔自珍のその他の奏議や提案を見ますと、『擬進蒙古図志文』、『上鎮守トルファン領隊大人宝公書』、『上国史館総裁提調総纂書』、『擬上今方言表』、『北路安揷議』、『御試安辺綏遠疏』など、**広大な土地を有し、構造も複雑で、内外を分けることなく多様な文化を持つ中華帝国の政治の青写真がくっきりと見えてきます。龔自珍は彼の地学的観察を「天下〔世界〕」への観察に含み込み、理学〔儒哲〕の華夷秩序とも、郡県制国家の内外の別とも、また当然のことヨーロッパの国民国家の政治的視野とも異なった思想を形成しました。そういった視野の中で、「中国」とは、遠／近を位階関係として組織、そのことによって内外が呼応する政治秩序を構成するものであって、それは歴史的変遷の産物であり、また変遷する歴史そのものでもある、ということです。そういうことで、いわゆる地理学とは地理の問題だけでなく、その背後にあるものとして、いかにして空間的・意味論的に「中国」と「天下」を定義するのか、という問題にかかわったわけです。**

そうであったとしても、一八二〇年、中国の絶対的多数の士大夫、特に北京の士大夫たちは、この士地についてほとんど知らないままで、やはり宋明の理学の華夷秩序で「中国」を理解していました。だから、龔のそれらの研究はある側面では中国に対する新たな定義を加えるわけで、たとえば『御試安辺綏遠疏』の中ではこう叙述されています。「辺境の状況は以前とは違っている。開拓が二万里も為され、空き地とは見做されない。城郭から眺めても、もう地平線も見えない。辺境を護る士の子はそこの民となり、年月が流れ、冷静に考えれば捨てる地とはならない。だから中と外はもう一体であって、以前の歴史と全く違うのだ」と。また別の側面から、宋明理学の中国観への批判と訂正として、彼は自問自答しました――「太平大一統とは何か？ 答：宋明の数多の偏屈士は華と夷の区別を守ることばかり言った。春秋〔孔子が書いた魯国の歴史〕を参考にすると言っていたが、実は、春秋のことは知らないのだ」と。これは、『五経大意終始問答』の中の話です。龔自珍、魏源など少数の知識人はこの地区に対して本当に興味を持ったようですが、彼らは実地調査を行ったわけではなく、たくさん読んだ結果として、この地域の豊富さと広さを感じ取った、ということです。**これは一般論的な区域に関する注目ではなく、むしろ「中国」に対する定義なのでした。**龔自珍は自身の話として、彼がやったことは**「天地東南西北の学」ということになります。**

　龔自珍が上奏したものの冒頭から語っていたように、西域――つまり現在の新疆地区――に行省を設置するという提案でありました。清代において西域に行省が設置されたのは、一八八四年、そこには阿古柏の乱の影響が散見されます。阿古柏の本名はムハンマド・ヤクブ・ベク（一八二〇～一八七七）は龔自珍が上奏を行った年にコーカンド・ハン国で生まれました。帝政ロシアとイギリスの支持の下、彼は一八六五年からイェット・シェヘル・ハン国を成立させ、その統治が一八七七年まで続きましたが、一八七七年に左宗棠の軍隊に破れます。計算してみましょう。一八二一年から一八八四年、前後して六三年間、当時の統治者が真面目に龔自珍の上奏したものを読んでいたなら……。聞くところによれば、龔自珍の書体が適切でなかったので読み捨てられた、とも考えられています。もし彼の提案を受け入れていたなら、新疆地区の歴史はおそらく別様になっていたのではないでしょうか。**みな歴史に「もし」は必要ではないと言うわけですが、事実ではないとはいえ、少しでも想像を働かしてみるなら、歴史に対する理解につながるでしょう。**すなわちこういった原点によって、かつて「西を捨てて東を護る」と主張していた李鴻章でしたが、龔自珍を褒めて「国家社会を治める学を定めた者として、明々白々たる大物」と述べています。それら上奏したものの具体的な提案は半世紀余りの後の光緒帝時代から実施されることとなりました。朝廷は目先のことしか目に入らず、さらに周りのことさえも分からなくなる、これは歴史によくあることで悲しむべきことでした。龔自珍は後に詩歌でも名を挙げましたが、「我天に忠告し重ねて揺り動かす、形にとらわれず人材を現せと」と自らに重ねて詠ったのでした。彼は当時、初めて系統的に新疆問題にかかわる行省設置の案とその意義を提出した人であり、内地士大夫の中で新疆問題を中国の中に入れて考えた数少ない先駆者なのでした。

龔自珍の上奏した提案は、同年に彼が書いたものの消失してしまった『東南派船中止の議』、及び林則徐〔欽差大臣〕が広東に赴任する際に送った手紙とを読み合わせてみる、つまり**西北問題と東南海問題を関連付けて読む**、ということが重要です。手元に原文はありませんが、冒頭は覚えているので読んでみましょう。「**天下にある大きく丸いもの、海と言う。そこには多くの国があるが我が清国はそれより大きい。大清国こそ堯の世以来のいわゆる中国なのだ**」(『西域置行省議』)とあります。龔自珍が描こうとしたのは西北であり、その西北の特色とは、彼に言わせれば、「**西北は海に接していない**」ということです。言い換えると、西北は海洋から遠く離れたところにあるわけですが、逆に海の視点から定義づけられる必要もある、ということです。私たちはここで、こういった視野と過去の史書、地学または士大夫の書いたものを対比させ、新たな意義を見出すべきでしょう。**かつて山川、砂漠、水地、草原、辺境、辺境内の民族、また辺境外の王朝との関係から西域を定義してきましたが、現在は最も遠い海の視角からもこの広大な大陸を定義づけることになります。いわゆる「天下にある大きいもの」とは沿海ではなく、大洋を指すということです。**龔自珍は「今日、版図の西端はアフガンまで。北端はウリャン海の総管が治めるところまでとなっている。そこでは陸路でも、水路でも、また大山小山、大川小川、平地があって、すべて盛京（瀋陽）、山東、閩の地、粤の地などが海と隣り合っているのとは違っている。西域とは仏典では中央なのだが、昔も今も西域と呼んでいるものである。……清世宗（順治帝）が山海関を越えて中華を治めることになった時、唐代や堯の時代以来の南海を有し、東南から西北まで一八の行省を設立した。国境線は二万華里に達し、面積も二〇〇万（平方）華里に達した。古い時代、天下を持っている人（君主）は、しかし海を保有することもできないようだった。……しかし、今の聖朝（清朝）は東海と南海の二つの海を抱えるだけでなく、〔北は〕モンゴルのハルハまで支配している。また高宗皇帝（乾隆帝）は天運に応じて生まれ、天命に応じて武力を使い、祖先の兵隊を運用し、東と南と北の衆人を用い、西の領域を開拓している。最も遠いところは京師（北京）から一万七〇〇〇華里もあるが、西藩属国はこの行動を牽制できない。では、いつか「西海」まで通じるのだろうか。この結果は予測できないのだが」（『西域置行省議』）と述べています。龔自珍は西北と東南とを異なったものとして記しています。東の遼東、南の閩と粤は大海に臨み、最も西はアフガンに接し、最も北はウリャン海で、ずっとそこまで陸地なのだと。しかし高宗皇帝、つまり乾隆帝は西に兵を向けて攻撃し、北京から一万七〇〇〇里まで達し、おそらく西の海にまで出ようとしたのだろう、と述べています。この西の海とは何なのでしょう。また、その具体的な進路によって西の海まで出られるというのでしょうか。龔自珍は具体的には書いていません。しかし今日の視野から見てみますと、西の海とはインド洋のことです。今日中国はアフガン、タジキスタン、カザフスタン、イランの五つの国と協議の約束を取り付けており、この複数国にまたがる鉄道網を建設しようとしています。カシュガルはまさにグワダル港に通じる中パ経済回廊の結節点でもあります。このような話をしますと、自然に今日的なことに引っ張り過ぎだと見られるでしょう。ただ現在、確かに新疆はシルクロード経済帯の「中核区」になろうとしています。龔自珍がかつて描いた海洋の視野から内陸地区の地政的な重要性を展開したことと無関係だ、と言い切れるでしょうか。この意味において、彼の上奏は、「一帯一路（二つのシルクロード）」（内陸と海洋）構想の前奏であり、またそこに一定の道理があると見做し得るのではないでしょうか。

内陸と海洋の関係を逆から考えたのは、龔自珍一人だけではありませんでした。林則徐、魏源もまた深い洞察をしていました。それはどうしてそうなったのでしょうか。あの時代になりますと、中国にとって海洋はとても重要なファクターとなります。**海洋が特に重要になったので、内陸の重要さにも質的な変化が起きたということ、すなわち単に農耕民に対する遊牧民からの保護だけでなく、また清露国境を安定化させる意味だけでなく、大きな統一王朝について、海洋時代の到来の中で海洋から最も遠い地域のことを考え始めなければならなくなったのです。**清露関係であったとしても、新たな関係に置き直して観察しなければならなくなりました。視野の変動ということであります。歴史が変動する中に置いてみた場合、彼の思考の新たな意義はどこに見出されるのか。それは、龔自珍が明晰に中国にとっての主要な脅威がもう内陸から来るのではなく、海から来るものだということ、陸思考の中だけで留まっていられないことを意識したことにあり、海洋の視点から両者（陸と海）の関係を理解しなければならない、ということです。**これは二〇〇〇年余りの歴史の動力の逆転であり**、以前のように帝政ロシアの東進を考慮していた頃とは違うものです。既に述べた様々な内外の変動の他に、一八二〇年にはアヘンの輸入が五〇〇〇箱にまで増え、アヘン貿易は一つの転換点にさしかかっていました。また銀の流出も甚だしく増えていました。河川の氾濫、移民の保護、動乱の平定などで国力が消耗、さらにアヘン貿易で大量の銀が流出、翻って辺境と社会の秩序がさらに不安定となっていました。これは国家財政の危機であり、統治能力がますます体力を失う時代、海洋からのプレッシャーが中国をかくも追い詰めていた時代、ということになります。そういうことで、内陸のことを考える時、海洋を意識することは非常に重要なこととなりました。

しかし、なぜ龔自珍は海洋の重要性に気づいたのか、直接的に広州などの沿海部を論じていたでしょうか。先に述べた通り、当然のこと広州について議論しています。しかしこの時期の著作で多く論じているのは、青海、チベット、モンゴルと回部〔イスラーム地区〕です。彼は当時、この角逐状況を意識していましたが、海洋時代の角逐状況において、中国は既に劣勢に立たされていました。二〇年ほど後で、彼は広東の林則徐に送った手紙の中で、中英の軍事対立について語っているのですが、そこには既に内陸から海洋を牽制するという思想が出ています。また魏源の『海国図誌』の中でも、陸戦によって海戦に対抗することが基本戦略となっています。これも林則徐がずっと考えていたことの反映です。私はかつて書いた『近代中国思想の生成』〔抄訳として『近代中国思想の生成』（岩波書店）がある〕の中で、龔自珍の西北論とコロンブスのアメリカ発見とを比較しましたが、それは両者の間に関係性を見ようとしたからです。米国の歴史学者オーウェン・ラティモアは自身の評論の中で、コロンブス時代とは決して自然に出てきた海洋時代なのではない、それが始まった時、海の時代が表面化してきたその部分的要因は「大陸」権力の分布とその構造を基礎とする利益システムへの反応だった、と述べています。この視角から見ますと、龔自珍の西北論は清朝社会の危機への反応であり、またいわゆる「海洋時代」——軍事、工業化、都市化と政治制度の拡張が実質的内容となる時代——への反応でもあったわけです。**かりに海洋時代を国民国家システムの拡張のメルクマールとして考えますと、中国の北方少数民族地区に対して国民国家的な思考が主流となる中、元々の朝貢システムと多元的な礼儀システムとが崩壊させられようとしていたと言えます。清帝国内部からの働きかけによって分裂を回避しなければならない局面が現れ、またそれに応じて内部の政治構造を変えなければなりません。内部の統一性を高め、「無外」だった多元的な帝国を内外にきちんと分ける「国民‐国家」に転換しなければならなくなりました。しかしこの「国民‐国家」にしても、「帝国性」が含まれざるを得ず、したがってそれは「システムを越えた社会」であらざるを得ません。**〔いま講演を行っている〕この地区の独自性、その内在的な力と矛盾はすべて、この変化の中に根を持っていると思われます。私がここで言う独自性、内在的な力と矛盾とは、エスニシティ、宗教信仰、言語、人口の混交性を指すだけではありません。混交性はそこでの新たな政治システム、社会組織、またその規範における内外関係と日常を動かす動力をも含んでいる、ということです。言うまでもなく、この新たな政治システムとは、ヨーロッパ国際法の規範において形成された国民‐国家のことです。

まさに海洋時代の重要性を理解し、この時代における本当のチャレンジが何であるかを理解したがために、龔自珍は、さらに深く新疆の重要性を認識したのです。**いわゆる海洋時代とは、実際には海洋が以前の無限性というもの、未知の意義を失った時代です。つまり、海洋はヘーゲルが叙述したところの無限のカテゴリーから西洋の「内海」へと変じたこととなるでしょう。今日のあり様を見てみますと、**

中国やインドを含め、植民地や反植民地であった国家はかつて陸地にしか頼れない国家でありましたが、まさに今この「西洋の内海」を「相互の内海」にせんとしています。グローバル化は二〇世紀以前の海洋をすべて「内海」に変えようとしており、新たな「地球的ノモス」の時代が始まっています。いずれにせよ、ヨーロッパ資本主義が作った様々な政治的規則や経済的規則たる「普遍性」とは、海洋の内海化のプロセスで生じたものにすぎません。方法論的に言うなら、いわゆるこの「普遍性」は「無限性」の解消といわゆる「脱魔術化」の結果であり、理性による構築方法で世界に運用し押しつけてきた一揃えの規則システムのことです。清末時代、『大同書』を書いた康有為は、大同の理念と科学的方法を総合して、独自のグローバルな統治のための規則を作ろうとしたと言えるでしょう。**このプロセスは将来的には宇宙にも及ぶもので、**事実として康有為は『大同書』の他に、『諸天講』を著しました。前者は大同にかかわる学説の外篇であり、後者は内篇ということで、彼の大同宇宙を形成する法則へのチャレンジということになります。『大同書』が描いた世界は、一つの外部のない世界、内陸と内海だけの世界であって、緯度と経度を用いてそこに考察と管理を加えた世界です。すると、その原理は自然宇宙に基づいたもので、必然的に宇宙自然に働きかけることになる――これは人類が外側の空間を内在化したイメージであるでしょう。このプロセスがどこに行き着くのかは分からないにしても。しかし私有財産権が普遍化するグローバルな規則とは違って、康有為の**大同構想は古典的な理念と社会主義や共産主義の総合から生まれたもので、それが求めるものは活力ある分業システムによって、地球の私的所有、領主的所有を廃止し、それらの占有から形成されてきたひとまとまりの社会関係を改めようとしたものです。この意味において、『大同書』が描くのは、資本主義グローバル秩序に反対するグローバル秩序であります。**だからそれと、今日の大小国家を取り巻く「グローバル秩序」が展開する地政的利益のためのゲームは、価値の方向性として完全に別ものです。康有為は地球、海洋、宇宙のために考えましたが、しかしネットワーク時代がやって来るとは予想していませんでした。グローバル化の時代、ネットワークは一六～一九世紀の海洋と同様にして、まさにお互いに繋がり合い、新たに境界を引き直している最中です。それはまさに、航海技術や測量技術など科学技術の発展が海洋法と国際法を形成した重要な役割と同じで、ネットワーク技術とそれに密接に関連する技術も、必然としてこの時代の規則が作られる中で重要な作用を担うわけです。もし海洋時代の規則を作った者が海賊と国家であるなら、ネットワーク時代のそれは必然的に、ハッカーや大企業や国家を含み、金融化が工業化にとって代わり、新たな規則を作る動力となろうとしている、と言えます。この意味において、私たちは康有為が一〇〇年余りも前に直面した状況に直面しているのです。いかにしてネットワーク時代において、グローバル秩序に反対するグローバル秩序を形成するのか。人民が獲得できる本当の自治を追求し、同時に金融化資本主義とその規則（あるいは不規則）が推し進める衝突をいかに回避するのか。康有為の時代と違うのは、私たちは二〇世紀の社会主義の失敗の基礎の上でこれらのことを考えているということです。したがってグローバル資本主義への再認識は、二〇世紀の社会主義運動とその失敗への省察を含むものであらざるを得ないということです。

さて、龔自珍が林則徐に送った手紙には多くの具体的な提案がありました。たとえば阿片の禁止、官僚の引き締め、腐敗の根絶、またいかに海外商人と交渉するのか、さらに海防などの軍事部門と武器の配置など、龔は精密な提案を持っていました。林則徐は彼がかくも広東の状況に精通しているのに驚き、書斎で兵を論じている士大夫とは比べものにならない、ということを知りました。逆に、彼の敏感さはやはりそれらの問題を考える前に西域の問題を考えていたからだ、と言えるのではないでしょうか。彼は海洋のことを考えている時でも、内陸の視野があるのです。また彼が内陸の重要性について考えている時、また海洋の視野から出発している、ということです。海洋が西洋の内海となった途端、西域は清朝の行省の中に入らねばならなくなったわけですが、この両者には呼応関係があるわけです。まさにここにおいて、私たちは『西域置行省議』の中に、今日それを読んで意外で特異に聴こえる言葉があることに気づきます。つまり「天下にある大きく丸いもの、海と言う」また「西北は海に接していない」と。魏源は後に感嘆していたこととして、元々は新疆からインド洋までの距離は新疆から北京までの距離よりも近いのです。中国人が天下を考える時、常々ある王朝の範囲の中であって、いわゆる「外部」はいつも「はるかかなた」でした。しかし魏源と龔自珍が新たな地政的視野を持った時、中国の「大洋」への意識も質的変化を生じたことになります。中国は今、二つの大洋の時代に入っています。つまり太平洋とインド洋の時代です。言い換えると、ヨーロッパ列強が東南から中国沿海に迫ってきた時、インド洋もまた中国を定義づける視角となったと言えます。では新疆の重要性はどこにあるのでしょうか。実はここなのです。東南沿海が西洋列強の圧迫を受けている時、海への別の出口を求めることは避けられないこととなるということ、これが一つの時代のテーマとなったわけです。そういうことで、内陸と海洋の繋がり、太平洋とインド洋の繋がりを探しださねばならなかった――では、もし太平洋が西洋の内海となってしまったのであれば、インド洋には可能性があるのでしょうか。実際には二つとも内海化されてしまっています。が、どうであれ、東南沿海が問題に直面している時、ちょうど別のところから私たちの大陸と海洋との関係を思考する必要が出てきました。事実上、**龔自珍が提案したのは、古代に中国を定義づけた「大きく丸いもの」である「大洋」がそこに向け自由に航行できる海になった、ということです。これは植民地主義の世界秩序に対する一つの突破であるわけですが、この突破は同時に伝統**

としてあった交通——つまり海洋の時代の到来によって捨てられ、貶められていた絹の道、香料の道、玉石の道、茶と塩の道——の形態に戻るということでもあります。しかし彼に言わせれば、この「再帰」はかつての政治的な含意とは別物でありますし、かつての制度的構想とも違ったものとなるでしょう。

これは、一八二一年において、首都北京にあって地位もさほど高くない士大夫による、世界に対する一つの思考に過ぎなかったとも言えましょう。しかし、この思考は特殊な意味において、今日の発展と関係を持ったということです。では、ここでの関係とはどういうものでしょうか。今日の中国が提唱している「一帯一路（二つのシルクロード構想）」とは、アジア投資銀行を設立し、新疆を再度、本当の意味での戦略の中心に置くことです。新疆は「一帯一路」の中核中の中核であり、最も近い取っ掛かりとなりました。もしもこの考え方を過去に向け遡ってみるなら、一八二一年から今日まで、一つの思想の糸口として連関していることが分かるでしょう。糸口はまさにここです。龔自珍は内陸－沿海の間の関係性の変化による激烈な戦いに直面した時、中国内部の政治構造と社会関係も不可避的に変化を生じざるを得ないことを意識し、そして行省を設置せんとしたのです。また、その他の財務問題、人口構造も変化しており、儒家を中心とした世界観にも変化が生じるところとなりました。これがまさに、彼が同時期にいくつか内地の儒学者に対する批判を書かねばならなかった理由でありました。彼はこう言ったのでした——今日まだ長城を辺境だとして、かつての華夷秩序を守っている、その天下観はなんと狭いことよ、と。このような知識人でしたが、ただし一人の儒者でもあったので、彼はその卓見によってむしろ同僚たちから孤立したのでした。同僚たちは根本的にこの地区の地政的重要性や未来の潜在性を理解せず、自惚れが強く、保守的なのでした。龔自珍が自分の同僚や友人を批判する時、それはかつて自分が習慣として持っていた世界観、自己中心、内地中心、京師（北京）中心の世界観を批判することでもありました。この意味合いにおいて、**彼の西域研究はこの地区への研究に止まらず、世界観の修正にまで行き着くもの、あるいは自己の世界観を作り直すところまで行ったのでした。世界観を再構築するとは、つまり地域的な意義だけではなく、自己理解の意義も含むものであること、中国と世界を新たに定義づけ、「我々」を新たに定義づけることでした。**そうであるからこそ、私はそれを世界観の修正だと言ったのです。**ある地域を中心にする見方が別のところに移動してしまった、つまり突然太平洋岸からインド洋岸へ、すなわち二つの大洋の間からこの大陸を観察する視角がにわかに生まれたのです。彼の観察はやはり時に見えたり見えなかったりするわけですが、しかしそれは単に「視角」だけではありません。なぜなら、この視角によって、長期的に私たちの伝統的な世界において周辺か辺境だった地区が突然中国を観察する中心の一つとなったということですから。**これは確かに一つの転換でありましょう。唐や唐以前の長安や中原ではなく、宋以降の運河流域でもなく、また明清の江南でもなく、西域を出発点として、時代の変遷を観察し、未来の方策を思いめぐらせる必要が出てきたのです。近代日本が採用した海洋を中心――実質的に日本中心――とした東洋と比較すると、これは同様に海洋時代を参照枠にしているわけですが、その視角は全く違った世界観を示しています。この二つの全く異なる世界観は二〇世紀の日中関係を形成するところでも大きな影響を持ったわけですが、これについてはまた後で論じます。西域の視野がなければ、新たな、また完全な中国というものも定義づけられないのです。この重心の移動は当然のこと相対的なものですが、しかし絶対に無視できないことです。

2　歴史叙述の中の中心と周辺

龔自珍が省を設置する提案を上奏してから一〇〇年後の、一九二〇年代、米国のある歴史学者（当時まだ歴史家とは言えなかったわけですが）、既に前述したオーウェン・ラティモアが中国に来ておりました。モンゴル史、満州史の研究者ならよく知っていることですが、彼はまた内陸アジアのイスラム地域にも研究を広げていました。一九二〇年代、彼はまず米国の会社の従業員として中国に仕事をしに来ていまして、いくつかの地方を回っていましたが、後にハーバート大学人類学部、米国地理学会の『パシフィック・アフェアーズ』雑誌の支援の下、再度中国を訪れ、長城に沿って中国の西北地区と華北地区に入りました。そして彼はこの区域の重要性に気づいたのです。彼はまた学者、傅作義など多くの人とも交流しました。彼は多くの本を出版しましたが、最も著名なのは『中国の内陸アジアの辺境（*Inner Asia Frontiers of China*）』でした。思いますに、彼の中国の内陸アジアの辺境という概念は、龔自珍の考えたところとかなり近いものです。龔自珍は西域を、特に今日新疆とされる地区のことを語りましたが、ラティモアは特に長城に沿った軸に重点を置きました。私たち中国人の眼から、すなわち長城の内部から見ますと、長城は辺境、周辺的な地区ということになります。歴史叙述の中では、どこから歴史を観察し表現するのかがその世界観の全体を決めてしまいます。もし龔自珍や魏源の西北論を中国史の南北関係の中で考察してみますと、それは歴史の逆転です。すなわち、伝統的な北から南への移転や拡張や征服また貿易は、その時は逆の方向になっています。つまり南から北への運動です。私たちは、どのようにこの転換を理解すべきでしょうか。**長城に沿った歴史の相互性を分析する時、ラティモアは「プレ西洋（pre-Western）」と「ポスト西洋（post-Western）」の二つの要素を明確に分け、この二つの相互作用を新**

たな新疆が造られる基本動力と見做したのです。

この新たな視野から見ますと、かつての中国社会の持続的変化――エスニシティ、国家システム、経済システム、風俗文化や移民構造などの要素の変動――は、遠洋貿易や海を越えた征服によるものではなく、「アジア内陸」の運動、大陸内部の北から南への運動でした。これとは逆に、「海洋時代」はヨーロッパ資本主義とその外海への拡張の代名詞でありました。西洋と日本の侵略、占領と拡張のあり様の下に、鉄道、工業、金融など海洋から来た新たな要素がかつての辺境との関係をさらに広い範囲へと拡大させたので、新たなカテゴリーがなければ、新しくもあり古くもある歴史的関係を描写できなくなりました。ラティモアは鋭く、こう観察しました。「中国近代の新疆への拡張は実際のところ、初期の歴史において形成された人口と権力の運動の方向性に対する明確な転換であった。この転換の最も重要な力は、やはり工業化によるものだった。この力は外部たる西洋や日本の工業、商業、金融及び政治と軍事の活動に触発され発展してきたものであり、それは海から中国に押し付けられたもの、沿海地区から発生した作用であった」と。**かりに北から南への運動が戦争、朝貢、貿易、移民、法、秩序の構築を主要な特徴とするならば、沿海から内陸へと拡張された運動の方向は以下の概念として出てくるものと言えるでしょう――貿易、条約、国境、主権、植民、工業、金融、都市化、国民‐国家です。**ラティモアから見ると、一七世紀に満州が中央に入り込んだことは長城沿線の辺境の力が内側へと向けられた最後のピークということであり、これ以後、大陸内部の運動は新たな時代、つまり「海洋時代」から定義づけられねばならなくなりました。

襲自珍とラティモアの間には呼応関係がありますが、ただ異なるところもあります。それは見る位置が決定することです。襲自珍の西北論は、清代の統治伝統と新たな歴史変動の相互作用の中で生みだされたものでした。彼は自身の政治観念を持っており、中国が直面している困難を探求するだけでなく、またそこにあるべき中国にとってのチャンスも求めていました。海洋の重要性を意識するだけでなく、その重要性が上昇しつつあること、また海洋の重要性は内陸の重要性を貶めることで出てきたものであることも意識していました。彼が上奏文を書いた時、強調していたのは内陸の重要性でしたが、同時に内陸と海洋が新たな環境においてまさに変化を生じている事態を指摘しました。現在の私たちにとっては明らかなことであるわけですが、一八二〇年代、このことは実に卓見であったはずです。同時期にこのような提案を行った士大夫はいなかったわけで、深く強い世界観の転換の始まりを言い表しています。それはまた、一七世紀以降に清朝が確立した辺境統治が以前の王朝とは違った内外関係を形成したことの産物でもありました。これと対照的なのは、ラティモアがやって来たことそのものが海洋時代の産物であるということで、欧米の海洋時代がなければ、実に彼自身この区域に入れなかったということです。そこで彼の独自性とはこういうものでしょう。大部分の人間が沿海に注目している時、彼の眼差しは長城の外に向いていましたが、それは中国の歴史が独自の動力と運動ロジックを持っていることに気づいたからです。彼の本は上古から書き出され近代にまで到っています。それは古典を総合したような著作で、天文地理、自然生態と歴史が結合したものでした。彼の具体的な統計と結論は、今日では誤りも多く見受けられるでしょう。考古学や他の研究に基づけば、彼の言ったことは修正されるし、既に修正されたことになります。しかし彼の思考の全体は、今日においても強い規範性を持つのではないでしょうか。だがそれはどうしてなのか。

まず、彼が叙述したのは運河中心論でも、海洋中心論でもなく、長城中心論でした。彼が強調したかったことは何でしょう。彼はこう言いました。ずっと秦代から繰り返し長城は修復されてきましたが、初めの動機は軍事・防衛のための工事でした、そこで、世界観を換えて言うならば、長城の沿線は実際のところ、二つの文明、二つの生産システムの相互運動の結果であったということ、すなわち農耕文明と遊牧文明との相互運動、相互交流の回廊であって、貿易、移動、交流、戦争、宗教活動などの複数の関係がこの長城沿線の両側で発生していた、とこのようにラティモアは述べます。だから、**彼の視野において、辺境、フロンティアは「相互的辺境」ということになります。**辺境は一つの交流地帯であり、つまり相互に辺境となり、複雑に入り組み合い、浸透し合い、往来し合ったということです。彼はさらにモンゴルにおける定住と遊牧の状況について研究し、初期において遊牧部落の形成は長城の内側で始まって農耕文明から分離していき、最後には遊牧部落になって落ち着いていったと認識していました。これは重要な観点ではありましたが、後に歴史家によって修正されるところとなりました。

これとは逆に、遊牧部落は以後内地に対してずっと衝撃を与え続け、一代また一代と外から内に向かった衝撃は、中国の歴史に何度も重大な変化をもたらしました。匈奴から突厥、契丹から女真、女真からモンゴルまで、みな中国王朝に衝撃を与えた遊牧（及び農耕）民なのでした。いわゆる「晋室南渡（晋王朝の南遷）」と「宋室南遷（宋王朝の南遷）」などの衝撃により、中国の人口と文化が大移動した結果、今日の南方方言は常々、多く古代の中原の音韻を含むことになりました。広東語、福建語、呉語など、私自身聞いてもよく分かりません。その語音は、私たちが北方方言と呼んでいるものよりも、中国の古音に近いことになるわけです。そして今日、中国文明の起源の地の発音ですが、その多くは北方方言の音から成り立っていまして、西安語に大量のモンゴル音の痕跡があるように、その他の方言にも様々な北方の語音が入っています。言語学の視点から言えば、いわゆる近代音の形成は私たちが政治学や社会学の視角から理解する近代よりも早い時期からのもので、主に北方がこの地区に入ってきて生まれた変化だと言えます。すると北方音は新しく、南方音は古い、ということになります。中国文学を勉強する時、教師は常々、唐詩を読む時、上海語、蘇州語を用いるのがふさわしいと、また揚州語で読む場合は普通話で読む場合よりも容易に「平上去入」の音、特に入音が把握できると言っていました。その要因は、中国古代史の動力が北方遊牧民族の南侵を軸にしていたからであり、しかもそのプロセスにおいて、中原文化は逆に北方と南方の両方の広大な地域に影響を与えることになったのです。

近代以来、ナショナリズムの知識の影響で、言語――特に口語と語音――は民族を定義する主要な尺度の一つとなってしまいます。しかし民族の構成は語音から見たとしても、混交的に出来ています。中国史上、拓跋魏の改姓を通じて、中原民族と北方民族の混交は既に整理のつけられないものとなりました。「雑種」は漢人の伝統において聞き覚えの悪い言葉ですが、英語の中のハイブリティティは文化研究において最も常用される褒め言葉ともなっています。清末、中国のナショナリストは自己卑下して、日本人は万世一系（実際は神話）となっている一方、中国は実に系譜が散乱し、整理がつかなくなってお り、家の族譜であっても、宋以前になると本当かどうか分からなくなったと感じていました。清初の大学者、顧炎武は考証学の宗師でしたが、彼の考証学の典範となる作品は『詩経』を研究した『音学五書』でした。顧炎武は「九種の経書を読むには文を調べねばならぬ（考文知音）。文を調べるには音を知ることから始めねばならぬ。そして諸子百家の書に至れる。そうではないか」と言いました。音を調べることを出発点とするのは原初の礼楽制度の本質、つまり正音や正声が表すところの礼楽の主旨を求めることであり、その前提として困難を要する音の変化を考察することでした。だから音を調べるとは、音そのものと音と文字の関係が不断に伝播と混交、そして流動する自然プロセスを経たこと――ここに集中することになります。古代から秦漢、秦漢から隋唐まで、音声が書き換えられていることと同時に文字の相対的安定性が、経学研究（昔時の書物の研究）で最も大きな困難となりました。しかし、後の学者は往々にしてこれを調べず、また後の人の音韻から古代の文字を解釈したので、古人の本意が失われた、とされています。また音を調べようとしたもう一つの理由は、後代の音はまた往々にして古代音を理解する要素や糸口となったということです。したがって考証方法のやり方として、一段一段と変化の節々を探し出し、最終的に古代の音を回復することとなりました。そこで、いわゆる「考文知音」とは歴史の不明な領域を見通すためのチャンネルのことであるわけですが、「不明な領域を見通す」ことは「正音」を求めることであり、変化する歴史のプロセス（不明の領域）から離れて無根拠に説を立ててはならない、ということを意味するのでした。

『詩経』は古人の音の書とされていますが、秦漢時代の音は徐々に古代から離れていきます。そして魏晋以降は辞賦の発展から韻が生じました。つまり、後人の声学は漢魏時代の賦と詩で用いた音を標準としましたが、結局は古音が滅び、今音が流行する状況になった、ということになっています。また唐代の後で、詩賦によって官僚を選ぶようになり、陸法言（隋代の音韻学者）が著した音韻書『切韻』が標準となりましたが、その後宋元時代にまた新たな変化があり、唐韻が滅亡し、宋韻が流行することになりました。顧炎武は、時間が多く流れて音声は誤伝し、古人の道が滅んで二〇〇〇年余りも経つ、と断言しています。歴史の段階ごとの変化の視野から見ますと、顧炎武は一つの方法論の原則を確立したことになります。すなわち、唐人の音をもって宋人に失われた音を正し、古経の音をもって沈約（南宋の史学家）や唐人に失われた音を正し、したがって古音の秩序を徐々に回復していくという原則です。彼は特に、音声の変化と制度の関係に言及しており、したがって文を調べ音を知ること（考文知音）は社会の流動、制度の改革、風俗の変化への考察と切り離せないものとなりました。このテーマの規定力は長いのですが、簡単に申せば、語音の変化は歴史変遷の産物であり、北方方言が分かりやすいのは、まさに北方民族の音の影響が強いからであって、むしろ南方音と古代中原音の音韻がむしろ近くなるのであり、その語法は古代言語に近いということです。

ラティモアが話したところの**プレ西洋とポスト西洋の区分**をもう一度考えてみましょう。一九世紀の前、プレ西洋の時代に、中国史の動力は北から南へのプレッシャーでした。その主要な動力は遊牧民族の長城内への何度かの侵入と様々な往来によるもので、数度の大変遷、特にモンゴル勢力と満州勢力によって建てられた元朝と清朝が中国の地域と人口の安定に関して、また中国文明の内部構成に与えた影響はともに深いものとなった、ということです。一九世紀になって、西洋の時代となりましたが、それがもたらしたものは何なのでしょうか。海洋時代がもたらした機械、交通運輸の拡張、都市と貿易の大規模な拡大というところです。この時代から始まって、主要な動力は海からのもので、移動と文化変遷の動力は急激に転換するところとなり、内陸ではなく海洋の駆動力が大幅に上昇します。これはまさに、資本主義時代の全面的な到来を示すメルクマールであるわけです。資本主義は海洋の動力と足並みをそろえて発展しましたが、その背後にはまた機械製造の技術の進歩、情報技術の拡張、また都市農村関係の変化があって、中でも軍事能力は前述の諸技術が総合されるところの最も重要なメルクマールとなりました。また工業中心の都市の拡張に伴って、移民の方向も変わりました。今日においては、もちろん統一された主権国家内部であるとしても、国の枠組みを超えたリージョナルな関係にあって、変化の動力もこの脈絡の中に入る、つまり沿海から来ることになります。人口流動の脈絡は一方向ではありませんが、内陸から沿海への移民は沿海から内陸への移民を遥かに超えることになりました。いずれにせよ、基本的な動力の方向と「ポスト西洋」の状況は、だいたい一致するところであります。

ラティモアの観察は鋭いのですが、しかし海洋史観の影響からは抜けられていません。ラティモアの限界とは、彼が時代の差異に注目する一方、変化する時代の内部の複雑性について疎かにした点です。清代史の中で、南から北への移動はヨーロッパの侵入または遠洋貿易の発展から始まったものではなく、清兵が長城を越えてきて、統一王朝が打ち建てられたことからの必然的な（逆の）産物であったわけです。中国の南北関係の相互影響は、ラティモアが描写したものよりはずっと複雑で多様、また長期的かつ内在的な動因によるものでした。総じて、このような歴史運動にかかわる基本条件には三つの側面があったと考えられます。

一つ目。清王朝は北方から中原に入って覇を唱えた帝国で、それが全国を統一し、北京を首都とし、三北（東北、華北、西北）を平定した後、必然的に内地の経済と文化をその発祥地の東北や西北地区にもたらすことになりました。長城の辺境としての意味がなくなり、内地の人口が増えるにしたがって、長城の両側の辺境区域は清王朝の後背地となりました。清初期における長城の中から外への発展の運動――移民、通婚、相互同化、それに相応する法律調整――それらはみな、南から北への運動が清王朝から発する統一の勢いであることを証明しています。辺境の北への移動に伴って、清代士大夫は必然的に西北を王朝国家内の管轄事項とします。事実、元王朝と清王朝など大規模王朝の形成は、北方からの中原への進出という形式を確立しましたが、それらが統一王朝となるためにはまた、中国王朝の法統を継承しなければならず、内部が更に混交性を増すことも避けられない事態となりました。だから、それらの第一派の動力は北から南であったけれど、統一王朝内では南から北への移民の方向も不可避的となりました。これは、統一した共同体ならではの必然的な結果でした。

たとえば、清代の最初に立ち入りを禁じたのは東北の満族の発祥地で、漢人の侵入を許さないことにしました。西北モンゴル地区も初めは禁じられていました。しかし一八世紀に漢人のモンゴル地区への侵入が頻繁となり、一九世紀にはさらに多くなりました。私たちはテレビドラマの『闖関東』や『走西口』などを観ますと、多少ともその紆余曲折した歴史プロセスを知ることができます。この移民のプロセスは、実際のところ政治的変化、新たな共同体の辺境の形成と安定化に伴って、徐々に押し開かれていったものです。まさにそういった移動があって、どの地区の文化も複雑さを増しました。リージョナルな文化とは混在したものです。たとえあるエスニックグループが主導的な動きをしたとしても、です。貿易、戦争、交流、朝貢、宗教活動は、混交性を作り出す複数の動力であり、また統一した政治共同体の形成は、大規模な内部の混交性を促進する歴史条件の一つともなりました。こういった要素は、二〇世紀から始まったものではなく、その起源は非常に早くからのもので、漢、唐、元、清などの王朝の複雑な状況を見れば十分に明らかです。また宋や明の時代であっても、同様にして混交的な傾向が同様にして含まれており、程度や規模の違いがあるにすぎません。注意に値するのは、こういうことです。大一統王朝の形成と再形成に伴い、人口、民族、宗教、文化の混交は不可避でしたが、中国の西北地区と西南地区で、混交性の内部において同時に新たな多元的制度が打ち建てられ、拡張しました。それは朝貢、土司（少数民族の族長に官爵を与える制度）、互市（通商）、藩属（属地）、番地（異域）、羈縻（籠絡政策）や郡県制（中央集権体制）など各種の制度で、その時々の状況の中で確立され、したがってある種の混交性、求心性、多様性、統一性の間での錯綜関係が構成されるのでした。

二つ目。清朝帝国の拡張と建設は同時に帝政ロシアの拡張に伴うもので、東北と西北の中露辺境の安定が清朝の政治経済の重要な目標となりました。このような問題をめぐって生み出された国境条約、貿易条約は同時に新疆、特にジュンガル地区における戦争と征服活動に関連づけられました。境界線の確定、国境貿易、軍事衝突の展開に伴い、清代士大夫の西北辺境に対する注目と研究は日に日に進展したのであり、また中央のこの区域に対する実効統治への需要が益々高まったのでした。清代の西北と新疆におけるいわゆる「回民の反乱」への鎮圧は帝国辺境の内外の圧力とその関係性に関連づけられるものでした。

三つ目。清代後期の西北開発にかかわる提案は、人口と土地の矛盾の激化、東南地区がアヘン貿易と軍事圧力に直面していたこと、銀の流出と清政府財政が赤字であったことなどから提出されたものでした。それは、清代の初期から始まった歴史運動の延長にあるもので、なおかつ「海洋」からのプレッシャーに対する応答でもありました。それら清代の南北関係の転換を単純に海洋圧力と工業化の結果──つまり西洋の影響──とだけ見做す見方もまた修正が必要です。

ラティモアは長城を中心として中国を観察する世界観を提出したことになりますが、それは中国だけでなく、アジア内陸全体に及ぶものでした。だから彼は著作に『中国の内陸アジアの辺境』とテーマをつけ、それによってこの地域全体を関連づけたわけです。彼のこの描写により、一定程度、過去の黄河中心観、運河中心観、江南中心観は修正されました。明清期にかかわる経済の研究は、江南が中心でしたが、ラティモアは歴史の視野を広げ、長城中心観を押し出しました。ただ実際のところ、彼の長期的な時間に立脚した歴史観も海洋という新たな役割から掻きたてられたものでした。黄河中心、運河中心などに関しては、また幾人かの歴史家の名を挙げざるを得ないでしょう。たとえば、宮崎市定とか、その先輩格の内藤湖南とか、つまり京都学派の代表的人物たちです。

一九二〇年~一九四〇年の帝国主義期の日本で、ひとまとまりの歴史家が東洋史、東アジア史にかかわり、中国を東洋のカテゴリーに入れました。日本はずっと中国王朝の周辺部にあって、その時は中国を東洋のカテゴリーに入れましたが、それは実際のところ、新たに自身の位置を探し求めること、あるいは新たに日本とアジアの関係を定義づけることでした。ここでの東洋史は、中心の中国と辺境たる日本のそれまでの位置を逆転させるために発明したものでした。これらの歴史学者は帝国主義時代にあって、その歴史観も帝国主義のイデオロギーの影響やその浸透から免れないのでした。しかし日本の上昇期、ヨーロッパの世界歴史の視野を借りたことで、彼らのいくつかの観点には洞察力が備わっていたのであり、やはり啓発性を持つものでした。私たちは長城を中心にして議論しましたが、彼らの観点も省みないわけではありません。彼らは東洋の近代、あるいは近世の問題を提出しましたが、さらに重ねて、東アジアは結局自身の近代の起源と史脈を持つものなのかどうか、という問いを出しました。東アジアの近代はいつから始まったのか、東アジアは固有の近代を持ったのか、といった問いです。明治維新から二〇世紀の前半にかけて、日本はずっと西洋列強と軍事や工業の上で競争しただけではなかったということです。歴史観においても競争し、東アジアには並行して近代化のプロセスがあったと主張しました。それは史学上の発見としてだけではなく、政治言説においてもそう機能していたのでした。日本の明治維新は、西洋の軍事技術を学ぶだけでなく、東アジア史の近代化の歴史に内在する脈絡を持つことになりました。たとえば、近代とは西洋から始まったとするなら、自己の主体の位置はどのように語るべきことになるのでしょうか。しかし自己の主体の位置は日本だけでは成立しません。なぜなら、古代日本は中国文明圏の辺境としてあったのですから。そういうわけで、京都学派の歴史学者は中国には既に早く近代の芽があった、そしてそれは宋朝にあったと主張しました。東洋の前期的近代（近世）は北宋の一〇世紀から一四世紀まで、李氏朝鮮もまたこの時期に前期的近代のプロセスに入り、そして最後が徳川の日本で、一七世紀の時期にこのプロセスに入った、とされたのです。空間的に言えば、東洋の近世は、中国から朝鮮半島、そして日本に移った、ということになります。

この叙述の背後にある意味とは何でしょうか。見たところ、それは単に地域の変化のようでもありますが、背後にある意味について宮崎市定ははっきりとした見解を持っていました。中国史の第一段階は黄河中心の時代であり、それは長安と黄河を文明の起点とした時代でした。この時期、黄土高原と内陸文明、中原区域全体がその主要な活動と伝播の範囲となり、西へも東へも拡散したのでした。では、一〇世紀に到って、宋朝がどのように萌芽〔近代〕となったのでしょうか。京都学派の歴史家たちは多くの基準を作り出しました。その基準の中でも、最も重要な力は宋朝の時期に中国が運河中心の時代に突入した、ということです。運河は、宋代に入ってから、実質的な交通の基軸となり、沿海と内地を繋ぐようになりましたが、それによって沿海貿易と内陸とを関係づけました。近代までずっと、沿海と内地にかかわる新たな特殊な連関が発生したのでした。ただこの連関には、多くの芳しくない影響も出ていました。なぜなら一七世紀、世界史は既に海洋中心時代に入っており、日本は自然に東洋の中心へと躍り出るところとなり、つまり「脱亜入欧」の時代となったからです。「脱亜」とは中国との断裂以外に、おそらく内陸的関係性が失われ「入欧」の方へ、つまり海洋時代へと向かうという段階ということです。ただこれは目的論的叙述であって、ヘーゲルが最終的にゲルマン民族を目的としたような歴史進化論に似ています。中国の長安から、開封や洛陽へ、また朝鮮半島を経て、最後に東京に到る――日本は海洋時代の東洋の中心となりました。そこで徳川時代とは、西洋のコロンブス時代に相応する一つのアジア版海洋時代であった、と言えるかもしれません。この海洋時代とは何によって生じたものでしょうか。それは、運河が海洋と内陸とを繋ぎ、儒教文明圏と〔京都学派に〕呼ばれる文明を作り出したということです。

このような概括は簡単すぎるかもしれませんが、私はここで、歴史学の説明をしているわけではありません。ただ以上の叙述は、一定の道理があって、今日の歴史学において、多く引用されているもので、たとえばいわゆる唐宋の転変は中国史の一大転換点、あるいは近世の萌芽と見做されるものです。それはなぜか。なぜなら、唐代は主に貴族制であって、唐代の宰相は張九齢〔唐中期の宰相・詩人〕のような特別なケースを除いて、みな家柄中心に選ばれましたが、宋代には科挙、文官制度も正規化し、高級官僚、特に宰相は試験選抜されるようになりました。平民時代の出現です。同時に、理学〔儒哲〕という復古の運動が新たな政治アイデンティティの主要な根拠となりました。それは、彼らの眼差しにおいて準ナショナリズム的なイデオロギーでした。もちろん、私たちは民族や国民国家がヨーロッパ近代性の一つのメルクマールであることを知っているのですが。その他、宋代において周辺王朝、南北に大小多くの王朝ができて、相互に競争し盟約などを結んだので、民族間において貿易と戦争を通じて往来が促進されることとなりました。貿易において銅銭の経済、銅銭中心の市場経済が始まり、また対外貿易では銀の使用がはじまり、この国際決済通貨によって国際市場の交流システムがこの時期に出現し、南宋時代の海洋貿易が発達するところとなりました。こういった「東洋の近世」という言説の枠組みにおいて、国際と国家の言説は明らかにヨーロッパ・ナショナリズムの理論的視野において展開されたのでした。そこで、この論述から形成された儒教文明圏、漢字文化圏という概念は、中国沿海及び長城の内側の地区、また日本、朝鮮半島、ベトナムなどといった東アジア区域を描写に関して、かなりの解釈力を持つことになりました。しかしながら、中国の西域地区やその区域の状況の描写には適さないと言えます。これはおそらく、この区域の複雑な地政と文化に関して、内部の同一性を求める単純な文明論や国民国家の理想モデルによっては観察できないからです。沿海と内地の関係について言いますと、私はふと二〇世紀の戦争そのものとともに、戦争のそれぞれの担い手の中国に対する異なった理解に思い至ります。一九三八年、日本が全面的に中国を侵略し始めて一年目、毛沢東は有名な「持久戦を論ず」の中で、日本の大陸政策の「大陸」と中国の広々とした西部の後背地との対決について、戦略的な角度から分析しました。彼はまず、敗北主義的な戦略家の観点を批判しました。彼らの中国理解は沿海と大都市に限られており、その歴史観は日本の大陸政策の策定者とかなり似ている、と認識したのです。そしてこう言いました――「私たちは長江の下流域や南方各港まで、既に日本帝国主義の大陸政策に包摂されたことを確かに知っています。さらに日本は、フィリピン、タイ、インドシナ、マレー半島、またオランダ領東インドを占領し、外国を中国から切り離し、南西太平洋を独占しようと企んでいます。これが日本の海洋政策というものです。このような時期、中国は疑いもなく極度に困難な状況におかれています。……中国は非常に大きな国であって、たとえ日本が中国の一億や二億の人口を占める地域を占領できたとしても、私たちの敗北とは縁遠いものです。……中国経済が不統一で不均等なことは、抗日戦争にとって実は有利な要素です。たとえば、上海が中国の他の地域から切り離された場合でも、中国が受ける損失はニューヨークが米国の他の地方から切り離された場合の米国のそれより深刻ではありません。日本が中国の沿岸を封鎖したとしても、中国の西北、西南また西部は、日本からして封鎖のしようがありません」と述べています。毛沢東が戦争の中で言及したのは、中国経済が不統一で不均等であることでしたが、これらは実際に人口、民族、地理、文化などの多様性と密接な関係にあります。二〇世紀の中国にとって、沿海経済と都市は国家の命脈の一つではありました。しかしそれは中国の全部ではありませんでした。少なくともあの時代、日本の大陸政策の策定者たちはおそらく、純粋な経済的観点では遅れをとり、またナショナリズムの観点からは凝縮度の低いアジア内陸が実際の上で中国の未来を築くことになるとは全く予想していませんでした。金融危機の時代、中国経済はかくも不均等なのに中国政治が統一されていますが、同様に多くの国家も政治と経済の条件が揃わないでいます。この点について、私たちは二〇〇八年以来の沿海経済の危機と産業のシフトのプロセスの中で、その特徴を垣間見ました――いつも人々は沿海や都市経済の危機から中国の未来を断言しようとしましたが、それは内陸地区や広々とした農村の潜在力を見誤ったもの、と証明されてしまったのです。

3　海洋の内海化と「路、帯、廊、橋」の文明史観

こうしてみると、**二〇世紀西洋と日本の学者が描く中国史観には、多少の度合いの違いはあれ、海洋中心論の要素があったということです。一九八〇年代中国で流行した政治ドキュメンタリー『河殤』は実際のところ、そういった海洋史観の直接的かつ最も粗雑な当て嵌めでありました。京都学派が語った宋朝の「近世」あるいは前期的資本主義とは、最後には運河が海洋に接続したことを言うので、実際のところは、海洋史観の中国史への投影であり、この歴史を焼き直した結果であるわけでしょう。**コロンブスの時代以来、海洋の地位が高まり、内陸の位置が落ちてしまった。そういうことで、過去数百年の西域の辺境区域は、部分的にも海洋史観に主導された歴史叙述により定義されることになりました。当然のこと、それは歴史叙述にとどまらず、近代資本主義と植民地主義が造った世界が歴史観において反映していることでもあります。この文脈においては、**シルクロードは貿易ルートとして衰退しただけではなく、一つの理念として古代を保存しているにすぎない、とされることになるでしょう。この意味に**

おいて、私たちが知っている「一帯一路」〔陸と海のシルクロード構想〕がもたらす歴史イメージはある種の歴史観の上での転換を含むことになります。すなわち、近代海洋史観からの逆転――この逆転は海洋時代に対する否定ではなくて、海洋時代のサイクルの完成であり、つまり海洋が徹底的に内陸化したことで、陸地と海洋の境界が消失し、そこで内陸は別の相貌においてその意義を現し始めている、ということです。陸地と海洋の境界の消失とは、すなわち海洋の内海化のことであり、戦後の二人のヨーロッパの哲学者、アレクサンドル・コジェーヴとカール・シュミットが注意を促したものです。しかし彼らにとっての内海とは、地中海をモデルにしたものであり、きっと彼らは、この変化が遠く離れたユーラシア大陸にもたらした真の意味については思い至ってなかったでしょう。情報技術、交通ネットワーク、生産と流通がトランス区域化していること以外に、陸地と海洋の境界の消失は中国革命が創造した新たな政治状況の中で完成するところとなりました。そうでなければ、私たちはここでのいわゆる陸地と海洋との境界の消失に伴う地政学状況の重大な変化を理解できないでしょうし、またこの変化の中で生まれた地域の融合、接近、緊張や矛盾についても理解できなくなるでしょう。新疆地区において、私たちはおそらく、更に深く感じることになる――どの地域よりも融合、接近、緊張や矛盾が感じられることになるのではないでしょうか。

これらの変化は、絶対的な対立ではなく、相互に交錯するものです。しかし世界観の変移はいつも私たちの多くの歴史認識を補ってくれ、また多くの過去の歴史認識の不足を糾してくれます。それによって私たちはまた、より豊かなイメージを得られますが、同時に新たな偏見も、新たな中心論も生まれることになります。総じて、こういった問題にかかわる議論に終わりはありません。いずれにせよ、このような歴史的背景において、私は一つの概念を提出したわけです。「システムを越えた社会」がそれですが、それはどんな意味を持つのでしょうか。実際として、私たちの社会内部には多くのシステムが包含されており、お互いに絡まり合っています。しかしまた社会がそもそもそういった相互に絡まり合うシステムで構成されているということです。ではシステムとは何でしょうか。言語とも、宗教とも、エスニシティとも、さらに文明とも言えるものでしょう。たとえば、イスラム文明、チベット文明等など。私たちはそれを「文明を越えた文明」と呼ぶことができます。中国文明の独自性とは、異なる文化や文明を包含するところにあります。それは内在的な包含であり、外在的な総合ではない、ということです。では「内在的包含」とは何でしょう。それは、外在的な構造に頼って一体化を強めるのではありません。長期の交流と相互浸透から徐々に一体性を作るもので、各自の特徴を打ち消さず、融合と差異が同時にその内部の要素となる社会関係なのです。

二〇〇四年、私は金沙江の虎跳峡で推進されている巨大ダム建設に反対する運動に参加し、何度も虎跳峡流域に赴き調査しました。ある時、私は雲南のある村に辿り着きました。元々はあるチベット族の村の多くの家族を訪問するつもりでしたが、結果として分かったのは、いくつかの人々が言うには、ある民族、たとえばチベット族でもナシ族でも、一つの家族の中に実際には四つや五つの民族が含まれているということです。また異なる宗教信仰を越えて、父母がそれぞれチベット族、ナシ族に属していて、その子どもはまた結婚して、白族や回族ともいっしょにいる、ということだそうです。そういうわけで、私が「**システムを越えた社会**」と言う時、**それはまた中国文明全体のことだけではなく、ある村、ある家庭も一つの「システムを越えた社会」なのです。二人さえいれば、社会は構成されるのですから。さらに言えば、私たちは一人であっても、またシステムを越えています。なぜなら個体も社会的な存在であり、関係の中で定義されているにすぎないわけですから。**私たちは異なる言語を学び、別の文明、別の文化を理解し、交流している中で、自己の主体性を確立するわけです。そこで、このような主体性は否応なく、他人の要素を含むことになります。理論的な角度から言いますと、いかなる主体性の確立においても、不可避的に他者の痕跡を含んでしまう、ということです。私たち自身、他者の痕跡によって構成された新たな主体であるわけです。他者の痕跡は私たちの中にあるもので、外在的なものではありません。だから、まさにそういうわけで、私たちは自己アイデンティティの自身の内部に包含する他者の痕跡を意識できるのであれば、そのアイデンティティの範囲はとても広いことになります。**良き社会とは、多様なアイデンティティを受け入れられる社会でしょうし、それは多様なアイデンティティを強制的に画一化しようとはしません。この画一化が民族の名であれ、宗教の名であれ、その他の名義であっても、です。**私は国家の市民（公民）であり、あるエスニックグループのメンバーであり、ある宗教を信奉しており、またその他の社会的身分や責任を受け持っています。私の家庭の中での位置、職場での位置など、これら異なる位置、身分が私たちの交流関係の複雑な要素を構成し、……私たちは現在、この大教室に身を置いて、それぞれのクラスメートは異なる家庭、異なる社会、異なる背景からやって来ているわけです。そして、これらの交流は私たちに内在する多くの要素へと変成するのです。なぜなら、**いかなるアイデンティティであっても、内在的に多様性と混交性を含んでいますが、その混交性と多様性は共同性を否定して自身を表現する、ということはありません。**その意味は、「システムを越えた社会」という概念に凝縮されております。つまり、ある社会があって、その社会がシステムを越えているとは、内部の多様性だけではなく、社会の開放性をも意味しているからです。なぜなら、あるシステムを越えた社会は、また同時に「社会を越えたシステム」と相関的に繋がっているからです。しかし、ある一つの社会を論じるからには、そこに多様性だけではなく、動態的であることも見出されるでしょう。「システムを越えた社会」は政治体制に対して、より多くの活力を求めることになるでしょう。これもまた、私たちが伝統習俗と政治状況の中から有益な養分を汲み取れるところでもあります。

歴史叙述はだいたい、過去から現在まで、時間の縦軸に沿って前に前進します。しかし歴史はまた、横方向にも叙述できます。私たちの歴史は、単一の地域、単一のエスニックグループ、単一の宗教、単一の言語の歴史なのではありません。私たちの歴史は、相互に交流し、浸透し、絡まり合い、対立し、また同一化する、そのような歴史です。ですから、私がかつて提出した幾つかの抽象的概念の一つ、それを横に向かう時間と呼びたいです。私たちはいかにしてカシュガルの歴史を叙述すべきでしょうか。この地区の歴史において、ずっと二つのあるいは複数の叙述システムが存在していました。それは、漢文の文献のシステム、テュルク語の文献システム（ウイグル文献のシステムも含む）、ペルシャ語の文献システム、当然さらに別の文献システムも、です。**これら呼称の差異が明示しているのは、それらの間の相互の重なりであり、相互の隔絶ではありません。**私たちを形づくったのは、私たちの祖先だけではなく、私たちの友人を含むもの、偶然の出会いというもの、たとえば愛情や婚姻、友情や対立、そういったものも生活を変える軌跡なのです。**今日の世界において、多くの対立や矛盾は、アイデンティティに内在する多様性を抑圧すること、あるいはある種のアイデンティティの多様性が画一的に構成された社会によって引き裂かれ、社会の共同性の基礎が破壊されたことに由来するのです。ここにおいて、私たちは共同性と画一性を区分する必要性があるでしょう。**共同性は独自性と矛盾するものではありませんが、アイデンティティが画一化の方向へ進むなら、それは逆に危険なことです。二〇世紀、最も極端な表現は画一的なナショナリズムと国家の結合、つまりファシズムです。グローバル化の今日、それは画一的なナショナリズムと宗教が様々な混交性と多様性を受け入れる容器を壊すものとして現出しており、また二項対立と自己確認のロジックにおいて一揃えの悪評の概念を発明し、かつて混交性を受け入れていた容器を悪評で名指すのです。たとえば、帝国とか、東方的専制とか、民族の牢獄等など。こういった条件になりますと、**システムを越えた社会のそれぞれ異なった形式が社会集団のアイデンティティを画一化する方へと変化します。すると、対立と抑圧が内在的なものとなります――私たちの社会に内在するものに、私たち自身に内在するものに、異なるメンバーの間に内在するものに、また同一の集団の社会グループに内在するものになるのです。多様性とは私たち自身に根差しているものであり、強制的な画一化は自己矛盾を解消できないどころか、さらに強く画一化が出てきて、暴力行動や激情に身を任せることになってしまいます。これこそ、他人を傷つけ、また自分を傷つける二重のプロセスです。**もし強く自身を同一のものにアイデンティファイさせてしまい、自分自身の多様性に気付かないままなら、アイデンティティ政治は常に対立の根源、また攻撃の武器となってしまうでしょう。アイデンティティは、人が人となることの理由の一つでありますが、アイデンティティの画一化、あるいはアイデンティティの画一化政治は、むしろ人が存在する理由や意義、人に内在する社会的なツールやチャンネルを奪ってしまうのです。実際のところ、誰もがアイデンティティを持っているわけですが、全てのアイデンティティ政治が対立を起こすわけではなく、ただ内在的な多様性が包含されたアイデンティティが強制的に画一化の方向へと押しやられる時にのみ、いわゆる突発的なアイデンティティ政治が生じる原因となります。世界中どこでも、このような状況が出てきています。どうして「システムを越えた社会」というカテゴリーを提出しようとするのか。それは私たちに内在する多様性を認識せねばならないためであり、中国文明が抱える多様性を理解し、私たち一人一人に内在する多様性を理解するためであり、その基礎の上に新たな主体性を創造するためのものです。

私がこの「システムを越えた社会」というカテゴリーを提出したのは、実際のところ、かつて思想史研究において新たな発想で帝国と国家の問題を考えたことを引き継いでおり、またその後に論じることになる「方法としての地域」とを繋げたものです。フランスの人類学者マルセル・モースは、「社会を越えたシステム（supra-societal systems）」という概念を提起しています。この概念は、一九世紀の実証主義的な社会観の背景から出てきたものです。社会は実証的方法で研究できるものではありますが、しかし社会を越えたシステムは私たち社会の中で生活しているだけでなく、また生活は社会を越えている、そういうことを主張しています。つまり、実証的方法では確証できないシステムにおいて、このシステムは物質的であるだけでなく、また精神性や世界観の性格なども包含するもので、たとえば法律、権力、習俗、信仰、世界観等など、ともに一つの社会を越えたシステムを構成している、ということです。私たちはこれを真似て、こう言えるのではないでしょうか。社会集団だけでなく、私たち一人一人も社会を越えたシステムである、なぜなら私たちは市民（公民）であり、学生であり、父であり、母であり、娘であり、リーダーであり、また私たちは自身の価値体系、信仰、世界観を持つ人間である、ということです。このシステムの性格が意味するのは、私たちは一人一人で生活している個人ですが、実際上その個々人は単なる物資的な個人ではないということです。なぜなら、私たちは自分の信念や世界観を持っているということです。そういったことは、内在的に私たちの個体の中に含まれているもので、私たちがある一人と交渉する際に、それは彼（彼女）の社会的身分と交渉しているだけでなく、彼（彼女）の超社会性と交渉している、ということになるわけです。たとえば、カシュガルのような社会の中で、また私たちのこの教室の中で、私たちの相互の交流は日常生活の可視的なもの、実証され得る身分や地位だけではなく、多くの不可視のもの、お互いに異なりつつお互いに重なる価値や信仰を含むものです。

「システムを越えた社会」の意味とは、そういった交流における混交性そのものが社会の内在的な要素を構成する、ということです。私は一つの社会を想定し、その共同性を強調する際にも、しかし既に脱システム的であり、否応なくその他の社会と相互に連関しているのであり、したがって内在的な開放性を有してしまう、ということです。システムを越えた社会において、人々は一揃えの価値と信念を共有できるだけでなく、また異なった価値と信念（必ずしも賛同するのなく）を分有することもできるでしょう。これは少し複雑な概念でありましょう。多様性と平等を総合させてのみ得られる概念ですから。ある一人の人間がいたとして、彼は個体であります。しかし彼は一つの個体であるだけでなく、その背後にまとまりのある文化や信仰を抱えています。その彼と交流する時、実際に眼に見えないものとも交流することになるのです。その交流においてアイデンティファイも起きるでしょうが、矛盾も対立も起きます――これがシステムを越えた社会の内在的要素です。システムを越えた社会は多少とも文明的な概念であるようにも見えますが、それは文明がいつも多重の要素を含むからです。しかし同時にまた、自身の一貫性と基本価値も持っています。では、なぜわざわざシステムを越えた社会というカテゴリーを持ち出すのでしょうか。多かれ少なかれ、文明というカテゴリーは元より、豊かな概念であったからです。しかし**一九世紀、ヨーロッパ植民地主義、ナショナリズムと帝国主義の知識によって、文明というカテゴリーは人種化されてしまいました。そのため文明、人種、宗教、言語などが民族を構成する基本要素として関連づけられてしまいました。**たとえば、明治維新の後、キリスト教文明とイスラム文明を参照して、儒教文明、儒教文化圏、漢字文化圏といった概念が提出されることになりました。これらの概念の概括性というもの、これは使用せざるを得ません。しかし私たちは、キリスト教文明はキリスト教だとのみ言えるでしょうか。中国文明は儒教文明とだけ言えるでしょうか。漢字文化圏というものがあったとして、では中国というカテゴリーと漢字文化圏はどのような関係にあるのでしょうか。もし中国文明が一つのカテゴリーとして成立するのであっても、儒教はせいぜいその主導的な力の一つにすぎないものです。そうでなかったとしたら、私たちはいかにして、チベット文明やイスラム文明を中国文明の内在的な位置に置けるでしょうか。いかにして、これらの文化的要素の間の相互浸透というもの、またその他の要素を自身の主体性の要素にして叙述できましょうか。**文明とは他者を包摂するだけでなく、さらに他者の痕跡を内在的な要素にしていく動態的なプロセスであるわけです。**

一五年前、私はドイツを訪問し研究していた時、幾人かのイスラム学者といっしょに居る期間を持つことができました。イスラム世界というカテゴリーをめぐって、彼らの間には議論が多発していました。多くのイスラム学者はイスラム世界という概念を用いて、国民国家の概念を批判しました。なぜなら、彼らが言うには、国民国家は西洋から来たもので、植民地主義によってイスラムに押し付けられたもの、ということです。イスラムは一つの世界だ、ということでした。しかし後に、イスラム学者はこのようにも言いました。イスラム世界は、内在的に異なる世界を含むものであって、画一化したイスラム世界などないのだ、ということです。私たちはあるシステムを細かく観察した場合、それは必ず相互連関的になっているわけです。**システムを越えた社会と社会を越えたシステムは相関的なものです。**社会を越えたシステム、それは一つ一つ異なった社会体が相互に連関しているものです。また中国が今日提出している「一帯一路」**は繋がった数珠のようなもので、より堅実にまた弾力性に富んだ方法によって、お互いに接続するということです。**

この意味において、「一帯一路」とは何であるのか、私から見てそれはまさに社会を越えたシステムなのです。現在のところ「一帯一路」について論じている多くは、経済学者と国際関係学者で、ただ彼らの関心は金融、投資、生産過剰の解決、市場拡張の新たなチャンス、といったところです。また当然国家間の駆け引き、合従連横なども出てくるでしょう。近代世界の道筋から見ますと、そういったことは珍しいものではありません。思いますに、もし「一帯一路」の意義が物質的なことだけ、精神的なこと文明的な意義（誇張して言えば、文明の意義の再建）を含まないなら、つまりこの構想あるいは計画に新たな価値の方向への展開ができないならば、「一帯一路」は短期的な経済の成功を生むだけで、どのような世界史的意義がもたらされるのか、はっきりしがたくなってしまうのです。「一帯一路」の「一帯」はシルクロードの経済帯のことであり、「一路」は二一世紀の海上シルクロードのことを指しており、実際に両者は中印、中パの回廊、また連雲港〔江蘇省〕からロッテルダムまでのユーラシアを結ぶユーラシア・ランド・ブリッジ〔欧亜大陸橋〕とも織り重なることになります。**路、帯、廊、橋、この四つのカテゴリーは、私たちにとって特別な意義があります。**なぜなら、**歴史的に見ますと、かつての帝国の拡張は領土に対する持続的な保有によって完成されますが、そこで路、帯、廊、橋は何を意味するのでしょう。四つの概念は、四つの相互交換の様式であって、異なる文化、社会、言語、文明、宗教、習俗の紐帯を繋げます。またそれは、経済と文化の総合を通じて、異なる人々を相互に結び付ける計画でもあります。路、帯、廊、橋が意味するのは、その経済プロセスが必ず、文化、社会、習俗、信仰、そして日常生活世界の各種の様式の中に埋め込まなければならず、経済カテゴリーが他のすべてを凌駕する主宰者とはならない、ということです。**まさにそういうわけで、それは単なる拡張の計画であってはならないし、元より領土拡張の計画ではなく、相互交換、相互補完、相互交流のプロジェクトなのです。それはまた、史的システムとしての資本主義〔ウォーラーステイン〕の計画であってはならず、それを越えるような文明の再創造の計画であるべきです。**路、帯、廊、橋は、私たちが世界を理解する一つの基**

礎概念でなければならず、間違っても単なる経済計画であってはなりません。もしも路、帯、廊、橋の概念が海洋の内海化が作り出したグローバルな規則と対比されるとしたら、それらがアレゴリカルに含む規則はそれとは全く別のものでしょう。

西洋が世界を席巻する以前、「天下にある大きく丸いもの、海と言う」とあるように、「大洋」は既に中国、あるいは天下のカテゴリーとなっていましたが、それはまた神秘的な未知であって、無限であって、内海ではありませんでした。ここでの未知や無限といった視野において、中国の天下観には未だ把握されていない他者の予感がありました。これは朝貢システムの秩序が弾力性を持つこと、また複数的な他への関与の動態プロセスを予兆する、そのような前提でありました。**海洋が内海化された今日、路、帯、廊、橋などの概念が予兆する社会を越えたシステムとその相互関係の多様性は、やはりかつての秩序における弾力性と複数的な他への関与にかかわる特徴が残っております。これが意味する相互交通の概念は、他者の無限の可能性を前提とするものです。プレ西洋の時代、無限性とは「大きく丸いもの、海と言う」を特徴とするものでしたが、相互に内海となった時代、無限性は各文明の無限の間の可能性を想定しており、したがって、路、帯、廊、橋は、海洋中心論のグローバル規則とは異なる弾力性のある世界観と秩序観を代表するものとなります。**

事実として、この構想は一つのプロジェクトに止まらないものです。プロジェクトであったとしても、それは多くの複数のそれであって、異なる社会、異なる文明、異なる世界観への共同参与、相互形成を通じた動態が最終的に、グローバルシステムの動態プロセスを変化させるのです。ここには、そうしなければならないという意味も、つまり価値の方向性を決定し直す意味もあります。なぜなら、「一帯一**路」の現実性と切迫性はグローバル資本主義経済の危機の中で生み出されたものであり、それがまた市**

場拡張のロジック、つまり海洋の内海化や辺境の内地化というロジックを伴うことに関して、誰も否認できないからです。**もし私たちが金融拡張だけに関心を持ち、生産過剰の問題を解決するために新たなチャンスというだけで、路、帯、廊、橋が求めるのが異なる文明の連関であることを理解しないなら――ここでの理解とは、それが通過する社会や文化やその独自性を理解し、研究し、認識するということ――これを理解しないなら、現代資本主義の一般ロジックからこのプロジェクトを推進するだけなら、この広大な区域の分雑な文化とエコロジーを破壊することになり、むしろ新たな矛盾と対立を生み出し、復讐の憂き目に遭うでしょう。**私たちの生きるこの時間は私たちを目覚めさせようとしています。路、帯、廊、橋が結び付ける世界像「大きく丸いもの、海と言う」は、一般的に無限の可能性、能動的な参与性のことであり、また「未知」つまり「無限」を包含し、持続的に変動する複数の／一つの世界のことです。そういうことで、私は一つの文明的文化的な意義において、新たに路、帯、廊、橋の意義を提出し、それを近代のいかなる拡張的帝国主義とも異なった相互交通のプロジェクトとして、新たなシステムを越えた社会を再創造するプロジェクトとして理解するのです。そうすることで、「一帯一路」の実践が運動する只中にあって、お互いに尊重し合う社会関係を再建でき、システムを越えた社会と社会を越えたシステムが相互に繋がった世界を作り出せるのです。

既に述べましたように、**これは歴史文明と社会主義を総合するプロジェクトであり、独自性と普遍性、多様性と平等を結合するプロジェクトであり、資本主義の「内海化」とも異なる大同プロジェクトです。大同の意味は、無限性に対する承認であり、いわゆる「グローバルな規則」や「普遍」性への服従ではありません。その哲学の基礎は、「生成変化」の「生成」に関する宇宙論と歴史観です。**このプロジェクト――さらに正確に言いますと、これは一つのプロジェクトというよりも、英語で initiative（主導性）、つまり動議や提唱、みなを唱導し共同に参与し、平等に交流する動議、ということです。無論、国家の範囲であれ、国境を越えた枠組みであれ、この提唱は異なる集団への主体的な参与を呼びかけるものです。そうであるからには、私はここで私の視角から「一帯一路」に対する解釈を試みてみたい。もしそれが一つのプロジェクトであったとしても、それは必然的に複数のプロジェクトとなるでしょう。このプロセスにおいて、画一的に発展イコール成長とだけ解釈できないでしょうし、進歩も破壊的なものとは限らないでしょう、そして建設は発展の多様性、あるいは多様性の発展と同義になるでしょう。

カシュガル訪問の期間、私は疏附県の南達農場を訪問した時、そこにゴビ砂漠に建てられた近代的な養殖場と一面の果樹園から成り立つ総合農場がありました。たわわに実った桃園から眺めますと、辺り一面は草も生えない砂と岩山でした。聞くところによりますと、天山山脈の余脈にあたるところで、また別の方角にはお互いに向きあうようにカラコルム山脈と崑崙山脈が見えました。葱峰〔旧時のカラコルムとパミールの総称〕とパミール高原の二つは、一つの場所にお互いが折り重なっていることを表現しています。両側の連山がゴビ砂漠とオアシスを隔てて遥かに眺望され、一方は火のごとく、一方は一面の雪となっています。そして三つの大山が地殻運動を引き起こし、相互にきしみ合い、大地を揺るがすのです。「そして今、崑崙に言おう、この高さは要らず、この多き雪も要らず」――ちょうど八〇年前、毛沢東は長征の後で黄河の岸辺に辿り着き、「飛び立つのは玉龍三〇〇万、天全体をかき乱せば、寒さが徹す」と茫漠たる崑崙をイメージしていましたが、心の中にあるのは「太平の世界〔革命後の世界〕とならそう、この地球、この涼しさと熱さを同じくする〔平等社会の隠喩〕ために！」でありました。砂と岩山、雨水に押し流されてできた荒涼たる砂漠を見渡していた私を見て、

傍に立っていた友人が「水さえあれば、ゴビにも緑の草が生えるだろう」と言ったのです。

第二章

代表性の断裂

丸川哲史　訳

現在の社会はどのような角度から眺めようと、平等という原則を排除して別の基礎を持ってくる、というわけにはいかない。しかしだからといって、「不平等が支配的地位を占めている」と推察することをさまたげるものではない。

——ピエール・ルルー

現存するブルジョア社会の総体において、商品のあり様として価格や流通が表現されているのだが、それは表面的なことにすぎない。そのプロセスの背後、またその奥で展開しているのは、完全にそういったこととは別のプロセスだ。このプロセスの中では、個々人の間において、例の表面的なところにある平等や自由というものが消失している。

——マルクス

はじめに——政治システムと社会形態のズレ

過去三〇年、民主主義の問題をめぐる議論と対立が止むことはない。一九八九年前後に現れた「歴史の終焉論」は、民主主義を最終的な政治システムとし、また歴史の到達点を表したものと見做した。この民主主義言説は、大衆的民主と社会主義運動の失敗を前提とするもので、それはまたかつての「人民民主」を「政治的専制」へと置き換えることによって完成されたと言える。(ロシア)十月革命のショックにより、かつて資本主義世界はその対立者を作り出した。しかし冷戦下に入ると、「資本主義」と「社会主義」の対立は、思想上の二項対立となってしまった。結果として冷戦構造が利用され、民主にかかわる解釈が独占され、それぞれの民主のパターンが敵対的なカテゴリーへと配置された。だが、ホブズボームが述べているように、この二項対立はある種の乱暴な思考構造であり、ある特殊な歴史の時空においてだけ理解され得るものである。(1)この二項対立では、中国とかつてのソ連、また別の社会主義国家のシステムの違いについて理解できないし、また当然ながら、対立する社会システムが競争の中でどう相手を観察し、模倣し採り入れ、また制度形成をはかったかについても解釈できない。しかしながら、冷戦とポスト冷戦のイデオロギーの枠組みの中において、民主（や人権）にかかわる既に規範化された理解は、往々にして社会の構成内容を無視するので、民主や人権を単に「専制体制」の対立面に置くだけとなり、すると結局「民主社会」の変革目標が分からなくなる。事実上、それら冷戦の敵対構造によりかかって相手を「専制」に分類するだけなら、マスメディアの中で自身を合理化する効果以外では、民主の危機ついて到底益するところはない。

社会主義システムの崩壊にともなって、すぐに反テロ戦争、宗教対立、生態破壊、不安定化社会が出てきたが、また金融危機においてグローバル資本主義システムの根深い矛盾が露呈されるところとなった。西側民主主義の空洞化、新たに作られた「民主」の内在的矛盾、そして第三世界国家の民主にかかわる困難――それらは上述した危機と密接な関係にあり、現代的な問題として避けられない課題となっている。そのいわゆる民主の危機とは、主に社会主義の崩壊の後で言われるようになったもので、むしろ社会主義の危機によって覆い隠されていた、と言えるかもしれない。結局のところ、どういった力が作用となって、民主の社会的条件が変化させられたのだろうか？　民主の危機にかかわる総合的な議論

（1）アレックス・ホブズボーム『二〇世紀の歴史――極端な時代（上）』中文版、鄭明萱訳、麦田出版、一九九六年、九頁（邦訳は、河合秀和訳、三省堂、一九九六年、一五頁）。

について、私は以下のように整理できるのではないかと思う。

まず一つ目。冷戦の解体後、大規模な戦争と階級革命の脅威が除去された。そこにおいて冷戦は片側の社会システムの勝利として終焉してしまい、二つの社会の競争は繰り返されなくなった。また社会主義の遺産は、民主／専制の二分法において徹底的にその合法性と合理性を喪失するところとなり、私たちは選挙政治以外に問題の解決方法を見出せなくなった。このようなマクロな条件の変化によって、西側民主主義の自己革新の外側への波及力は減殺されたのである(2)。

二つ目。グローバル化とグローバルな産業シフトにより、英米などのかつての工業国家が脱工業化を経験し、結果として労働者階級の力が大幅に低減することになった。労働者階級は社会的平等を望む重要な勢力であり、この変化が意味するのは、国家がそれまで採用してきた妥協と調和による統治政策の動力が衰退したことである（もしドイツと米国を比較し、なぜドイツの社会的民主が米国の状況よりましなのかを考えた場合、その答えはこうなるだろう。ドイツは金融資本主義を発展させたが、同時に比較すると工業システムを温存させたということ）。実際、冷戦の終結後、階級闘争の形式が既に基本的には別の社会運動のモデルに取って代わられ、したがって伝統的な社会運動と新しい社会運動の間の違いが意識されることとなった。新しい社会運動の生成は部分的に階級政治——階級そのものではないにしても——の衰退を表することになる。

これとの対比として言えるのは、西洋社会の産業シフトによって、中国を含む非欧米国家の大規模工業化がなされ、労働者階級が急激に増えたことだ。中国は二〇世紀の末において、大規模な「労働者階級の再形成」の時代を迎えることとなった。産業シフトとは階級関係や階級矛盾を外側にシフトさせることであるが、このシフトは（中国）社会主義の衰退と転換（また一九〜二〇世紀の階級政治そのものの衰退と転換）の中で引き起こされた。プロレタリア階級政党の一挙的な「中性化」はまさに転換期の特徴であるが、その結果として、労働者階級は政治領域において自らの代表者を持ちえないということ、その公共政策においても、資本へと集中される傾向から免れないということになる。こういった条件において、社会主義システムは社会民主主義と同じものとなり、政治システムと社会形態のズレが生じることとなった。

三つ目。金融資本主義の瞬く間の発展の中で、金融資本は工業システムの枠をはみ出し、いかなる社会的責任をも拒否しながら、過去のどの時期よりも投機性を高めている。そして金融資本主義は世界的波動となり、様々な騒動を引き起こす。政治的民主、それは国民国家を枠組みとする市民権を基礎とした政治システムとしてあるのだが、このグローバル化という新局面に対してきちんとした対応が難しくなっている。これが意味するのは、グローバル化と国民国家を作ろうとする政治の間に矛盾が生じる、ということである。その矛盾は目下、二つの方向に集中して現象している。一つには、市民権にかかわる新たな概念が提出できなければ、この基礎の上に新たな平等政治を生み出せないということ。もう一つには、グローバル化の新局面に対応するために生み出された様々なトランスナショナルな組織や地域システムが未だ本当の意味での民主的なメカニズムを形成してないということ。国際政治の領域において、自由主義と社会民主主義の理論家も、グローバル化時代の正義にかかわる議論において、有効な政治実践を打ち出していないし、また左翼の側でも理論的問題での凋落があって、さらに説得力と整合性

（2）この点に関しては、ピエール・ロザンヴァロンの“*What is a Democratic Society?*”（a paper for Tenth Indira Gandhi Conference, Dec., 2010）に明確に記述されている。

のあるグローバル化時代における公正と正義にかかわる政治プログラムを生み出せないでいる。

四つ目。金融資本が様々な領域に介入し相互に依存しあっていることで、ハイテク産業や伝統的産業、またその利益集団の間に矛盾と断裂が走っている。かつての工業化社会の内部において形成されていた社会的妥協や調和によっては、もはやこのような新たな利益関係をカバーすることができず、社会民主主義の側も政治的再編の危機に見舞われている(3)。政治の再編は、経済の変化によって一定の社会的結合を促進するのだが、また都市化やグローバル化や情報化による新たな社会動員のモデルをも生み出している——両者には密接な関係があるが、重なるわけではない。たとえば、中国社会科学院の房寧などによる「東アジア政治発展の研究」プロジェクトの報告は、タイを例としている。そこではハイテク産業、その利益集団と旧来の工業の独占集団の間で対立が起きているが、それは地方農民をも巻き込んでいるという。タイの過去数年における政治的不安定と都市農村の対立は、それを基盤として持続する社会衝突と密接な関係があるのだ。しかしその他の例(アラブ諸国やイギリスで発生した暴動)に関しては、社会動員とそれが求めんとする階級性は曖昧であって、社会運動にはさらに複雑な要素が介在している。それらの要求運動は暫時的なものとして、一種の複合型の平等政治と名付けられよう。そういうことで、私たちは階級の再編の時期にあって、しかし電子通信技術の革命によって、社会動員の形式にしても単純に階級政治の角度からだけでは把握し難くなっているとは言える。

五つ目。民主政体と社会形態の分離は多くの転換期にある国家の特徴である。新自由主義の影響下にあって、社会主義の公有制とその福祉システムが衰退し、また私有化と市場化とグローバル化が同時的に進行している。この折り重なるプロセスにおいて、政治的民主化と民主の社会的形態との間でズレが生じている。中国では、国有資産の私有化の趨勢の中で、権力と資本が結合したのだが、これはポスト社会主義時代の一般的現象と言える。これによって社会形態が寡頭化し、それと民主的政体（あるいは非民主的政体）との間同盟が築かれ、とてつもなく平等が壊され、社会解体が進んでいる。（西側が求める）民主化が元々の社会主義システムの分配制度や平等の遺産に対する徹底的な否定として現れる一方、（西側の）議会多党制や二大政党制もまた新たな寡頭制に近い政治枠組みへと変化しており、多党民主なるものは寡頭的な財産分配制度と結び付いてしまっている。このような民主の転換期、多くの政党が出現するのだが、議会政治の中でポストを占める大半は、財産の分配において利益を独占する政党となる。そういった国家は一党制から多党制に変化する際に、メディアの自由度が大幅に上昇はする（ただし、メディアの拡張は市民的言論の自由が引き上げられることとイコールではない。現在の条件においては、メディアと公民的言論はさらに対立関係にも入る。このことについては別に述べる）。しかし、政治的民主化がイコール社会主義の歴史に対する全面否定と一緒くたにされるのであれば、結果として、社会主義時代に形成された平等な社会形態というもの、さらに平等に向かう社会実践の基本的価値なども全て否定される。こういった条

（3）民主システムにおける再編は新しい現象とも言えない。たとえば、保守の経済学者ロバート・フォーゲルはかつて、米国の近代史の区分において四回ほど大きな「覚醒」があったとしている。つまり一七三〇年代、米国革命がその思想的基礎を築いた時期。一八〇〇年代、奴隷制の廃止も含めた一連の大改革の時期。一八九〇年から一九三〇年にかけて、新たな社会的不平等に対して福祉国家と多元的な社会政策が生み出された時期。フォーゲルが議論した大きな「覚醒」の最後の時期に当たるのは、五〇年代後期からの、いわゆる「精神（非物質）改革」あるいは宗教改革と呼ばれるものである。彼が言う最後の「覚醒」とその「ポストモダン的平等」概念については説得されなかったが、いずれにせよそこで説き及んでいた方法論には注意が惹かれる。つまり、ある社会システムの出現は常にある特定の時代における不平等に端を発する、ということである。まさにかつて経験したとおり、二〇世紀後期においてますます政治システムと社会形態のズレが明らかとなったが、それは特定の政治システムによっては新たな不平等の条件を探り当てられない、ということである。ロバート・フォーゲル『四度目の大覚醒と平等主義の未来』王中沈、劉紅訳、首都経済貿易大学出版社、二〇〇三年。

件において、政治的民主化は不平等な分配と新たな独占形式の合法化のプロセスとなってしまう。民主政体、特に政党政治は今、極端に資本とメディアに依存しており、独占集団は——その独占の形式は国家的であれ個人であれ——常々その経済力を政治力やメディア力に転化する。(4) その結果は明らかだ。つまり、一般的に大衆は政治的民主化のプロセスの外に排除されるが、さらには社会主義的な平等価値を通じて行われるはずの独占構造に対する抵抗の権利をも剥奪される。貧富の拡大、寡頭化と政治的民主化は伴って進行するのだが、政治的民主化は社会を解放するプロセスから排除性の高い寡頭化のプロセスへと変質してしまう。いわゆる「カラー革命」〔東欧やアラブ世界などで米国が有形無形に関与していると噂される政治プロセス〕がすぐさま変質してしまう主たる原因がこれなのだ。

貧富の差別、都市農村の対立、地域の解体、そしてエコロジー危機は、現代の生産関係における労働／資本関係の中軸をなしているが、このような解体と危機の動因はさらに複雑さを増している。だからこそ、民生問題であれ、民主問題であれ、それらは政治システムだけではなく、むしろ社会形態にもかかわる、ということである。政治システムと社会形態の間に断裂とギャップが生じるところにおいて、社会主義体制、社会民主体制、自由主義体制に加わる試練は似たり寄ったりとなる。まさにこの断裂とギャップの条件に着目するところから、私はこう思うのである——中国は政治システムを変革すると同時に、新たな条件の下において、中国革命と社会主義の歴史において形成された平等にかかわる遺産を探し求め、そこから政治システムと社会形態のギャップから生じる合法性の危機を解決せねばならない、と。もし社会主義と社会主義の遺産を否定するなら、不平等な分配が常態化してしまう。逆に、そういった平等の遺産を政治再編の総合的プロセスの中に配置できるなら、危機の解決に役立つこととなろう。市場社会は自動的にバランスを持とうとするものではなく、全く反対のものである。合理的な調整も、制度による保障も、また平等と正義を求める社会闘争もなければ、民主の政治システムと社会形態の間の分離と断裂が常態となる。これは特に左派の理論によるものではなく、資本主義の歴史の事実というものだ。多くの第三世界国家で、平等の遺産が少ないところがある。たとえば、南アジアや南米ではまだ土地改革がなされておらず、そういった平等の社会遺産がないので、民主の二つの要素（政治システム、社会形態）の妥協と発展を生み出すことが難しく、新たな社会衝突を招いてしまう。まさにこのことによって、多くの中国の知識人が現代中国の遺産をぼろ靴のように捨て去ろうとするのと逆に、多くの第三世界の知識人と社会運動は中国のかつての歴史的遺産に注目しているのである。これはまた逆に、現代中国における土地制度と公共財産をめぐる議論がなぜかくも重要であるのかを物語っている。現代中国における不平等とは、公共の利益の範囲をはっきりさせないことによって引き起こされる。そこで、労働者や農民や多くの都市部に暮らす一般市民の利益が損なわれることと、公共財産が損なわれることは実に一致した問題となっている。もし市民としての大衆が民主化のプロセスから排除されるなら、それは真の民主ではないだろう。実質的な公平がなく、市民の間の相互の平等も保障されないなら、政治的民主の市民権は空洞化した形式主義の観念に堕すだろう。

（4）ポーランドの社会学者ヤザック・ワシレフスキーによる一九八八～九三年のロシアと東欧国家のエリートを構成する人々に対する分析によれば、この時期の国家官僚の三分の一が旧エリート層だった。経済、政治、文化などの分野については、その旧エリート層の比率はもっと高く、それぞれ五〇・七%、四八・二%、四〇・八%であった。ロシアの旧エリート階層の八六%が新エリート層に入っており、一〇%だけが元々のポストを失ったに過ぎない。一九九六年でもソ連時代の官僚は総体の七五%で、政府では七四%、政党指導者では五七・一%、経済エリートでは六一%となっている。データは『ポストソ連国家の社会転換期が問いかけるもの――玉軍博士インタビュー』、『国外理論動態』（Foreign Theoretical Trends）二〇〇五年三月号、三頁。

これまで述べてきた諸要素は、現代の民主主義の危機の外部要因である。次に、民主主義実践そのものの危機を述べるならば、現時点において、私は「代表性の断裂」がそのことにおける最適な総括なのではないかと思っている。つまり前述した広範な社会／経済の変遷において、代表政治を中心とする二つの政治システムに同時に未曾有の危機がもたらされているということである。政治エリート、経済エリート、文化エリート、また彼らの利益と一般市民の間の断裂は、代表性の断裂の社会的基礎となっている。また一方で、政党、メディア、法体系——それらは普遍的なものと称されている——も、それに相応する社会利益とパブリックコメントを代表しておらず、代表性の断裂の直接的な現れと言える。そこで、代表性の断裂は直接的に民主政治の三重の危機を体現していると言えるだろう。すなわち、政党政治の危機（その集中的表現はメディアの拡張と公共空間とのギャップ）、法体系の危機（その集中的表現は手続き主義が誰かの利益になってしまっていること）である。これらは複数で一体の危機である。通俗的な用語で言えば、私たちが経験しているのは、ピークに達した政党の国家化、国家の司法化、メディアの政党化、政治家のメディア化、法の空洞化のプロセスである。だからこそ、代表性の断裂を議論すると同時に、以下の幾つかの問題を検討することが避けられない。

一つ目。政党政治が国党政治へと変化する中で、「ポスト政党政治（後期政党政治）的民主」というものが出現しているのではないか、ということ。ここでの「ポスト政党政治」とは、一九〜二〇世紀に基礎づけられた政治モデルを前提とするものである。現在の条件では、実際に存在している政治組織として「政党」を名乗っていたとしても、一九〜二〇世紀の政党とはもはや違った特徴を備えているだろう。

二つ目。「公共領域」をいかに再建し、いかに法治精神を基礎とした「政治法律システム」を新たに立ち上げるのか、ということ。「公共領域」を再建する前提として、既にメディア権力と政治権力が相互浸透しているわけだが、メディア権力は「パブリックコメント」を操作することで政治公共領域に対して支配的影響力を及ぼしている。そこでまた、「政治法律システム」という概念を再提起するのは、形式や手続きの重要性を否認したいためではなく、そういった形式と手続きによって動かされる政治文化の条件を探求するためである。

三つ目。結局のところどのような力が、新たな平等政治のために思想的な基礎と道徳規範にかかわる文化を形成できるのか、ということ。民主主義の危機を代表性の危機としてとらえ、また国家が長期間に渡って政治領域を主導してきたことを鑑みれば、ある見方として「民主政治とポスト民主政治」と言えるかもしれない。

前述した議論の落としどころを簡単に示しておこう。冷戦の終結後、民主主義の政治システムは形式においては重大な変化を生み出してはいないが、社会民主主義については一般化し得る危機が生じている。また依然として社会主義システムを保持している中国においても、国家政体とその形態について根本的な変化はないものの、社会内部では深刻な変異が発生している。たとえば、中国とは一体どんな社会なのかといった議論が全くなされていない。だからこそ、大多数の論者（相互に常々激しく対立しているようだ）が、二つの政治システムの差異から矛盾を設定するのとは違って、私はこう考えている。現代の政治的危機の核心にあるのは、政治システムとそれに応じた社会形態が解体していることである、と。政治の合法性の危機の主要な原因は政治システムの代表性の断裂にあるということ、つまり政治システムと社会形態とのギャップである。「代表性の断裂」という政治的危機とその特徴を議論する前に、ここで言う「ギャップ」あるいは「断裂」が、社会主義と社会民主主義という二つの政治システムにおいてどのように構成されているのか分析してみたい。

1 「何が平等なのか」を再び問う

機会の平等と分配の正義

いわゆる社会民主主義の苦境から議論を始めてみよう。フランスの政治理論家ピエール・ロザンヴァロンの近年の論文は、政治的民主主義と民主主義における社会形態の角度から現在の社会民主主義の危機について検討を加えている。政治システムにおける民主主義は普通選挙権、個人的権利の保護、言論の自由、多元主義等々を含むが、社会形態としての民主の核心は平等であり、主に体現されるのは社会保障であり、公共物を社会の成員に開放すること、再配分等々である。この二つの結合がいわゆる社会民主主義であると言える。ロザンヴァロンは、フランス革命とアメリカ革命の中で、民主主義のこの二つの側面は完全に重なるところとなった、と考えている。なぜなら、当時の平等の概念は社会関係にまで及ぶものだったから、つまり平等かしらずんば差別か、だったからである。(5)革命期における平等政治は、直接的に身分制や差別を解体せんとし、国家／市民の関係をもって民主主義の社会モデルとするのであり、この歴史的な瞬間にあっては、それぞれ、平等は機会としての平等、結果としての平等、分配としての平等、などといった特殊な修飾を用いる必要がなかった。

しかし一九〜二〇世紀にかけて、民主政治のシステムとその社会形態は持続的に乖離するようになった。普通選挙、報道の自由、法に保護された財産権があっても、もう一方では、社会の解体がはなはだしい。貧富の格差、様々な形をとった独占、階級対立等々、最終的には激烈な社会衝突さえ生じている。新たな社会的差別は大規模な階級闘争と革命の原因となるもので、また国民国家の間の衝突の原因の一つである。一九世紀の末から、特に二つの世界大戦の後で、革命への恐怖と戦争に対する反省、また冷戦期の二つのシステムの競争が現れたが、そこでいかに社会的妥協と階級調和をはかるのかが民主主義実践の重要な要素となり、民主主義の社会形態を発展させるためのキーポイントとなった。そこで社会理論においても、人々のアトム的個人主義、またそれに関連する社会的権利への省察が進められ、権利と義務、福祉と責任、自主と団結といった問題に対する新たな解釈が提出されるようになった。今日、社会民主主義のモデルは、基本的には税制や社会保障のメカニズム、合法的な労働組合や最低賃金制、及び労働法等々と切り離され得ないものである。こういった社会民主主義の考え方は、多くの社会運動の成果によるものであり、そういった成果は制度設計によって、民主的な社会形態へと結び付いたのだ。これについては、資本主義を超えた資本主義の形態、と呼ぶことができよう。

現在最も影響力のある民主理論（ロールズとハーバマス）は、異なった人間同士が平和的に出会える平等主義のプロセス、またコンセンサスをそこで得る条件について問題提起し、彼らが攻撃的なものと見做している民主（大衆民主）主義に取って代えようとしている。彼らからすると、そういった手続きや条件は基本制度（憲法や法律など）を中軸として、対話とコミュニケーションを通じてコンセンサスが進行また更新され、理性の要求（自由権を護ること）を満足させ、また民主主義の合法性（人民主権）が満足させられる、ということである。だが、分配の問題はいつも社会衝突と密接なつながりをもって惹起される

（5） Pierre Rosanvallon: "What is a Democratic Society", a paper for Tenth Indira Gandhi Conference, Dec., 2010

ものである。新たな分配によって進められる平等にかかわる闘争において、対抗的性格は免れない。平等問題とは結局、政治問題なのだ。理論家シャンタル・ムフが言うところでは、手続き主義やコンセンサス主義の政治哲学では、平等や正義問題が孕むところの感性や突発性、政治性、またある種の身分的集団性などを把握できないし、(6)先に紹介したようなコンセンサス形成のプログラムも提供し難いだろう。

もしも、私たちがそういった平等概念や正義理論を現代の平等政治の視野に置いて観察するならば、それは政治システムと社会形態のギャップの問題を理解する助けとはなるだろう。民主主義の社会形態の危機は、平等問題に焦点化されるものであり、ここにおいて私は三つの異なった平等概念を取り挙げ、解釈を試みてみたい。平等にかかわる倫理哲学はかなり複雑なものだが、ロールズ、アマルティア・センなどが既に細かく分析したところの、功利主義的平等や結果的平等、またロールズによる平等理論の概念がその例証となろう。(7)これらの理論の検討は避けて通れないものであるが、私としては、それらを通俗化した言説とともに検討してみたい。平等の第一の概念は機会の平等（これは功利主義的平等の概念とかなり似ている）であり、第二の概念は再分配（あるいは結果）の平等（これは利益平等とかなり似ており、また社会契約論と密接な関係を有する）である。この二つの概念は現代において最も名を馳せたものと言える。平等とは、まず法律と政治の意味合いにおいて輪郭が定まる。つまり偏見を排除することである。ブルジョア革命時代、この概念が対象としたのは、貴族とそれに類する階級に対してであって、政治的権利と社会的権利の両方を含んでいた。まさにフランス革命の鼓吹者であり行動者であったサン・ジェストが言うには、平等とはある個人が別の個人に対して同様の「権力」を持っていると言うことではなく、誰もが「主権の平等部分」(equal portion of sovereignty)を有している、ということである。(8)まさにラディカルかつ主体的な概念であり、階級身分や性別、エスニックな差別を打破するために、平等な政治の可能性と、経済、社会、法律、政治などの権利にかかわる問題を平等概念の枠組みの中に置こうとしたのである。

しかし、資本主義のロジックが浸透した全ての領域において、ブルジョア革命時代のラディカルな平等概念は、最終的に市場競争の機会的平等の概念に取って代わられることになる。たとえ身分差別への批判があったとしても、経済の枠組みにおける利益の文脈に移し替えられてしまう。機会平等の原則とは「収入やその他の生活条件の不平等を自然状態とするものの、同時に社会の底辺の人間も自己努力（勤勉さ、胆力、才知、また正当な手段などを通じて）によって自身の経済的社会的地位を引き上げることができるもの」と考えられている。これはまた、リンカーンの連邦政府において長期に渡って存在した、いわゆる「偉大なる原則」、つまり「あらゆる人間には平等の機会が与えられている」である。(9) こういった文脈において、階級、階層、人種、ジェンダーの平等にかかわる闘いは、おしなべて市場内部において、自由（に売買される）労働力とその価値を尺度に評価されることになる。マルクスの観点からすると、

（6） たとえば、ムフは政治的（political）角度からロールズの多元主義、政治的自由主義や正義理論に対して深い分析を行っている。以下を参照。Chantal Mouffe: "The Limit of John Rawls' Pluralism", *Theoria*, March 2009, p.1。またさらに "Deliberative Democracy or Agonistic Plauralism" (Institute for Advanced Studies, Vienna, 2000b) 及び *The Democratic Paradox*, London: verso, 2000a.

（7） このいくつかの概念とその相互的関係については、アマルティア・セン（Amartya Sen）が『何が平等か？ "Equality of What?"』（Delivered at Stanford Uniersity, May 22, 1979）の中の "*The Tanner lectures on Human Values*", pp. 197-220. において深い分析を行っている。また先に引用したピエール・ロザンヴァロンの "What is a Democratic Society?" の中でも概要が示されているが、ここでは詳述しない。

（8） 関連する議論は、以下。Claudia Pozzana and Alessandro Russo: "Continuity/Discontinuity: China's Place in the Contemporary World", *Critical Asian Studies*, 43:2 (2011), 272.

（9） 前掲『四度目の大覚醒と平等主義の未来』六頁。

機会の平等の概念は、商品交換のロジックの上に立てられたものであり、モノの交換が人間の交換に投影される。つまり、商品交換の前提とは所有者の間の平等を前提とするものなので、平等と商品の関係は歴史的関係となっている。マルクス曰く「各主体は交換者であり、すなわちある主体が関与する別の主体との社会関係は、後者から前者であってもよいのである。だから、交換の主体として両者は平等となるのだ」と。[10] また市場内部において「主体は等価物を通じた交換においてのみお互いを価値対等のものと認めるのであり、また彼らはお互いに相手をそういった交換の対象としてのみ自己を価値の同じ人間として証明するのである」と。[11] さらに「純粋な観念として、平等と自由はただ交換価値における交換をある方向で理想化する表現だけである。法律、政治、社会の発展において、平等と自由は別の次元における基礎であるだけだ」と。[12] 商品交換は労働と所有権が分離した前提（マルクスの言うところの「労働＝創造は他人の所有に帰し、所有権は他人の労働を支配するものとなる」）[13]の中で展開されるものであり、市民社会システムの確立にともなって、そのラディカルな意味合いは交換にかかわる合法性の観念へと転化してしまう。この機会平等の概念に照らせば、平等は資本のロジックと対立する社会理想を描くものではなく、ブルジョア社会の平等の形態にすぎない。

これは、機会平等が全くその魅力を失っているということではない。マルクスが平等と市民社会の商品交換の関係を関連づけていた時、彼は新たな生産／交換様式に注意を傾けていた。それは、別の機会にはあまり触れていなかったことだが、以下のような重要な問題であった。現代資本主義社会は財産の蓄積と権力にお金が集まる構造によって、不断に社会階級と新たな身分制が再編されるということ（特にエスニシティ、宗教、ジェンダーの不平等であり、つまりそれらの階級化である）。このモノへの依存を基礎とした人間の独立性とその相互の平等は、常に不平等な交換様式——独占や人種主義——と手を携えてきたと言える。そして一九世紀から二〇世紀にかけて、資本主義の発展と奴隷制、人種差別、ジェンダー差別と植民地主義、またその他の支配形式は実際のところ、併存し矛盾をしないかのごとく存在してきた。黒人の公民権運動は六〇年代なってやっと大きな勝利を得たわけだが、様々な形をとって、人種差別は依然として現代社会を悩ませている。ジェンダー差別に関して言えば、今日の労働市場において、それが存在することは公然の秘密である。エスニシティとジェンダーの階級化現象には古くからの歴史的起源があるわけだが、既に現代資本主義の権力／利益のシステムの中に組み込まれ、また現代における生産／流通の形態の具体的な要素となっている。まさにだからこそ、機会平等の概念が含む偏見を打破する力には、やはりある種の解放性もあるのだ。そこで機会平等の旗の下で、現代社会はそれらの差別現象を伝統社会の遺制と見るのであり、さらに自身の危機を克服する闘いが自身の合法性を強固にする闘いへと転化してきたのである。

分配の正義とその平等観は社会主義運動の遺産であるが、それともう一つの概念、条件平等（機会平等）には重複するところがある。資本主義的生産、特にその工業化社会の内部においては、技術と資本などの先行条件があるので、いわゆる機会均等は嘘だということになる。そこで労働運動の始まりは、条件を平等にすることがその主張内容であった。「条件においてさらに平等をはかることは、主に政府

（10）マルクス「一八五七年－一八五八年 経済学草稿」、『マルクス・エンゲルス全集』第三〇巻、人民出版社、一九九五年、一九五頁。
（11）同右、一九六頁。
（12）同右、一九九頁。
（13）同右、一九二頁。

のプロジェクトとして完成が目指される。そういったプロジェクトを設置する目的とは、労働力が過剰になることを抑えることで……また組合を支持し、賃金引上げと労働条件の改善への努力を要求することで、賃金の平均を上昇させること」[14]。このこと以外に、税制を通じて財産を再分配することが条件平等の重要な要素となる。ロールズの「分配の正義」に対する議論はそういった問題に対するものとして最も注目された。このロールズの正義観の下で、不平等の現実が明るみにされた。契約論（ロック、ルソー、カント）の伝統に回帰することで、ロールズは主導的な地位にある功利主義（ヒューム、ベンサム、アダム・スミス、J・S・ミル）の正義観を批判する。ロールズにとって、そういった正義は個人にとって最大限に自己の欲望を満足させ、自身の福祉を拡張させるもので、その個人の総和としての社会もまた個人の欲望と福祉を最大限に満足させようとする――そういった原則の上にある。つまり功利主義の正義は自由と権利にかかわる要求と社会福祉を増大させようとする要求とを混同し、さらに正義を優先させる原則を肯定してはいない。功利主義はコミュニティの調整原則を個人の選択原則に拡大するものであり、満場一致の原則の重要性を軽視する。つまり、それは善の量が増大すれば直接的に正当性に行き着くと仮定するもので、真の正義原則が知り得ないことがはじめに設定されている。したがって、結果としてもその是非は判断できないものとなる。それはまた、人の欲望を満足させることを動力とするもので、これまでもこれからも欲望の間の性質の差異を考慮しない。たから、そこから他人への偏見、圧迫、損害へと至ってしまうこともある。ロールズは、ロックやルソーの中にある「自然状態」としての「原初状態」（社会契約が出てくる条件）、また理性的推理の前提となる「無知のベール（白紙状態）」を仮定し、それを基礎として公正にかかわる正義とその原則的基礎を定めようとした。また複雑な理論過程を経て、ロールズはその正義の視点から平等分配は（一つの価値あるいは全ての価値についての不平等な分配が特定個人の利益に結びつかない限り）[15]、「自由と機会、収入と財産、自己尊厳の基礎など」所有社会の価値（「基本的な善」）をも含んだものとなる、とした。そういったロールズの正義観の二つの原則は既によく知られている。まず、各人が持つべき自由と平等の原則であり、そして、もう一つは分配の正義と呼べる原則である。後者の原則からすると、社会と経済の不平等は二つの前提の下でのみ合理的なものと言えることになる。すなわち、ある不平等が社会のメンバーの全ての利益と合致しなければならないということ。もう一つは、地位と職務が全ての社会のメンバーに向けて開かれ結びつけられていなければならない、ということ。そこでロールズにおいては、第一の原則（自由と平等）に関して、立憲民主主義では政治的自由にかかわる公平価値は確保できず、富と財産の不平等な分配と政治的自由が併存するのであって、経済と社会制度における不平等が政治的平等を破壊することとなる。次に、第二の原則（分配の正義）に関して、ロールズは厳密に正義の原則と効率の原則を区別し、単純な効率の原則によって正義の原則を叙述することを否定し、分配の正義と功利追求を結合させるべきだ、と主張した。またこの分配の正義を達成するため、彼はまた「差別の原則」を設定した。すなわちそれは、どんな差別が存在したとしても、社会の最下層のメンバーにとっての利益に適っていることが前提となるべきで、最も恩恵の少ない者に利益が与えられているなら、それは社会全体としても利益となる、ということである。また、この差別原則を実現するために、元々からの、またその他の条件からもたらされた不平等に対しては補償がなければならず、社会的コミュニケーションの中で互恵関係の原則が達成されねばならず、また公

（14）前掲『四度目の大覚醒と平等主義の未来』七頁。
（15）ジョン・ロールズ『正義論』社会科学出版社、一九八八年、五八頁（邦訳では、川本隆史・福間聡・神島裕子訳、紀伊國屋書店、二〇一〇年）。

民の連帯と社会団結を形成しなければならないが、そうして初めて公平の正義が実現されるのだ、と。そこで、あらゆる社会的価値を調節し、管理し、振り分け、分配するための機構が必要になってくるのだが、中でも市場と国家は人権と貧困という二大問題を解決する基本的メカニズムである、としている。

ロールズは「平等自由の原則」と「機会平等と差別原則」を総合化せんとして試み、平等概念のラディカルな性格を回復しようとした[16]。しかし資本主義の現実の中で、機会均等の概念と結果平等の概念は常に対立する。つまり前者は出発点の平等を考慮することに傾きがちであり、実際において競争的市場にその前提を提供するわけだが、不平等な社会条件が機会均等の限界にどうかかわるかの分析に関心は集中しない。また機会平等の条件の下での競争が独占と不平等（マルクス主義の角度からすれば、剰余価値の生産と再生産）をもたらすことも議論されない。すなわち、不平等な競争条件における再生産は、さらに新たな出発点における不平等をもたらす、ということだ。機会均等あるいは出発点の平等概念がフランス革命やアメリカ革命に時期にある種の平等な社会形態として主張されていたと考えられるわけだが、そうだとして、資本主義の発展の中で、この概念は常に社会の不平等をオブラートで包む言辞となっていたと言える。その一方、後者（結果平等）の考え方は資本主義の生産と分配の過程についての研究を促進することになるが、制度設定――市場システム自身の再設定――を通じて、再生産過程がもたらす不平等（マルクス主義の角度からするならば搾取）をある制限にまで抑えようとするだろう。社会民主主義の側から言うと、そういった制度設定は私有財産と市場との関係を排除するわけではなく、むしろその前提ともなっている。税制を中心とした再分配を通じて、階級対立を抑え調和をはかり、さらにいわゆる社会民主主義の枠組みにおける「社会市場経済」を形成せんとするのである。まさにそういったことで、戦後の社会民主主義は特に分配の平等を重視した。また分配の平等と分配の正義は資源の分配にも及ぶものであり、なおかつ結果平等の重要性を大切にするものであった。この制度による再分配を中心とした平等の実践がぶつかるアポリアとは、私有財産権が独占資本に転化することを逆に保証してしまうことであり、最終的には福祉体制が崩壊することになる。不幸にも、七〇年代以降の新自由主義の潮流の発展と冷戦の終結により、分配を中心とした平等は深刻な危機に見舞われ、ロールズの『正義論』が書かれた一九七一年の水準を悠々と越えてしまっている、ということになる。

センの問題提起——能力の平等

インド出身の学者、アマルティア・センは『何が平等か *"Equality of What?"*』の中でロールズの思考に沿いながら、非物質化（情報や流通の重視）の方向、あるいはモノと人との関係を探る方向から、「基本能力の平等」（the equality of basic capabilities）という概念を提出した。このいわゆる基本能力とは、個人が為し得る最も基本的物事にかかわる能力のことであるが、たとえば個人が自身に必要な食事を自ら確保できる能力、必要な衣服や住居が得られる能力、そしてコミュニティの社会生活に参加できる能力等々のことである。ただ、能力の角度から平等のことを議論するのは全く新しいということではない。マルクスはかつてこう言った。「児童と少年の権利は保護されなければならない。彼らは自身を護る能力がない。だから社会が彼らを護らなければならない……国家の政権が実行する一般化した法律によってのみ可能となる」と。[17] この角度から見れば、教育は保障された一般的権利でなければならない。センの斬新さは

(16) 前掲『正義論』六頁。
(17) 『マルクス・エンゲルス教育を論ずる』人民教育出版社、一九七九年、一二七頁。

以下のところにある。つまり、能力概念を通じて、彼は正義にかかわる議論を収入や資源などの分配の問題から個人の生活に潜在する能力の問題——ある人間になっていくこと、ある物事を為し得ること——へと置き換えたのである。この能力は実際に自由にかかわるもので、つまり様々な選択の自由をもかたち作る。また彼は、モノへの偏重があるとしてロールズの平等概念を批判した。つまりモノへの偏重という傾向からすると、分配の正義は主に利益を物質化する方向に集中してしまい、人とモノの関係から利益を見ることができなくなってしまう、ということである。貧困その他の原因から、教育その他の条件を通じて能力とそれに相応しい社会的地位を獲得できない時、その個人は競争する能力を持たないばかりか、社会生活に入っていく能力さえ持たないことになる。センから見ると、功利効果の平等にしてもモノにかかわる平等にしても、また両者を総合したものにせよ、能力の平等にかかわる緊張力が把握されていない、という。功利効用の観点からすると、モノは権利、自由、機会、収入、財産、尊厳などの社会的基礎等々と区別されるわけだが、この功利効用の概念もやはり主にはモノに関心を集中するものであり、モノと人類生活の関係性ではない。またモノにかかわる平等の観点からすると、功利効用の概念はモノと人類生活の関係に注目するようだが、しかし人の能力に関心は払わず、専ら人の精神的反応に関心を持つもの、ということになる。(18)だから、能力の平等がなければ、機会平等も自身の空洞化を許すことになる。また、それに相応しい社会システム(再分配システムも含め)がなければ、機会平等はまさに不平等を合法化してしまうのであり、基本的な能力の平等がなければ、基本的なモノにかかわる再分配もまた平等を保障する実践とはならないのだ。能力の平等は、社会メンバーの平等な政治的地位と社会的地位を前提とし、社会的保護のカテゴリーから分析を加えなければならず、個人の主観からは解釈できないものである。ここまで、私たちは少なくとも三つの位相、機会平等、分配の正義、能力の平等という三つの位相から平等を論じたことになる。

アマルティア・センの分配の正義にかかわる議論（特に能力の概念）は、社会契約の枠組みにおける正義論から離れようとするものである。[19] 彼からすると、社会契約理論は公正な社会的配置に集中するもので、「公正な機関（just institution）」をその正義論の主要任務を為すものとして捉える。そして彼は、また別の幾つかの理論的文脈を総合せんとする——アダム・スミス、コンドルセ、メアリー・ウォルストンクラフト、またそこからマルクス、J・S・ミルなど。なぜなら、センによれば、それら全く別の文脈を持つ理論家はある理論的傾向を共有しているという。つまり、彼らは人々の生活における別々の方向性や方法の間で対比を行うとしている、という。それら異なった方向性や方法は、制度の運用、人々の実際の行動、及びその相互作用から深く影響を受けており、さらに、実際に引き起こされる事件の要因として影響を与えている、というのである。そういうことで、全ての人をその中に巻き込み、契約の部分対象とするようなやり方ではなく、具体的なケース——たとえば奴隷制の廃止など——を通じて、どのような合意が公共的論証（public reasoning）の基礎の上に生み出されるのかを研究する、ということなのだ。つまり、「公正な機関」となっているかどうかを識別するのではなく、人々の実際の生活の性質を探求する、ということ。したがって、正義の問題の視点は機関から人へ移され、また契約から実現過程へ移される。それはまた、社会契約論のように正義の問題を主権国家の人民にだけに限るのではなく、

（18） Amartya Sen: "Equality of What"? Delivered at Stanford University, May 22, 1979, see *The Tanner lectures on Human Values*, pp.217-219.
（19） センは二〇〇九年に『正義の観念』（*The Idea of Justice*, London: Penguin, and Cambridge, MA: Harvard University Press, 2009、邦訳では『正義のアイデア』池本幸生訳、明石書店、二〇一一年）を出版したが、正義論に関してさらに系統的な論述を加えている。

全世界の人々に向けるということになる。なぜなら正義の問題は契約の問題ではなく、合理的な合意（reasoned agreements）の問題であるからだ、と。総じて、センが正義問題を探求せんとする中心的課題とは、公正な機関を求めるところから、人々の生活において実際に存在している不平等をいかに取り除くか、ということになる。それは、形式として獲得される権利に着目するのではなく、人々の実際に有している自由から出発する、という考え方である。

このような形式上の権利ではなく、実質的自由を重視するやり方は、インドや中国、多くの第三世界国家の歴史的脈絡の中で考慮されている。センは、中国とインドの発展の違いを比較する中で、ある時にはインドの民主主義政体の優位（たとえば、中国の大躍進期のような情報不足によりもたらされた悲劇などがなかった等々）を指摘する一方で、中国と較べてインドにおいて、教育、貧困、医療、死亡率に関しては「遅れ」があることを指摘している。インドはかつてイギリスの植民地であって、独立以後に民主主義政体を選択し、議会、複数政党制、普通選挙権、報道の自由などがあるものの、やはり深刻な不平等な社会が続いた。ここでのカースト制は、少数者しか政治領域に入っていけないことを意味する。フランス革命期の民主主義政体と社会形態の高度な一致から見た場合、この政治システムと社会形態のギャップはまた顕著である。インドの共通言語は英語であるが、英語が話せるのは国民の一〇％に過ぎない。全国的な政治空間があっても、極度に流動的な経済活動であっても、英語が話せることを前提として社会的な流動状況の中でチャンスを見出すことは、やはり極めて重要なことなのである。またインドは土地改革もなされていないので、多くの農業労働者は地主が所有する土地で生活しており、自分の土地が持てず、生活も貧困線を下回っている。こういったことが意味するのは、また能力の平等が著しく欠乏していることであり、能力平等の欠乏は最終的には機会均等の空洞化をもたらす。インド（と南アジア全体）の土地のあり様は非常に不平等（これはまた、中国インドにおける改革の前提の大きな違いである）になっている。政治システムと社会形態とに大きなギャップがあるので、多党制、普通選挙、報道の自由の効果も大きく制限されてしまう。このように言うのは、政治的民主は重要ではない、ということではない。事実上、インドの民主システムはインドにおける進歩の前提であり、エスニシティが複雑に入り組んだインド社会において政治的アイデンティファイの根拠ともなっている。だからと言って、インドの民主主義の限界を議論することは、政治改革の必要性を取り消すことにはならない。その議論から導かれるべきは、単純な形式民主主義の概念では社会平等の達成がはかれない、ということである。すなわち、形式民主主義が整っていることと比して、いかに政治システムと社会形態のギャップや断裂を繋ぎ合わせるかということがもっと切迫した問題なのだ。多くの第三世界の国々は西洋の政治民主主義を模倣したが、まだ民主的社会を形成できていないし、差別や専制や独占などが民主政体と矛盾しながら併存している。これはまた、ある方向性からしか民主主義を議論しないことの限界を物語っているだろう。

センは、公共的論証（public reasoning）は正義を中心にしているが、事実上それと能力の問題を平等問題の中心に据えることはセットになっている。この正義と能力平等の概念は、いくつかの新たな可能性を持っている。

まず一つ目。人々の実際の生活の中にある自由、形式化されていない権利などを正義の議論に導入するのだが、それによって北米やヨーロッパの民主を超える実践を開くだろう。また社会に実際に存在している自主的統治の経験（たとえば、中国の現代史の中での大衆路線やその他の参加形態、また中国儒家の伝統の中での思想弁論や政治参加、さらには農村自治等々）は、民主を求める空間の可能性として受け入れられよう。

可能性の第二点として。社会契約論から離れようとする議論の枠組みによって、正義と平等の問題は主権国家の範囲を越えて展開可能となり、トランスナショナルな活動と組織と概念がグローバルな正義を求める問題の中心に置かれることになるだろう。[20]しかし、能力の平等の概念にも盲点がある。その盲点の核心にあるのは、以下のことである。センが能動性の角度から分配の平等概念が含意する「モノ」中心主義を批判する時、「モノ」自身の「物化（商品化）」については分析していない。だから、人の能力に関して対象物を獲得する能力以上の定義が与えられず、また人の能力について労働力商品という概念を言い換えたに過ぎないのではないか、と指摘することはできる。センはかつて論文「自由としての発展（Development as Freedom）」の理論仮説の中で、「発展」概念の二つの重要な方向性について論じていた。一つは、労働を様々な形の束縛から解放することにより、開放された労働市場に参入させるということ。もう一つとして、このプロセスにおいて、社会の支持、公共の管理、政府による介入を排除しないということで、私たちはこの枠組みを「能力の平等」の制度的保障と見做すことができる、としている。[21]「自由としての発展」という命題と「能力の平等」の概念を繋げると、この能力平等は自由に契約（売買）される労働力を前提とすることになる。しかして、そのような自由労働力の概念は人を労資関係の価値体系に置くのであり、人とその能力との調和を表現できない。つまり、「自由としての発展」が「能力の平等」の表現となるためには、「自由」に対する新たな定義がなければならないだろう。さもなければ、この能力は単純化されたものに止まり続ける。そういうわけで、私たちは能力平等の概念に関して二つの異なった方向から見る必要がある。すなわち、発展の方向と省察の方向である。まず発展の方向について。労働契約の自由は国民国家の内部で実施されなければならないが、グローバル経済システムにおいても実施されなくてはならない、ということになる。そしてまた、資本主義市場が発展するのにキーポイントとなる動力の一つは労働力の自由と不自由の共存であるが、だからこそ研究の必要があるのは、この自由／不自由にかかわる状況と社会発展との関係である。そしてもう一つの省察の方向について。市場制度の拡張が意味するのは、交易活動とその価値がすべての生活領域に浸透することであり、そこで人の物化が引き起こされるだけでなく、モノの物化（商品化）が引き起こされるということ。すなわち、「モノ」が完全に商品化のロジックの下に置かれるのだが、それは農民、土地、森林、水などを半ば商品として扱うことであり、農村やそのコミュニティ（たとえばコミュニティ空間とその価値、少数民族等々）の生活方式とその意義を貶め、さらには農村の社会組織とその自己修復能力を瓦解させてしまう。この条件において、そういった生活スタイルと相互関係を持つ自然も徹底的に機能化、価値化され、したがってモノ自身も「物価化（商品化）」の過程に向かうことになる。

だからこそ、以下のように問題が出されなくてはならない。第一に、農村の労働力とそれを保障するメカニズムが市場制度と労働の自由契約との関係を理解するキーポイントとなるということ。第二に、労働力の流動性は自然に任せられるものではなく、幅広い制度設定がそこにあるべきで、不平等な制度構造（単に戸籍制度のことではなく）を取り除くために努力するための前提がなければならない。そこで、労働契約の自由の問題（移民の自由も例となる）は、中国だけの問題ではないということである。そして、現代世界の市場設計が妥当なものとなっているかどうかを推し量ることは、真の自由市場が設定され得るための主要な基準である。だから、もし労働契約の自由の意義だけを発展させようと議論し、その発展と各社会の条件との兼ね合いについて考慮しないのであれば、それは社会の解体に繋がってしまう。そういうわけで、労働契約の自由を通じて身分制度を打破することと同時に、制度としての社会平等、

(20) Amartia Sen: "Justice and the Global World", *Indigo*, Vol. 4, Winter 2011, pp.24-35.
(21) アマルティア・セン「自由としての発展」、『中国学術』（商務印書館）、二〇〇四年第一期。

多元的文化の尊重とその発展の問題についてしっかりとした連関が打ち立てられなければならないし、また必ず農村問題の研究と都市問題の研究を繋げなければならない。そうしなければ、労働契約の自由は必然的に新たな労働疎外に転化してしまう。労働力の流動化と公共の制御、また政府の介入は市場制度にとっても必要な条件なのである。また市場制度が拡大し、自然、伝統、風俗、儀礼、その他の生活スタイルとその価値を破壊していることをいかに抑えるのか、それは今日の研究にとって重大な課題となる。そして「自由」の価値を様々な強制、特に単一の経済思想から解放し、さらに広汎な視野に置くことが必要な段階となっている。さらにラディカルな視野から見ると、労働契約の自由（つまり個人的な労働契約から始まる交換関係）とは、政治的な依存関係や強制的な身分制度に代わって、個人が作り出す剰余価値を搾取することであった。こういった歴史の「進歩」自体は市場契約に代わる新たな思考を生み出すわけではない（中国沿海部で出て来た契約による奴隷的労働を例として思い起こしてみたい）。能力平等の中の教育の公平という観点からすると、教育は工業化と情報化の需要に合わせるようになっていることで、国民教育は市場志向、つまり分業的に労働者を訓練する方向をとっている。そういうわけで、いかに能力平等と人間を全面的に発展させるのか、また教育の公平と政治・経済の平等を総合することは、同一の社会プロセスにあって、それらは能力と平等との関係を再定義するキーポイントとなる。もしもただ「自由としての発展」という枠組みだけで「能力の平等」を議論するのであれば、私たちは資本の支配から抜け出る自由の道を探し出せないだろう。

労働者の位置

能力の平等という概念は分配の平等に対する修正版とも言える。私たちは通常、分配平等の意味において社会主義の特徴を語ろうとするだろう。では、社会主義実践はその機会平等や能力の平等の要素を含むものであるのかどうか。広い視野で見れば、社会主義の本当の意味は分配と同義なのではなく、労働の解放（また自由）である。しかし実際の歴史の進展の中で、それは確かに「不断に分配闘争を進行する計画」となったが、また「マルクスは生産過程に関して、私たちはこの単純な心理についての認識を手放してはならない、と強調していた。つまり、生産を管理する闘争が分配の闘争のためのものだ、ということ」である。[22] マルクスの生産関係にかかわる変革理論、それと平等政治の闘争性には密接な関係があり、それはまさにロールズやセンなどに欠けている点である。社会に実際に存在する平等にかかわる闘争を離れては、「分配の正義」という概念を真に理解できない。この点と連関するのは、二つの社会システムの区分の問題である。分配の角度からすると、土地や資本の分配や分割、またそれらの交換や流通が経済を基礎づけるものであるが、そこで社会主義システムは公有制を通じて、また同時に労働者をその所有者とすることにより、資本と労働の対立、及び労働と所有権の分離の問題を解決するものである。つまり、社会主義における生産の目的の中で生産の中心的な地位を占めるのは需要であり、利潤ではないということだ。マルクスはかつて、交換価値の生産において「個人において自己と他者を差異化する普遍性が生み出されるとともに、また個人と個人の能力の普遍的かつ全面的な性格が表れ[23]」、それが「自由な個人の連合体」を形成する創造的条件となる、と仮定していた。

（22）マイケル・ウォルツァー『正義の諸領域――多元主義と平等を擁護する（Spheres of Justice: A Defense of Pluralism and equality』中文版（訳林出版）、二〇〇二年、邦訳では『正義の領分――多元性と平等の擁護』山口晃訳、而立書房、一九九九年）一一 - 一二頁。

（23）前掲「一八五七 - 一八五八年経済学草稿」、『マルクス・エンゲルス全集』三〇巻、一一二頁。

社会主義国家の実践において、労働と所有権のギャップを終わらせようとする努力は、工業化と労働の分業形態と密接な関係にある。この所有制の改革を中心とした平等主義がぶつかったアポリアとは以下のことである。つまり、いかに工業化における再生産のプロセスにおいて利潤への過度の追求（開発主義と単純生産力理論）を制限するのか、あるいはいかに公有制が実質上の国家独占に陥らないようにするのか、またそこから生まれる新たなカースト制（新たな独占と搾取）をいかに制限するか、ということである。社会主義運動は努力して「三大差別」――労働者と農民の差別、都市と農村の差別、肉体労働と頭脳労働の差別――を失くそうとした。しかし、工業化を急がねばならない中で進展したのが、戸籍制度を使った都市と農村の身分的区分であった。都市と農村の対立は近代資本主義経済の基本的特徴である。また工業化を主要任務としていた社会主義実践の一つとして都市と農村を分割する事態もあらわれた。が、それはまさに中国の社会主義期の発展モデルと資本主義の間に重なる部分が生まれたことを意味する。すなわち、都市と農村の分割においては、機会平等は阻止されており、分配の平等は主に分割する体制内部にだけで実行されることになる。そこで、農村社会内部では平等になり、工場の内部でも平等になり、ジェンダーの差別も大幅に改善された。しかし、社会主義の工業化とその国家システムへの依存によって、否応なく官僚化と特権、様々な性質の独占がもたらされ、やや固定化した利益関係と身分差別がもたらされた。だから、社会主義の歴史の中で、この固定化した利益関係に対して何度も運動が生じたことは偶然ではない――六〇年代にこの運動が採ったのは、直接的に国家と党の政治システムに対して衝撃を与えるやり方で、つまり大衆動員を通じて党－国の官僚制と権力独占を変革することであった。さらに八〇年代において、この運動が採ったのは経済改革の形態なのであった。つまり新たに機会均等などの概念を導入して、平等な競争を促し、市場に合わせた改革によって都市の工業化から生じた固定的な階層性を打破せんとしたのである。こういった空気の中で、マルクス主義者の中の人道主義者たちは「疎外論」を用いて、社会主義期における新たな形の階層性とこの新たな時代における階層性には密接な関係がある、と論じたのである。かつてと今とで差別を失くそうとする運動は全く異なったものだが、そこで共通するのは平等政治の特徴である。ただ、それぞれが追求せんとする平等には重大な差異が存するのだ[24]。

競争メカニズムを激化させると、平等配分には対立が生じ、解放は新たな圧制へと転じてしまう。また都市農村の差別を失くそうとする努力も、それにともなって農村が都市に従属する新たな依存する新たな従属構造に転化してしまう。たとえば、有効な農村政策と農産品の価格調整がなかったので、八〇年代中期以降、都市改革に伴って、都市と農村の格差が再度拡大したが、まさにそれは目下の農村危機の根源の一つとなっている。ヨーロッパの社会民主主義は模索中であると言えるが、分配の正義はまさに結果平等と密接な関係にある――税制と再分配、社会福祉とその保障体制などは、分配の正義を制度として体現しているものである。さらに重要なのは以下のことである。競争を通じた機会均等の概念は社会主義期の平等の達成を否定したが、それにより初めに予想したこととは全く異なる結果が出てきた。

(24) 補足説明してみたい。機会均等の形式主義の特徴は社会主義時代にも存在した。たとえば社会主義期、競争メカニズムを激化させるために、労働に応じた分配を実行した。それは、毛沢東が述べたところの「ブルジョア階級法則〔労働時間に応じて給料を払うシステム〕」である。また五〇年代末から、中国農村では農村工業と様々な経営体が出現していたが、これは都市農村と労働者農民の差別を破ろうとした実践だった。しかし社会主義政治は同時に「ブルジョア階級法則」が新たな階級を作り出す条件となることを確認しており、したがって、その発展の規模を制限（否定や取り消しではなく）することがまさに平等政治の特徴となった。

それは分配の平等を否定するだけでなく、能力の平等も否定することとなったことである。この能力の平等は、最終的に労働者の社会的地位——労働者は従属者か社会の主人公か——を決定するものである。公有制の概念は、各人が基本的要求の能力を獲得することを想定するものであり、中国の社会主義期に形成された義務教育システムと農民夜間学校、その他の民衆教育のスタイルは、一般的な労働者と異なる背景を持つ人々に教育の機会を提供したので、それらは能力養成の前提を提供したと言える。この時期の大学生では労働者農民の子弟が比較的多かった。能力の平等は、教育や技術などだけでなく、その積極性、自主性も表すことになる。そこから見ると、古典的な社会民主の尺度に照らしても、中国社会主義の歴史は改革開放期の成果を見た時、その前提を築いただけでなく、ある種の民主的な社会形式のためにその基礎をも提供していたことになる。このように主張することとは、この時期の大きな犠牲と代価、また痛い悲劇の生じたことを否定することを意味しない、逆である。労働者の主人公たる地位とは、資本主義（社会主義の表面の下にある資本主義も含め）の生産過程の疎外を克服するためのものであったのだ。

社会主義と社会民主主義の失敗は、分配の問題や貧富の拡大の問題を表しているだけでなく、労働者の生産過程と社会生活における地位の問題をも表している。民主的な社会形態と経済構造には密接な関係があるだろう。経済構造の民主化がなければ、社会民主主義とは言えないし、そもそもそうでなければ社会民主主義は不可能だ。そういうことで、国家税収が分配の公正を正しく実行する以外に、会社経営の民主化——労働者が経営に参加できるかどうかが重要なメルクマールとなる——も一つの重要な要素となる。ここにおいて、二つの著作の重要性を喚起したい。それらは、社会民主主義の危機を説明したものだが、新自由主義の流れの中で徐々に忘れられようとしている著作である。一つは、ミシェル・

アルベールの『資本主義は資本主義に反対する』で、そこで説かれているのはライン型（ドイツ型資本主義）を主要な対象とした「社会市場経済」研究である。いわゆる社会市場経済とは、市場を経済を繁栄させるための道具と見做すものであり、それは社会各階層の間に公平に繁栄が分配されるべき、とするものである。曰く「この角度から見ると、ライン型の最も進んだメカニズムとは、大企業を共同管理する制度のことで、会員投票制はドイツにおいて義務化されている。会員投票制と企業の監査組織に則ったもので、半分は株主、その半分は社員代表によって構成される」と。長期間において、この制度は企業に社会保障制度と公平な再分配制度をもたらしたし、さらに効率上も優位を確保し得た。[25]もう一つの著作はロナルド・ドーアの『株式資本主義／福祉資本主義（英米モデルVS日独モデル）』で、日本企業モデルを中心として、「企業の効率とは、資本の所有者への見返りだけでなく、消費者や地方や国家、また社員（理事と労働者も含む）への見返りとも見做されるべき」と主張している。さらに「そのやり方において、理事の発揮する効果的な外からの制御は生産と市場の消費者からのフィードバックなのであって、金融市場からのものではない。それは同時に組織内部からの制御でもあって……」ということである。[26]ドーアは特に、日本の産業に幾つかの独特な組織形態があることを紹介している。たとえば、終身雇用システム、上から下への指導システムによる「毛細血管式」管理、また役員によって組織された重役会

（25）ミシェル・アルベール『資本主義に反対する資本主義』楊祖功、楊斉、海鷹など訳、社会科学文献出版、一九九九年、二頁（邦訳では『資本主義対資本主義』久水宏之監修、竹内書店新社、二〇一一年）。

（26）ロナルド・ドーア『株式資本主義／福祉資本主義（英米モデルVS日独モデル）』李岩、李暁樺など訳、鄭秉文による校閲、社会科学文献出版、二〇〇二年、一〇頁（邦訳では『日本型資本主義と市場主義の衝突――日・独対アングロサクソン』藤井真人訳、東洋経済新報社、二〇〇一年）。

（大企業では五〇人にも達する）、また理事会とそれに相応しい会計制度などである。以上の二つの著作の中心的な考え方と、大塚万丈が一九四七年に刊行した『企業民主化試案――修正資本主義の構想』の序言には一脈通じるところがある。その核心部分にある考え方とは、「簡単に言えば、経済民主化の目的は直接的間接的に関係者全員に例外なく企業経営に参加させることであり、またその意志を管理の中に反映させることである。言い換えれば、一国の産業の運営は全ての関係者のコンセンサスと創意によって進められるべきで、さらにその管理は関係者の責任と協力によってのみ実行されるものである、ということ。この意味において、経済民主化は必ず労働大衆の地位の高まりによってこそ実現されなければならない」ということである。[27] 戦後の社会民主主義と企業民主の試みは、所有者、管理者、労働者の共同管理と共同所有をめぐる方向への進展を見せていた。しかしこれらの試みは、既に語られたところの二つの危惧を生み出していた。すなわち、右翼による革命恐怖と、民主派・自由派による共産主義やナショナリズムに対する恐怖である。企業の民主や国家調整による分配の正義は、大まかには経済民主の内容を構成するものだったと言える。近年の金融危機において、ウォール・ストリートは金融投機に揺さぶられた一方、幾つかの企業の所有者と管理層はともに投機による利益を得たが、社会と国家はその後始末を担わされた。これが体現しているのは、新自由主義の経済‐社会モデルの反民主的性格である。

つまりは、都市工業化のプロセスから見るならば、中国社会主義の実践とは主に、公有制という所有形態と労働者の管理・運営への参加という二つの領域に集中したものだった、ということである。「鞍山鋼鉄憲法」がまさにその典型であった。[28] 社会主義企業における労働者の地位と、公有制の中で形成された単位制度には密接な関係がある。理論的に見ると、単位とは単純に生産点を意味するのではなく、一つの生産や生活や政治や文化、その他の領域が総合化された社会形態だった。この社会形態は労働者階級の政党が国家の指導権——つまり労働者階級を形成する国家——を握っていることが前提である。単位制度の核心は、資本主義的生産の抽象化を変革し、労働を新たな社会化のプロセスの中に位置づけるものであった。言い換えると、単位とは、工業化と生産の抽象化が進展する中で、社会連関を新たに創造する、そのような実践単位のことであった。能力の平等は、このような条件において、直接的に労働者の政治－経済的主体の位置の確立を表す。すなわち、生産と競争に参加する能力だけでなく、政治－社会を総合する能力をも表現するのであり、したがって能力は単純に経済的な意味だけに限定されないのであった。ただ単位が再び生産点に限定され、また単位の中の人間が単純な労働者に抽象化されるとすれば（政治的、文化的、社会的な人間ではなく）、単位は純粋な生産過程に内属した形態とならざるを得ない。しかし「ポスト冷戦」の時代となり、単位は単に国家制御のモデルとして単純化され拒絶されてしまった。この時、すべての単位——工場、企業、学校、さらには国家そのもの——は利潤増殖を目的とした生産流通機構へと変化し、したがって社会的ロジックも抽象的かつ単純な生産過程に従属するところとなった。(29) 市場の内部において、国有資本は社会分配のシステムの中で社会的平等を促進するメカ

(27) 宋磊による「ドーアの郷愁と日本型市場経済の深層構造」（未発表稿）からの引用。
(28) 崔之元「鞍鋼憲法とポスト・フォード主義」、『読書』雑誌、一九六六年第三号。
(29) 一〇人以上もの自殺者を出した香港フォックスコン事件（二〇一〇年）は、一般的な労働条件の問題から発生したものではなく、資本主義生産の抽象化がもたらした必然的な産物であった。つまり工場と企業は既に、社会的性格をもった単位から徹底して抽象化された生産メカニズムに変じていた。労働者はその中で機械の延長（機械は人の延長されたものではなく）に過ぎないものとなり、企業制度と社会システムの地位を剥奪されていた——そのような問題である。明らかなことは、私有企業はそれに先行する国営単位とは全く違ったものであるということ。前者は単純な生産の単位であるが、後者は工場の機能だけでなく、高度に総合化したミクロ社会ともなっていた。

ニズムたり得るのか、これは深く議論すべき問題である。その核心にあるのは国有か私有かという問題ではなく、真の公有が成り立ち得るのかどうかということ。すなわちたとえば、国家独占の形式が公共所有を乗っ取っているのではないか、といったことである。すなわち、マルクスがはっきりと説明していなかったことだが、公共所有にかかわる問題である。最終的な意味において、個人所有（それは生産手段の私的所有とは別のもので、個人所有は平等を意味し、私的所有は独占を意味する）とそれは同じものであると言える。税収と社会的な利益配分を通じて、国有大企業は真の全民（各自が共有する）企業となり、そこで新たなタイプの労資関係が形成されるということ。つまり、労働者は同時に所有者となり、企業の管理に参加するということ——こういった方向の模索である。もし国有企業が私人寡占、投機的な管理、新たな官僚制の方向に向かうなら、それは経済民主の失敗を意味しよう。資本主義の形態には重大な変化が見られるが、しかし基本的な矛盾というもの、すなわち生産手段と公共財の私人所有との間の矛盾はそのままである。そこで、この問題の解決に関して言えば、社会主義の歴史が提供する経験は単に所有権の問題だけではなく、さらに、生産過程を新たに社会的ネットワークの中に入れて行く努力が含まれていたと言える。

公有制がその実践において、資本－国家の独占の問題を真に解決できていない、つまり本当の意味での公有の形態（社会所有）がまだ実現していないとしたら、それはおそらく支配のロジックに囚われているからである。ただこの実践の契機が示しているのは、管理者と労働者の間の身分の流動性、またこの流動性が政治的エネルギーを生み出すこと、これが独占や「新たな階級」の形成を阻止すること、また公有形態が地方政府独占や利益集団独占への変化を阻止する根本条件となる、ということである。数年前、私はある紡績工場の組織再編の調査に参加したことがあるが、労働者たちが提出した問題は、結局のところ工場は公共のものなのか、地方政府のものなのか、ということであった。労働者は国有企業の所有者であるのかどうかといったような理論的問題――それは実に労働者たちによって出された民主の問題――なのであった。国有企業の労働者は単純に給与の引き上げを求めたのでもなければ、身分との引き換えに金銭を要求したのでもなかった。むしろ、労働権の角度から所有権の問題を、つまり労資問題を提出したのである。私人または多国籍資本において、労働権はまた民主の核心的課題となる。現在の中国の労働者の闘いが提出しているのは、経済利益の問題だけなのではなく、企業民主の問題なのだ。労働者は企業の主人公なのかどうか。企業制度は、民主的管理と共同責任の枠組みと条件を提供できるものなのかどうか。労働者は同時に所有者になれるのか、また特定の組織を作って企業の管理に介入できるものなのかどうか。異なった所有形態を持つ企業において、株式合作制などの制度設定を通じて伝統的な労資モデルを超えるような産業モデルが提供可能なのかどうか、等々。

土地の所有制と土地の流通問題は、同様にして単なる経済問題だけではなく、民主的な社会形態の問題である。市場内部において、所有問題をいかにして市場条件に合わせていくのかということ。もう一方でまたいかにして土地の転用が土地の社会的所有に脅威にならないようにするかということ。こういったことが、中国の国有土地所有制や集団的な土地所有権が直面する重大なチャレンジとなっている。多くの農村研究は、基層社会での選挙に研究を集中させているが、そこでの民主のあり方について、また富裕層がそこから操作と利益を引き出していることについて無視している。すなわちそれが、農村基層における寡頭政治の問題である。[30] いかにして新たに、二〇世紀にかつて展開された各種形態の農業合

（30）林輝煌「寡頭政治と中国基層民主」、『文化縦横』二〇一一年四月刊。

作や集団形態を作り直すか（新たに政治と経済を結びつけ、農民の政治的主体性を作り出す条件を整えるため）が、市場化や都市化が進む中での切迫した問題となっている。経済の発展に合わせるようにして、中国のいくつかの場所では「新農村総合発展協会」という組織構想があるのだが、研究者の言うところによれば、この「農協」は集団と個人の資産、そして政府の協力を得て、専業団体が経営を行うものである。これは一般企業とは違い、そのマネージメントの機構は村民の自主的な参加と自由選挙による自治理事会を基礎とし、そこで経営と社会組織を相互に結合させようとするものである。中国は各戸が経営体となる小農経済を伝統としており、目下において都市化と近代化の荒波に直面している。私たちは、以前とは異なった形の農業経営を受け入れた社会形態をいかに探し出すことができるのか。それによって家族形態、コミュニティ形態、あるいは農協の経営形態を同時に発展させられるのか。ここにおいて、経済あるいは効率の文脈においてのみ、財産権の形態にかかわる総合的実践が語れるわけではなく、経済や社会、文化、習俗、また政治的な文脈においてこの実践が語られるべきだということだ。つまり、複数の財産権の形態がある中で参加式の管理を採ることは、経済を徹底的に他の社会ネットワークから切り離す資本主義生産方式に対する抵抗なのだ。都市と農村の関係にかかわる問題は、近代化のプロセスにおけるキーポイントである。あるいはマルクスが言うところでは、都市と農村の対立は資本主義の基本的なあり様なのだ。開発と都市の拡張の中で、いかに平等な都市と農村の関係を保存し創造していくかは、目下の社会における重要なポイントの一つであるが、ここにおいていわゆる平等な都市と農村の関係は、ただ分配の平等や収益の平等の上で展開されるべきものではなく、さらに人々が自主的に生活スタイルを選択できること、また人を抽象的労働者に変化させることへの拒絶の理解が必要である。すなわち、資本主義を乗り越えていく方向において、都市と農村の対立が真の意味で克服されるのである。二〇世紀の初め、康有為はかつて農村を単位とする公民自治を構想したが、これは単にイメージだけではない具体的な共同体の基礎の上で構想された社会自治であった。今日の世界において、農村社会から離れた農民工はまた各自のやり方で自身の「見えないコミュニティ」を形成している。つまりそれは、高度に抽象化された生産システムの中でも、自身に属する社会関係を密かに再建することなのである。そうすると結局、どんな制度改革があれば、そういった社会関係が労働者の地位の前提を作れるのか、ということになる。こういった文脈において、農村における公民自治は農村だけに止まらず、その他の空間における社会的実践にも繋がるものである。もしこの農村自治が現代的な経営の理念と結びつくことができたら、資本のロジックを越えた社会－生産モデルを創造できるだろう。

総じて、民主的社会形態というカテゴリーを通じてそういった領域の探求と実践を描写することは、単なる経済民主のカテゴリーでそうするより適切だと言える。その理由は、個別の企業民主と土地との関係は「経済」カテゴリーだけに止まるものではなく、労働者の社会的地位の問題、都市と農村が相互に従属し合わない関係性の問題に波及するからである。資本主義の歴史の中では、政治的民主主義と民主的社会形態との間には必然的な関係が存しないということである。そこで、民主的な社会形態の衰退は、必然的に政治的民主主義の危機をもたらす。たとえば、選挙権、複数政党制などの政治システムの問題は、民主的社会形態との相互的な調和がなければ、必然的に社会に断裂を作ってしまう。根本的なところで、中国革命と社会主義の実践を経験した中国のことを語ってみよう。その民主的実践とは、必然的に階級格差を克服し、搾取関係を合法化する社会－政治システムとは別の、労働を徹底的に抽象化することを拒絶する生産モデルを作ることであった。いわゆる「人を基にする」とは、一切の奴隷的、服属的関係を克服した後に来るもの、ある種の経済、文化、政治関係を総合化した組織形態を創造した後に実現するものではないかと思われる。

2　斉物平等と「システムを越えた社会」

斉物平等の概念

先に紹介した平等の三つの概念の他に、私は第四の平等概念を取り挙げたい。すなわち、章太炎（章炳麟）が提唱していたところの「斉物平等」という平等概念である。「斉物平等」と現代政治理論が説き及ぶところの多様性平等、差異平等、また多元主義平等には重なるところがある。しかし後者（現代政治理論）は、前者（斉物理論）を全て包括しカバーできるわけではない。多元主義平等に関して言えば、マイケル・ウォルツァーが自身の提唱する「複合平等」概念の中で、このように述べていた。「複合平等」の概念がカバーするのは「もろもろ良く知っているところの具体的かつ日常的な分配であり、大げさな抽象的な哲学問題ではない」し[31]、さらに「分配の正義」にも拡大できるものである、と。それはまた、このように提示されている――「所有制にも関与し、「である（being）」と「する（doing）」とにも関与し、また消費にも、生産にも、土地にも、資本にも、私有財産にも、身分や地位にも関与するものである。また、異なる分配に関しては、異なる政治的配慮が実施される必要があって、異なるイデオロギーにおいてそれが証明されることになる。そこでの分配の内容には、資格、権力、名誉、宗教的権威、神の恩寵、親族関係、また愛情、財産、身体の安全、仕事と休暇、奨励と懲罰、またはより狭義でありかつ実際的なモノ――食品、住所、衣服、交通、医療、その他商品、それから人々が収集するあらゆる珍奇なもの（名画、珍本、スタンプの押してある切手）も含まれる。そしてなお、モノのその多様性と多様化される分配手続き、その機構と基準はお互いに整合的なものとなる」と。言い換えると、「複合平等」の中の多元主義とは、分配の内容の多様性から構成される分配制度とイデオロギーの多様性とに集約されるものである。すなわち、「モノ」の多様性という観点から、「斉物平等」と「複合平等」には重なるところがある、ということ。しかし明らかなこととして、「複合平等」とそのモノにかかわる多様性の叙述は、人類中心の枠組みを持っていて、したがって「モノ」は人類中心の効果の意味の上で定義されるだけである。またこの効果は、功利主義が定義づけた「福祉（welfare）」や「選好の充足（satisfaction of preferences）」ということになる。一方、「斉物平等」が取り挙げたのは、まさに中国古典思想の中の「物観」――すなわち、「モノ」を能動的主体とする――の発想である。それはしたがって、単純に人類中心の視点――つまり、単純な効果と欲望の満足の角度――からは解釈されないものである。[32]

章太炎が指し示した「斉物平等」は、宇宙のすべての事物にかかわっており、主体の平等の位置から諸々の事物にかかわることになる――それは人類と全ての自然界の事物を含む。しかし、いわゆる主体の平等の位置とは、ただ否定の方向、空無の方向から（章が述べたいわゆる「名の相の破棄」の方向）のみ展開できるものである。そういうわけで、それはまず哲学的な問題であり、単にモノの分配やその方法とはイコールではない。ヨーロッパ思想の角度から見れば、「斉物平等」はおそらく汎神論に近いもので

（31）マイケル・ウォルツァー『正義の諸領域――多元主義と平等を擁護する』鳳凰出版メディアグループ／訳林出版社、二〇〇九年、一頁。
（32）同右、一－二頁。

あろう、つまり「存在する各事物はある全体を構成している（ある意味において）」、だから「あらゆるモノを包摂した全体は神聖なるものである（ある意味において）[33]」。宇宙にあるすべてのモノが平等であるとの仮定は、神と宇宙は同一であるとの仮定と同じであり、つまりすべては神であり、神は全てとなる。したがって、（一）神は人格も持たないし、超越的とも言えなくなる。また（二）各事物の特異性には神の本質が含まれることになる。ところが、「斉物平等」と神の概念は全く違うもので、むしろ荘子哲学や仏教の唯識論からの産物である。汎神論は宇宙全体と各事物の全体性の観点から常に各自物はそれに応じた本質を持つものと仮定するのであり、各自物は各自有限の特徴を表すと同時に、また無限の総体を表す。その一方、「斉物平等」の方はそのような普遍的本質を仮定するわけではない。そこで強調されるのは、宇宙のあらゆるモノの総体性であって、むしろ宇宙の中の各自物とその特異性は尊重という倫理原則に達せねばならないということである。

総じて、「斉物平等」は非人間中心論であり、その思想体系は人類の生存とその条件を考慮しない。むしろこの「物観」は人を自然史の内部において観察せんとするもので、したがって人とモノの関係は一方向的な支配のロジックから解放される。毛沢東はポールセンの『倫理学原理』へのコメントにおいて、「人類は自然物の一つである。自然の法則を受けるものであれば、生もあり死もある。つまり自然物に生成も消滅もあるように[34]」と述べ、また「我は自然によって規定されるものの、また自然の一部でもある。ゆえに自然は我を規定する力を有し、我もまた自然を規定する力を持つ。すなわち、我の力は微弱であっても自然に影響を与えないものではない[35]」とも述べていた。そういうわけで、それは人の能動性を否定するわけではなく、そういった能動性を自然史の中に置こうするものであり、したがって能動性とその限界をモノとの関係に置くということが「物観」の要諦となる。人は自然の一部としてあって、その自然のその他の部分と同様にしてモノであるということ。人はただ社会的関係の総和なのではなく、むしろ自然的関係の凝縮したものであり、人の社会的活動とその自然への影響もまた自然のカテゴリーの内部において説明されるべきもの、ということになる。「斉物平等」のカテゴリーの中で、「モノ」の特異性とはつまり平等性ということであり、したがって平等と自由は統一的なものである。すなわち「斉物平等」の表すものは、認識論的な革命にかかわっているのだ。章太炎は言った。曰く「斉物とは一途に平等を論じ、その本義を明らかにすること。情をもって観察するだけでなく、そこに優劣を置かないということ。言（言説）の相を離れ、名（名前）の相を離れ、心（心縁）の相を離れれば、そこで平等となり、斉物の本義と合致する」と。[36]「言の相」、「名の相」、「心の相」を離れることとは何か。すなわち、各種の世界から離れるということ、また私たち自身の幻想（再現前システム）からも離れるということ――こういった発想がつまり私の知るところの認識の革命である。この革命／否定を通じて「斉物」はある種「モノ」を洞察すること、その独特の視野を手に入れることである。言い換えると、「言の相を離れる」、「名の相を離れる」、「心の相を離れる」とは宇宙の万物とその特異性に関する認識方法とも言える。しかしこの方法は、否定を経てのみ達成される。モノの特異性は再現前システムによって覆われているので、モノの特異性の回復はまず、この再現前のシステムを駆逐する認識実践を通

（33） Michael P. Levine: "everything that exists constitutes a unity (in some sense) and ...this all-inclusive unity is divine (in some sense)". See his *Pantheism: A Non-Theistic Concept of Deity*, London and New York: routledge, 1994, p. 25.
（34） 毛沢東『毛沢東初期草稿』湖南出版社、一九九〇年、一九四頁。
（35） 毛沢東『毛沢東同志の青年時代』中国青年出版社、四八頁。
（36） 章太炎『斉物論釈』、『章太炎全集（六）』上海人民出版社、一九八六年、四頁。

じて為されることになる。この実践は、人類の平等（情を持って観察する）を求めるだけでなく、人類が「言の相」、「名の相」、「心の相」から生じる不平等を徹底的に破棄することを要求する。ここにおいて、「斉物」の概念は人間を宇宙万物の範疇に入れるのだが、それは人とモノ、モノとモノとの差異を除去することではなく、差異として存在する事物を平等の前提とするのである。さて、この観点は、二つの位相を含んでいる。第一に、人とモノの不平等な関係はまさに人と人の不平等な関係を投影したものだということ、人とモノは差別的な構造として安定しているが（たとえば、人はモノを生産し、分配し、消費する）、それは人と人の関係が不平等な構造の中で制御されていることと見合っている、ということである。第二に、不平等は言葉、命名、心理によって構成されており、この関係が本質化されてしまうと、モノがその特異性から切り離され、その機能（つまり人に対しては有用性ということ）がモノの本質になってしまう。マルクスが言うには「モノの疎外とは、つまり人の自我の疎外である。……利己主義が必要視される社会において、人は自己が作り出すモノと活動を外来の本質の支配の下に置いてしまうのだが、またそうしてその外来の本質――金銭――の作用を通じて実際の活動を推し進め、モノを作ろうとする」ということである。(37) たとえば、人類中心主義の観点に基づくなら、現代の平等観は人とモノとの間で主体と客体との関係として構築されるのであり、さらに客体世界はその効果と機能によってその価値上での不平等な差別ネットワークの中に編成されてしまうのである。

もし各事物がその特徴を有し、したがって平等である、とするならば平等政治とは無為の政治、ということにならないだろうか――いやそうではないだろう。事物をして「そのあるところを得」しめることは政治的な無為を意味しない。「モノ」は歴史的に「言の相」、「名の相」、「心の相」の中に存在させられた――「言の相」、「名の相」、「心の相」は世界にかかわる「幻想」や「イメージ」というだけでなく、ある一定の生産様式、流通様式、社会形態により組織されたスタイルで評価システムを再現前させる。この再現前システムこそ、私たちの現実を構成しているものである。そういうわけで、「斉物」とは、既定の事物やその秩序の確認なのではなく、名の相として秩序づけられた「モノ」を否定し——つまり名の相の否定——新たにモノ自身を現すことであり、そこから不平等な世界を変えるための視野を提供することである。いわば特定の秩序の中にあるモノとはつまり、単一システムの中の位置であり名である。そこでいわゆる名の相を壊すとは、すなわち名の相によって構成された単一秩序を壊すということである。「モノ」はそのように認識されており、自身の特異性（またその普遍性）を失っている。そこで「斉物平等」とは、ある種の「物観」を通じて生み出される普遍的な概念であるということ。人類中心主義に根拠づけられるモノの機能や可能性から定義づけ、命名、利用して「モノ」を転化させるのとは異なり、「斉物平等」の「モノ」は、「モノ」自身——つまりモノの角度からということ、あるいは人の機能や命名のシステムから解放されるということ——に照らしたところからモノを理解するのである。もし単にモノの分配——つまり多様性の分配——から平等を議論するというなら、モノに対する所有形式とその変遷は支配と不平等の源泉となってしまう。商品交換の基礎の上での平等とは、モノとモノとの関係によって人と人の関係を表現するものであり、「モノ」が交換のロジックから解放されるなら、モノとモノ、人と人の関係は単に商品のロジックに服従するものではなくなる。[38]ということで、こ

(37) マルクス「ユダヤ人問題」、『マルクス・エンゲルス全集』第一巻、四五一頁。
(38) 平等の原則を立てながらも不平等を永遠の構造として見てしまうことは、まさに目下において主流の正義論と平等論の特徴（弱点）である。それらは平等（と不平等）の歴史性（たとえば商品交換の文脈における平等はただ一定期間の人類社会の特徴にすぎないのであり、人類社会の本質とは言えない）を見ていないのである。

の「モノ」の概念は、人とモノとの間の命名関係の拒絶を通じて「モノ」の疎外を拒絶するのである。「モノ」はその機能に根拠づけられないのであり（つまり使用価値、人を労働力として見ること）、さらに金銭（商品交換）によって測ることもできない。こういったことについて、使用と交換が最高度に表現しているのは実に、人に対する分類ということである。すなわち、人の差別関係はその機能と交換の原則により確定されているのである。[39] そういったことで、不平等の再現前構造（名の相）に対する否定と批判は、否応なく物質的なものへの改造のプロセスとなる。

さらにもう一歩、「斉物平等」の意味するところを展開する前に、私たちはこのカテゴリーと平等にかかわって対立する二つの考え方（リベラリズムとコミュニタリズム）について簡単な比較をしておきたい。リベラリズムを基調としたロールズの「無知のベール（白紙状態）」とは人間の歴史の原初状態に遡行しないことを前提とするものであるが、一方コミュニタリズムは分配と正義についてモノに限定せず、さらに特別な価値、世界観や帰属感と密接な関係づけを行うなど、平等の議論に歴史を導入しようとする。この二つの仮説と斉物平等を比較すると、どのような議論ができるだろうか。まず言えるのは、斉物平等と「無知のベール」にはある種の共通点があるということ。つまり両者は現状と現状に規定された差異のシステムを前提としないのだが、その理由は現状の状態が不平等だからである。ロールズからすると、契約が原初状態に先行されなければならないし、「無知のベール」こそが歴史の原初状態に遡行する前提なのだ。一方の章太炎からすると、現実は言の相、名の相、心の相によって覆われており、それら名の相を破ることによってのみ平等の議論ができる、という。両者が異なっているのは、第一の点として、ロールズの理性主義的な仮説と違って、章は否定のロジックによって、つまり名の相を破棄する闘いの中で議論するのである。この意味において、斉物平等は初めに仮定された理想状態を置かないし、遡行の手順も踏まない。むしろそれは政治過程なのだ。現実の秩序は再現前システムとしてあるので、システムの認知を新たにすることは、不可避的に否定を通じて己を展開するプロセスとなる。[40]両者が異なっている第二点として、「無知のベール」は無差別状態を仮定しており、それが平等の前提である。しかし、斉物平等は名の相の除去の後の差異を平等の議論の前提とする（いわゆる「不斉為斉」〔差異が平等を為す〕）。そうすると、何が名の相の除去の後の差異となるのか？　名の相の除去の後の差異とは、つまり世界における無限に豊富な特異性、ということである。この特異性とは単一方向——名の相によって拘束されている——を拒絶し、差異の差異を明らかにするということ、つまりそれは自由を意味することになる。まさに後者（差異が平等を為す）から出発して、私たちは「斉物平等」と「コミュタリズム」——特にそのアイデンティティ政治と承認政治の命題——の区別を設定することができる。差異はアイ

（39）人種主義の原則は、その人種区分が有用性と交換の不平等性を備えていることにより仮定される。フランス革命の前、いくつかのヨーロッパ諸国のユダヤ人はその身分の標識が定められていたと同時に、その職業の範囲も決められていた。ユダヤ人思想家のメンデルスゾーン（音楽家メンデルスゾーンの父）は彼の子どもが内科医、商人、物貫いなどにしか就けないことに恨みをいだいていた。いくつかの中央ヨーロッパは「有用」かどうかでユダヤ人との区別をつけたため、いくらかの「有用」なユダヤ人は幾ばくかの特権を得られるようになり、また政府に対して保護税を支払っていた。プロイセン国王フリードリッヒ二世は管轄下にあったユダヤ人を四つに分け、異なるクラスの経済活動について細かく規定を設けていた。以上、張倩紅「「ユダヤ人問題」からマルクスのユダヤ人観を見る」、『世界歴史』二〇〇四年、第六号参照。

（40）ここで簡単に提示しておきたいのは歴史的文脈が重要だ、ということである。章太炎の『斉物論釈』の時代、まさに初期中国革命が胎動し爆発せんとしていた。彼の思想は複雑なのだが、それによりその理論と革命的な気運の関係を覆い隠しているわけでない（むしろその関係が見てとれる）。ロールズの『正義論』の出版は一九七一年であり、それは六〇年代の気運の産物であり、その平等論のラディカルさと関連があることが分かる。ただし、前者のラディカルさが体現しているのは秩序の否定であり、一方の後者のラディカルさは秩序の改良、つまり合法性の再建を表現している。

デンティティ政治としても、承認政治としても定義づけられない。アイデンティティ政治とは名の相によって呼び出されるもの（エスニシティ、言語、宗教、ジェンダーなどの身分的マーク）であり、承認政治とはアイデンティティ政治を承認システムの中に採り入れたものである。すなわち、アイデンティティと承認は人の特異性をある単一の側面へと還元すること――その画一性は宇宙自然の無限の豊富さを現すことができず、各自の特異性は特定時空の条件において、その無限の豊富さを凝固させられる。すなわち、特異性（差異）を認知する実践から出発すること、差異を平らにする理性主義の仮説から出発しないこと――この異なった道筋において斉物平等と「無知のベール」の間に区分が引かれる。この区分によって、斉物平等の概念は契約論の伝統から遠く離れることになる。なぜなら、契約は同質な平等主体の間でだけ締結されるものだから。また斉物平等は差異を前提とするので、同質性の概念と対立するものだから。すると、ここでのいわゆる差異（無限の豊富さを現すもの、つまり特異性）とは、自我アイデンティティ――画一性を前提とした差異――を標識とするものではない。アイデンティティとは常に排斥と裏表である――他者への排斥だけでなく、さらに自身の豊富さをも排斥する。アイデンティティを基礎とした承認のシステムは、やはり名の相のシステムということになろう。この意味において、斉物平等が仮定する「差異が平等を為す」、それとコミュタリズムの承認政治は表面上似ているだけなのだ。この理論的哲学的区分は、この後での意味転用の論述においてキーポイントとなる。

「モノ」と差異平等――斉物平等概念の意味転用

「斉物平等」概念は二つの異なる側面から具体的に展開できるだろう。一つ目の側面は「複合平等」や「多元主義平等」が触れ得ない側面から見ること。それはすなわち、自然界と人類を平等関係に置くことで、したがって平等概念の中の人類中心主義を克服せんとすることである。「複合平等」が主張するのは、社会的な自治とその分配における意義で、「あらゆる領域の内部において防衛しなければならない」と認識している。たとえば、「労働組合を通じて資本の暴政に抵抗する、とか。教師は自分の学校の独立性を堅持して狭義の政治（宗教）に服務することを拒絶しなければならない、とか。医療福祉関係者は最も弱っている病人の行く末を助けなければならない、とか。人々を「貧困ライン」より下に置いている運命、市場の原則に左右されてしまう運命から、福祉制度を通じて逃れさせなければならない、とか」、あるいは「国家は依然としてあらゆる状況において、人民が最後に助けを求める機構である。いかなる時でも、各領域内部での努力が失敗した場合、国家はそこに介入するということ、また常にそうなっている」といったことである。[41] こういった「複合平等」及びその他の多元主義は「社会」総体のカテゴリーの中で展開するものであり、その自治概念もそうである。そこで強調されているのは、各事物の内部においてその自治を護るということで、「斉物平等」もそれに似た傾向を持つとは言える。ただ、その傾向は人からモノへの展開であり、したがって、逆に「物観」の方法は「人の自治」に対する省察を提供する、ということになる。自治における個人、自治におけるコミュニティとは結局、どのような角度から己の「自治」の前提を定めるのであろうか？　こういった自己に対する認識も、ある種の「言の相」、「名の相」、「心の相」なのではないか？　すなわち、「モノ」は常に人類によって様々なやり方で分配される位置にあったわけで、新たに「モノ」の能動性を活性化させる「斉物平等」の概念は、まさに「哲学的」、あるいは「省察的」たることから逃れられない。

（41）前掲『正義の諸領域——多元主義と平等を擁護する』四頁。

いずれにせよ、「哲学的」思考は私たちの困難な状況を突破するのに必要なものだ。自然への収奪過程もまた、社会的な富の分配過程の一部分なのであってみれば、自然を資源として用いることはまさに不平等と支配の根幹にあるものだ。人類文明がどのように発達してきたにしても、人類の自然への征服と利用、人類の自身の生活スタイルの設定も、やはり自然史の一部分である。この意味において、人と自然の関係を再建することもまた、平等実践において必要かつキーポイントとなる。いわゆる人と自然の関係の再建とは、単純に人は自然を尊重しなければならないといった立場に留まらず、むしろ新たに人と人、人と自然の関係を自然史の一部として理解することである。この角度から出発すると、「斉物平等」とは、生産や流通や交換にかかわる構造を批判するだけでなく、エコロジー思想とも重なるものとなる——理論的には、エコロジーは人類に代えて自然を崇拝することではなく、人とその活動を自然史の視野を借りて観察する方法、ということである。「モノ」とは一つの全体であり、モノを通じて構成される自然は無限の豊富さを含む、したがって全体としてのモノもその豊富さを含むのである。一方、功利主義はこう釈明するだろう——利益の最大化の原則から出発しても、人々は自然を保護する思想を生み出すであろう、なぜなら自然の破壊は最後には人類そのものに害を与えるから、と。しかし資本主義の生産と消費のシステムの中で、自然は既に土地、動物（野生、家畜など）、水資源、エネルギー、木材、空気など生産と消費の機能のシステムの中で分割されている。帝国主義、植民地主義、そして多国籍資本は、自然を奪い、分割し、独占し、自然の機能を使用することを動力とする。二〇世紀、この自然資源を奪うことへの反省は、深く動物倫理やエコロジーの領域に入り込んでいる。動物種の絶滅に直面し、動物権利の思考と運動が生み出され[42]、エコロジーと環境の危機に直面し、様々な議論と運動が次から次へと湧き出ている。福島の危機から生まれた反原発運動がもし功利主義の枠組みの中に限定されるなら、まともなオルタナティブな選択は提供できないだろう。なぜなら、そうなれば私たちは、ある破壊的な発想からまた別の破壊的な発想に移るだけになってしまう。また他者の特異性（とそれにかかわる福利の要求）を承認しないという態度は、「モノ」の倫理性を承認しないことに通じるものである。スコットランドの哲学者スプリッグ（T.S.Sprigge）は、人のヒトに属さないものに対する責任問題を三つのタイプに分類している。一つ目は人類福祉主義で、つまり人にとって判断の唯一の基準は人類の福祉の増進ということである。二つ目は人類と動物の福祉主義で、つまり判断の基準は人と動物の世界にとって有利かどうかで、だから非動物には及ばないことになる。そこには生命がなく、生命の内在的な価値がないからだ。三つ目は一種の普遍主義の態度であり、判断の尺度は一切の事物に有利かどうかであり、それは事物の運命の人類に対する影響には局限されない、ということである。[43] 人権が人の生命に内在する価値の予測の上に成り立っているとするなら、この哲学‐倫理学の闘いは「自然には内在的な価値があるかどうか（are there intrinsic values in nature?）」という問題に集中する。問題は「価値」、そしてそこから派生する「権利」というものが、「モノ」――また人――を評価する唯一の根拠なのか、ということになる。価値はおそらく、生命とその意識、あるいは使用と交換に関係づけられる。権利はまたおそらく法律システムとも、また権利を運用する活動とも関係づけられる。そういったことで、動物、植物、さらに無機物からすると、価値や権利のカテゴリーは自然を尊重する道徳的な基礎にはならない。これは

（42）この方面の二つの代表的な著作としては、以下。Peter Singer's *Animal Liberation: A New Ethics for Our Treatment of Animals* (London: Jonathan Cape, 1976）和 Stephen R. L.'s *The Moral Status of Animals*（Oxford: Clarendon Press, 1977）.
（43）T. L. S. Sprigge: *The Importance of Subjectivity*, Oxford: Oxford University Press, 2011, p.333.

実に、倫理学のアポリアであろう。「斉物平等」の概念の中でも最も核心的な概念は「差異が平等を為す」ということ、このことに照らすと、価値や権利によって「モノ」の平等にかかわる基本カテゴリーを解釈することは、まさに「差異を統一する」という殻に閉じこもることなのだ。

「斉物平等」の二つ目の側面について言及してみよう。これは差異を平等の前提とする、という考え方である。つまり、平等は差異をなくすことを目標にしないだけでなく、むしろ差異を通じて平等を理解する、ということと繋がる。現代の平等主義の一つの特徴は、形式の平等ということである。それは人々を同じ法主体に置いて、定義づけるやり方である。この形式平等の角度からすると、多様性は往々にして差別と同義になり、差異を克服するための平等実践が多様性を除去するところで構成されてしまう。すなわち、区別の承認といえども、それが区別の歴史性の隠蔽を条件としてしまうのである。平等はそこで、名の相（形式）の平等となるが、それは名の相の差別的な区別を前提としている。この意味において、平等と多様性の間にはいつも対立と緊張が生じることになってしまう。いわゆる差異を通じて平等を理解するとは、差異を不平等な名の相に置いて差異を差別の関係にしないだけでなく、平等を差異の排除とも見ない、ということである。すると、この意味において、差異は平等の前提となり得るではないか。「斉物」の世界観においては、名の相の差異を滅却することが平等であり、またこの平等こそが自由を意味する。すなわち、差異的な平等とは能動的な主体の産物であり――ここで差異はある秩序によって定められたり支配されたりしない――またある特定の角度から定義されたりもしない。そうではなく、各事物によって（人も複数体も）能動的に決定されるのである。いわゆる「名の相を破棄する」とは、つまり人々に一方向からの主観的な角度から見るのではなく、「物観」（モノからモノを観る）の角度からその他の事物を理解する、ということである。これは、ある種の遍在する主体性とでも言うべきものである。つまり、単一秩序に服従することを拒絶することなのだが、そこでの相互関係は人工的な名の相の構造に服従しない、ということである。「斉物平等」は現代認識論にあるように、人とモノ、人と人を自我／他者や人類／客体との関係に編成することを拒絶する。章太炎は「差異を統一するのは、下司の賤しさ」と述べていたが、これは差異を除去する平等のことである。そしてまた章は「差異が平等を為すのは、賢人の深遠さ」と述べていたが、これが差異としての平等である。一方この差異としての平等を実現する道行において、「名の相を払い除けねば、どうしようもない」とも述べていた。(44) すなわち、現代世界（国家と社会）が形成した差別的な分類システム（名の相）を徹底的に破棄するということ。差異のある平等と名の相の破棄はそのまま繋がるものであって、そこで「名の相」とは直接的に「国家」と「社会」の差別秩序を再現するものである。したがって名の相を破棄する「差異平等」はまた、能動的であること、名の相に枠づけられることを拒否する政治性、と解釈できるだろう。すなわち、章太炎本人の思想から言えば、「斉物平等」の「モノ」とはモノの特異さ、特異性を前提とし、しかし前述したように、その特異性とは能動的で創造的なそれであって、ある種の本質的な特異性ではない。本質主義の特異性はちょうど「斉物平等」の逆であり、つまり「本質」とは名の相が立てたものであって、その根拠は「モノ」の機能と使用価値と交換価値なのである。

「斉物平等」思想の第二の側面――差異によって平等を為す――は、各自の平等の側面を展開するだけでなく、少なくともさらに二つの異なった方向に向けて展開することを想定する。その一つは、エコロジー的多様性、相互に調和する文化の多様性において展開すること。現代世界の平等の危機は経済と

(44) 同前。

社会的権利の不平等を表現するだけでなく、さらに文化とエコロジー環境の変化によって生じる不平等をも表現している。社会システムにおいて、この平等の危機は、直接的に現在の社会主義民族区域自治制度の部分的、あるいは大部分の失効を体現しているだろう。前述したように、「差異によって平等を為す」は、ラディカルな平等概念ではあるが、差異の承認を通じて社会的な不平等を認知する、といったことではない。「斉物平等」の概念は世界の全ての存在を主体的な存在と見做し、ある種の個体間の、文化間の、世界中の全ての事物の平等観を伝えるものであり、実践の局面において、それは必然的に平等が実現され得る具体的な前提と条件に及ぶものである。コミュタリズムは人類社会の「基本善」について、権利、財産、自由、機会などを含むだけでなく、さらに価値や信念、帰属なども含むものとしている。この後者のいくつかについては、明らかにその全てを権利や分配のカテゴリーに置くことはできない。なぜなら、権利や分配のカテゴリーは普遍主義的な形式から生じる特殊であるから。[45] この意味において、ヨーロッパ国家の多元主義政策の失敗によって、国民国家の市民権概念と文化的カテゴリーとの間に断裂が露わになった。異なった文化は、権利や財産や自由や機会に対して異なった観点、さらには異なった概念を有するのであって、分配の平等といえどもこの「承認の要求」を満足させられないのである。だから、「差異によって平等を為す」が提供するのは、オルタナティブな社会イメージである。それは、名の相の差異をやめて差異を保持する実践であって、すなわち平等を前提として多様性を尊重すること、と同時に多様性を平等の中身として尊重し、さらにその両者を一つの制度の中で実践する、ということである。だから「斉物平等」はコミュタリズムの価値観とは別物であるということである。後者は多様性の承認について、それを「アイデンティティ政治」として表現するのであるが、これとは逆に、「斉物平等」はモノの定義に関して、第一に、資本や金銭の同質化傾向とは対立的だ、ということ。そして第二に、経済成長を中心とした開発主義を主たる法則とする社会モデルと対立するということ。さらに第三に、差異を差別へと組織し画一化する名の相の秩序と対立する、ということになる。「斉物平等」の角度からすると、アイデンティティ政治――ナショナリズムに向かおうとも、エスニシティ中心論に向かおうとも――は単一の身分を設定するものであり、まさに多様性平等を否定するものだ。ただこれによって、「斉物平等」が全くアイデンティティ政治の合理性を否定するものだと言っているわけではない。重要なことは、「モノ」（人やコミュニティも含む）の特異性は、まさにその豊富さと多面性にある、ということである。

差異平等の危機――民族区域を例として

ここにおいて、伝統制度と現代的な平等を総合化した「民族区域」を例とし、分析を始めたい。この概念の核心にあるのは、平等実践の具体性と歴史性である。公民（市民）は単なる抽象的な概念ではなく、具体的な歴史や習俗や文化などの条件下において各自指向性を持った人々の生を意味するのであり、したがって公民（市民）はある種の集団的自治と相互に繋がることとなる。ここにおいて、差異あるい

（45）一九世紀中期のヨーロッパ知識人のユダヤ人にかかわる議論の中で、自由主義者は、民族アイデンティティはユダヤ人解放の障害になる、したがってまた、彼らの同化について民族平等の前提である、と考えた。一方、ユダヤ人グループから「ディアスポラ」を通じてキリスト教社会からの脱出を考える論調が生成した。シオニズムはこの意味において、自由主義的同化論への反応だった。ここにおいてキーポイントとなるのは、権利概念は政治共同体の概念と密接に繋がっているということである。そこで同質な主体を設定すると、分離して自己を保持せんとする「反同化」のプロセスが始まるのである。

は多様性は本質主義的なものではなく、歴史的な変化を含む。しかしそこでの変化、融合、交流などの概念は差異や多様性を失くすことを目的としない。中国における「区域」の概念は、自然（長期的な変化の中で形成された地理、気候、その他の区域の条件）と人類生活とその流動が結び付いたものである。つまり、安定、変遷、多様性の内在化（自然化）とその持続する開放性が、区域の特徴なのだ。そういうことで、区域の形成は社会史の一部であり、また自然史の一部でもあって、区域の自主性（それは必然的に多様である）は単純に人類中心主義やその様々な形式から定義づけられない、ということ。それはまた、区域が構成する自然要素への理解と尊重を含むこととなる。長期的な歴史の変遷の中で、草原、山脈、河川、海洋、沙漠、ゴビ（モンゴル語の沙漠）、それら地理と相互関係にある気候条件が人類生活の基礎条件を構成し、人々の生活スタイル、信仰、習俗と関連する社会もまた、それに相応する自然条件とともに発展してきた。自然は不変的なものではないのであって、人類の生活もまた、自然の変遷を促す内部要因である。しかしそのような変化がどの程度において、またいかなるやり方によって区域のエコロジーを復元するものなのかは研究に値する問題である。[46] 民族区域自治は、ある種の差異平等の実践であるが、エスニック・アイデンティティ、あるいは差異のポリティクスを中心に展開されるのではなく、自然の変遷が形を成した多元一体、あるいは一体多元的なものと定義できる。この制度は混在的な区域を空間とし、文化や習俗や信仰及びそれが依拠する自然エコロジーの多様性を尊重するもので、同時にまた平等のベクトルで区域間の経済や政治、文化を再構築するものである。現代中国の民族区域自治が直面している危機とは、まさに「差異平等」の危機なのである。ところで、民族区域自治は主に二つの方向から崩されようとしている。一つは民族区域自治の自治要素（差異要素）が大幅に消失させられ、それによって自治概念が空洞化し、名の相の構造へと捻じ曲げられたということ。もう一つは、民族区域自治の中の区域概念が単なるエスニシティ概念に簡略化され、多様性平等の中身が排他的で一方的なアイデンティティ政治に押し込められたこと。アイデンティティ政治は、人とコミュニティの豊富さを全てエスニシティ、あるいは宗教的身分の局面に集約するので、したがってオルタナティブなスタイルも――また多元主義的なスタイルも――人を単純化してしまうのである。前述した二つの方向性（自治要素の喪失とエスニシティへの画一化）は、経済を中心とした開発ロジックが全ての社会システムを主導する中で生じたことである。社会システムとその複数的な価値は、経済のロジックによって取って代わられているのだが、そこでアイデンティティ政治が一種の対抗としてアイデンティティ構築（言の相、名の相、心の相と同様）に向うのである。人とコミュニティの画一性は、以上の二つのロジックに帰着するのである。まさにこの意味において、危機は二つの側面から解決されることを要求する。一つの側面とは、差異を平等実践の中に導入すること（この中にはアイデンティティの承認も含まれよう）。もう一つの側面として、名の相の秩序としての差異を否定し、真に多様性のある平等を確立することである。この平等観に照らしてみれば、私たちは多数派の民族とマイノリティの民族とのアイデンティティ政治（名の相の政治）の意義から議論してはならないということ、むしろそういった名の相をもって差異を保持するやり方を止め、最終的には文化的問題と一人一人の（抽象的な個体ではなく、具体的な史脈や価値体系や帰属感に合った個人の）文化創造を結び付けることである。さらに今日、多様性平等の概念は、人類社会の平等問題にかかわる

（46）区域、あるいは民族区域の概念については、「システムを越えた社会、及び方法としての区域」、「東西間のチベット問題」などを参照。汪暉著『東西間のチベット問題（その他二篇）』（三聯書店、二〇一一年）、英文では以下を参照。Wang Hui: *The Politics of Imagining Asia* (Cambridge, MA: Harvard University Press, 2011)。

だけでなく、エコロジー問題にもかかわる。それが提出するのは、市場競争や開発主義とははっきりと異なる平等概念である。つまり、経済、政治、文化、社会の平等が融合した平等概念であり、それは経済の同質化を拒否し、また同時に文化アイデンティティの画一化をも拒否する多元主義である。

私たちは新疆を例として民族区域自治が直面する問題を議論しないわけにはいかない。新疆地区のエスニシティは複雑で、住民は中国の全ての民族のメンバーを一括しているとも言える。その中でもウイグル族、漢族、カザフ族、モンゴル族、チベット族、回族などの人口が比較的多く、この地の主要民族の地位にある。ただ、民族の雑居や民族の共住がおこなわれていることが必ずしも民族衝突をもたらすわけではない。すなわち、各民族にはそれぞれの歴史的要素の蓄積から成る差異と矛盾が存在するわけだが、それとて必然的に衝突へと至るのではない。たとえば、新疆回族はエスニシティとして最も漢族に近いが、宗教上はウイグルに近い。カザフ、ウズベック、タジク、ロシアなどの民族は越境的民族であるが、中国の外側にそれぞれのエスニシティを主体とする国家を有し、それぞれの国家に対して自然な親近感を持っているが、しかし彼らに中国に対するアイデンティファイがないとは言えない。ウイグル族は文化的にイラン、トルコなど中央アジア各国と密接な関係にあるが、この関連は国家アイデンティティではなく、文化や宗教、子孫の繋がりにおける歴史的親近感である。この歴史的関係において、特定の歴史的期間と力関係の中にあってこそ、そこではじめて衝突に至るということである。エスニシティや宗教の別というより、アイデンティティの多面性、あるいは多元的なアイデンティティというもの、それらが単一なアイデンティティへと転じたことをそれは指す。つまり、差異が衝突へと向かう要素となった時であり、差異がその促進剤や社会的要因となる。そういうことで、「エスニシティの新たな階級化」が問題のキーポイントとなろう。

どのように「エスニシティの新たな階級化」を解釈すべきか。経済改革と市場競争がもたらした社会の過渡期において、いかなるエスニック集団においても階級格差が見られる。漢族、ウイグル族、カザフ族、また他の民族においても、新たな富裕層と貧困層とが生じている。しかし民族区域の独自性として、階級構造と民族構造とが極めて複雑な関係を示している。新疆経済の支柱は主に石油と天然ガスだが、第二に石炭と他の金属鉱物があり、また第三にインフラ建設と不動産開発がある。石油と天然ガスは国有企業が独占する領域である。五〇年代から始まって、国家はずっとエネルギー資源を開発してきた。それは社会主義が労働者国家の形式としてある、その前提の下でのことであった。ただし、国有の形式は排他的なエスニシティが有するモデルとは考えられていなかった。この領域において、平等実践は主に二つの方向に集中していた。一つは、いかに徴税と区域間への再配分その他の配分システムを通じて、民族区域に実質的な補償を与えるのか（たとえば石油、天然ガスの収益において、まず二～三％の保留率があり、これが後に五％となった）――このような国家の発展戦略は単に中央と地方のバランスだけでなく、民族区域とその他の地域との間で平等な関係が形成できるかどうかにかかわっていた。二つ目として、いかに相関する制度と政策を通じて、民族区域内部の民族平等を確保するか、ということがあった。社会主義の期間、国家は民族区域自治を法的な枠組みとし、制度や政策において少数民族に対して優遇政策を実行していた。産児政策、進学、日常生活品の供給などの優遇だけでなく、就職も一定の比率で配分され、競争メカニズムが形成するところのいわゆる「自然選択」に任せていなかった。国有大企業は労働者を募集する際、少数民族の労働者がそれら企業における就業比率を満たすように確保していた。しかし、国有企業改革にともなって、多くの労働者がレイオフされ、配置転換させられた。そこで国営企業の労働者という身分を失った少数民族労働者の再就職は、総体として漢族の労働者よりも困難となった。石炭やその他の金属鉱物の採掘、あるいはインフラ建設（道路、鉄道、その他の施設）と不動産開発は、決して国家が独占していたわけではなく、私企業もこの領域の経営と開発に携わっていた。しかし、鉱業にしてもインフラにしても、不動産開発にしても、大規模に資本を投入し、それに相応しい技術と熟練の技術者、さらに重要な政府と銀行の支えというものが不可欠の条件であった。マクロな視点から見て、内地（中心部）の企業と較べると、現地の民族産業はそれらの領域に関して競争力（新疆においてウイグル族が独占また主導した業種は主に、牛羊の皮革加工業と都市建設における解体業であった）に欠けていた。競争条件において、多数の企業はさらに多くの漢族労働者を雇い入れた。その理由として、漢族労働者の知識・技術的水準が高いから、ということであった。この経済ロジックはさらに少数民族の企業主の雇用原則にも広がっていった。このような需要が示しているのは、以下のことである。異なる民族が各々自身の文化と生活スタイルを有している。いわゆる知識・技術的水準の高低と異なる文化間の高低は無関係なはずなのだ。そういった需要は、ある単一の方向や視野——経済ロジックと市場法則——の中で展開された高低にすぎない、ということである。もしこの法則だけで「能力」や平等を定義するのであれば、それは不平等な前提を設定していることと同じである。[47]章太炎が言ったところのいわゆる名の相の構造とは、この単一な歴史の産物に他ならない。それだから、市場経済の波が打ち寄せる中、経済発展は各少数民族にとって好機であるかもしれないけれど、前述した構造において、新疆地区の少数民族の経済的な周辺化は、まさに無視できない問題となってしまった。

新疆地区の民族問題と分配平等の危機には密接な関係がある。しかし市場内部においては、この危機はまた直接的に能力平等の危機として現れる。分配平等の危機はすぐさま労使両者において、民族的差異に向かって凝集してしまうのだが、それは能力平等の失敗の核心部分となる。そこで、もし能力の平等という概念に対して新たな解釈を加えないなら、やはり単一な基準——特に経済と市場の法則下では——によって解釈されてしまうだろうし、それこそ能力平等への要求が偏見となって現れてしまう。能力は単一の尺度としては定義できないものであり、平等はまたそのために多様性や差異と緊密な連関を構成するものである。能力の平等は、異なる民族のメンバーを自己の文化伝統とその条件から遠ざけることはない。そういった文化伝統とその条件の中で、新たな平等な環境における創造過程へと導き入れることが必要なのだが、それは平等の程度を測る要素ともなる。市場の条件内部においては、大多数の少数民族は平等な競争において出発するわけではない。偏見のある観点からでは、こういった現象を能力の差異として解釈するだろう。そしてこの差異を無視するのは、個体の主観条件から生み出されるも

（47）一九世紀の中頃、ドイツの青年ヘーゲル学派のユダヤ人の解放問題へのかかわりは、解放と能力を接続させるものであった。マルクスが『ドイツ・イデオロギー』の中で批判したことのあるオットー・バウアーはユダヤ人解放と宗教的桎梏からの解放を結びつけていた。バウアーはキリスト教徒の解放について、彼らがキリス教の信仰を放棄し、キリスト教の本質から転化し生じたところの「科学批判」に改宗するという前提に立っていた。そこでまた、一方のユダヤ教がもし「科学批判」へと鞍替えすれば、同様にしてユダヤ教そのものを放棄する、と認識していた。これは、「ユダヤ人解放」という問題そのものの消去でもある。マルクスは『ユダヤ人問題』の中で、鋭くこの観点を批判した。つまり、ユダヤ人問題を神学的な枠組みから解放し、それを政治的解放の枠組みへと置き直さなければならない、と。「既に国家が神学の角度から宗教を見ないで、国家つまり政治の角度から宗教を見るならば、こういったことへの批判は神学への批判とはならないだろう。この時、批判は政治国家への批判へと変わる」と。神学の視野の中ではユダヤ人は「安息日のユダヤ人」に過ぎないし、また一方、世俗的な枠組みの中ではユダヤ人は「普通のユダヤ人」であっても、世俗社会においてまた別の抑圧を受けている。また「政治的解放が完成した国家では、宗教は存在しているだけでなく、生命力とそのエネルギーを表現する。このことは、宗教の存在と国家がきちんと機能することは決して矛盾しない、ということを証明している」と。宗教の存在はある種の「欠陥の存在」であるが、この欠陥は現在においては、世俗社会の、特に国家それ自身の表現なのだ。前掲『マルクス・エンゲルス全集』第一巻、四二五頁。

のではなく、社会のマクロな条件によるものである。このマクロな視点において、能力は単一の価値で測られてしまうのだ。労働力市場の競争を例とすると、少数民族の中で漢語が話せる人口の比率は漢族の中で少数民族語が話せる人口の比率よりも高いが、この言語能力の高さはマクロ経済を背景としたところでは強く作用できない。その原因は目下の市場環境が漢語を基本とするからである。漢語は各種の生産と技術、そして市場コミュニケーションを形成する前提となっている。すなわち、新疆大学の卒業生（特に少数民族の卒業生）はかなりの人間が仕事に就けないでいる。この現象については、二つの方向からの解釈がある。

一つは言語教育の問題である。少数民族が群居する地域ではバイリンガル教育は合理的な選択である。しかし市場プレッシャーによって言語教育は漢語が中心となり、少数民族の教師の漢語の水準は往々にしてそれに追いつけない一方、漢族の教師は比較的優勢な地位にある。市場競争のプレッシャー以外では、教育機構、特に大学の評価システムも新たな問題となっている。たとえば、少数民族研究の刊行物で重要視されるのはわずかな種類に限られる。そこで学問的業績もまた、数少ない刊行物で発表されたものに限られるなど、こういったことが知的領域においても不平等な競争を構成している。相対的に言って、少数民族の漢語学習は強い需要となっているが、漢族の研究者や学生が少数民族の言語を学習したり理解したりするのは、必須ではないということだ。そういうわけで一方向ではなく、多方向の多言語教育が能力平等の条件の一つとなる。

さてもう一つの問題は、この多言語教育のアポリアが経済構造上に及ぶものである。最近の衝突事件の後、大学は漢族学生の中で少数民族言語を専門にする学生を募集し始め、同時に卒業生の就職の枠を拡大した。しかし多言語によるマクロ経済構造が存在しないため、その発展の動力と規模は限られたものとならざるを得ない。前述したように、社会主義時代の所有制改革は公有が前提となっているので、民族の差異が所有権における差別を緩和していた。しかし市場の内部では、民族的特色を持った産業はその経済構造においてさらに重要な経済の分け前を獲得できようか？　文化政策に関して、毛沢東時代の平等政策は階級問題を中心にしていたので、言語改革の目的は識字率を上げることであり、文化や教育水準の差異によって階級格差が生じることを減じようとしていた。この政策は民族区域においても、それに相応しい言語改革を促していた。しかしこの平等主義的な言語改革案（確かに幾つか限界を抱えていた）は、「文革」後に徐々に放棄されており、今日、文化政策上の平等と多元性の問題にかかわる新たな思考が求められている。

「エスニシティの新たな階級化」のもう一つの側面は、都市と農村の差別の拡大である。人口政策上、中国は少数民族に対して優遇政策を実行してきた。ウイグルの人口を例にとると、一九四九年の三〇〇万から現在は九〇〇万に上昇しており、この傾向は明白である。しかし、少数民族人口の増加に伴って、二つの現象が出てきた。一つは土地と人口の間の矛盾の激化である。もう一つは都市化と市場化と、経済を動力とした大規模な社会流動の条件下における漢族人口の増大である。事実上、三農危機（農村の荒廃、農業の不振、農民の貧困）と大規模な移民流動は中国社会全体の危機の縮図であり、その集中的な表現として都市と農村との区域間の不平等がある。しかしなぜ、この三農危機と社会流動は民族区域において民族矛盾の根源となるのか？　この問題は大まかに二つに分けられる。一つ目。新疆などの民族区域では、少数民族の人口は農業人口を主としており、漢民族の人口は都市人口を主としている。すなわち、少数民族が多数派の地位を占めている南新疆であっても、都市の漢民族の人口の比率は拡大傾向となっている。したがって、都市と農村の対立はまたエスニシティ間の対立に転化しやすくなるということがある。二つ目。資本と労働力の流動は区域の不平等、またそこから派生する従属関係に対して梃子のような働きとなる。区域の不平等は資本や社会ネットワーク、あるいは能力などの各分野において体現されてしまう。また大規模な社会流動は民族区域において、資本の間、社会ネットワークの間、また労働力の質の間に不平等な競争関係を作り出す。こういった状況は、この地域に流れてくる人口だけに責任を負わせられない。現代市場経済のマクロ構造が特定の条件下において生じた、そのような結果なのだ。人口と土地との矛盾、それに加えて農村の更なる周辺化により、自然に農村青年たちは都市周辺部に向かうことになり、民族区域においても、それら都市周辺に投げ込まれた若者の人口（漢族）が少数民族の人口よりも多くなってしまう。そういうことで、現行の開発モデルでは、各民族人民の文化が力を持てるような発展を保障し得ないのだ。

前述した現象は、分配平等と能力平等の二重の危機の中で解釈されるわけだが、多くの民族区域において、この二つの平等の危機はむしろ差異平等の危機のカテゴリーの内部で解釈されることになる。差異平等とは、分配の正義、能力の平等、また文化的価値、生活スタイルやそれが依って立つ自然のエコロジーの尊重など様々な要素を含むものである。再分配の角度から見ると、社会主義システムは労使関係を改革し、工業化における社会格差を解決しようとした。それは必然的に分配と能力の両方にかかわっていた。税収と投資、またその地の手段により区域を平等化する以外に、民族区域自治の内部での分配システムもまた少数民族の優遇と保護に集中していた。いずれにせよ、分配と能力の平等は、ともに社会主義建設における共同の目標の前提となっていた。公有制の内部では、所有概念はエスニシティの別とは関係がない。しかし市場競争の内部では、私有化のプロセスが財産権の民族的属性に一つの前提を与えてしまうことになる。元々あった民族政策は純粋な経済優遇政策へと変質し（つまり傾斜配分を特徴とする分配体制）、市場内部におけるその作用は十分なものとはならない。かつての共同の目標の変質と喪失によって、少数民族に対応した優遇政策は現地の漢族（特に一般的労働者）に不平等な待遇と感じ取らせるし、さらに異なる民族間の偏見の根源の一つとなってしまう。「民族区域」は全体的な概念であり、一つ一つの民族よりも区域そのものを重視するのであり、その逆ではない。政策から言えば、すなわち民族区域と内地との間の差別を問題化し、同時に民族区域内部の人口についても漸進的な平等待遇を目指す政策であった。しかし一定の制度上の改革を前提としなければ、この平等待遇政策は元より、新たな不平等と誤解されることになる。[48] 価値と信仰の自由と生活スタイル、また生産モデルは密接な関係にある。中国の民族区域、特に新疆とチベット地区では、宗教メカニズムと人口拡張とが顕著な傾向にある。全世界のイスラム地域において、新疆人のイスラム寺院の共有率は最高の部類にある。エスニックの衝突は、主に宗教や文化習俗の対立ではなく、「エスニシティの新たな階級化」現象にあり、その原因はこの現象の背後にある生産様式にあるのである。この意味において、民族問題は、世俗生活の外の宗教生活に問題を帰することはできないのであり、世俗生活内部で解決する必要がある。民族生活の独自性は、現代社会が主導するロジックと隔離された文化的記号からのみ解釈することはできない。民族のメンバーが政治、経済、またその他の生活実践にかかわる全ての日常生活に参与している場合、宗教生活はやはりその中の一つにすぎない。アイデンティティとその他の実践との間の断裂は、まさに

（48）たとえば、長期的な傾斜配分の政策の後、一律にする政策を実施すると、それは各少数民族の不満を引き起こすことになる。最近の例では、新疆において七〇〇〇名の公務員のポストが募集され、少数民族への配慮が示された。しかし採用された比率では漢族も多くなり（比率としては正当だった）、幾つかの少数民族青年は不満を表した。

「エスニシティの新たな階級化」の表現なのだ。現実に生きている個人は宗教生活において自身の自主の要求を掲げるだけでなく、自身の労働とコミュニケーションの中で普遍的な平等を要求した時にこそ、創造的な平等な社会形態が可能となるのだ。そういった社会形態の中で、人は自身の生活に根差した主人公として自身を現す。このリアルな人間の元々のあり様は、「多元一体」的であらざるを得ない。

　差異の抹殺、文化的差異が不平等な社会へと転化してしまうこと、これは現代世界の主導的なロジックによって支配された結果である。「斉物平等」の視野において、人の能力は人の能力の多様性とその平等の問題に転化されるべきことだが、さらに「モノ」にかかわる能動的視野も必要であって、両者を総合してはじめて、差異平等の実践が創造される。なぜなら、人の物化（同質化、画一化）とは「モノ」に対する所有ロジックを前提にしているからだ。生産が他の社会や自然との連関に置かれると、そこでの資本主義の抽象化は制限を受けざるを得ない。資本主義の抽象化が制限されてはじめて、人は自由を得られる。市場化と都市化、またグローバル化にともなって、民族区域の生活スタイルはまさに激越な変化を蒙っている。「エスニシティの新たな階級化」と現代的な生産様式の結びつきは、目下の自然に対する征服、改造破壊のプロセスの中において、またそこから派生する消費主義的生活の中において集中的に体現される。マルクスが述べたように「消費物資のいかなる分配も、生産条件そのものの分配の結果に他ならない。また生産条件の分配とは、生産様式そのものの性質を表現したものである」と。[49] 新たな社会的不平等は一定の生産様式を前提とし、「新たな階級化」とは生産様式の変更を前提とする。民族や宗教が極めて複雑である区域とその人口にあって、そういったプロセスは、すぐさま支配的な生産様式とその需要を単一の尺度とし、異なる民族文化を評価することとなる。そういうことで、「民族区域」の規範の中身からすると、それは当然のこと、エコロジーの多様性も文化の多様性も同じように尊重しなければならない。この「多元一体」の「リアルな人間」はまた、自然史の一部分としての方向性を含み込むことになる。まさに前述の分析に基づいたところで、「斉物平等」は力強く多様性の概念を支えるわけだが、それは通常言われているところの多文化主義やその差異のポリティクスとは違ったものである。前に述べた通り、「斉物平等」は「モノ」に対する画一性の否定である。エスニック・アイデンティティを通じて差異のポリティクスを強めることは、前述した不平等現象の解決には助けにならず、その結果は往々にして逆となる。つまり、画一的な観念によってもう一つの画一的な力に抵抗することとなるが、それは文化の多様性とエコロジーの多様性を保護するのに無力であり、また平等の実践にも無力なのだ。

トランスナショナルな文脈における差異平等

差異平等のもう一つの側面として、国際間の平等というもの、世界が向かうべき平等への展開がある。これは、差異平等が国民国家を超越するということである。資本主義のグローバルな拡張に伴い、一九世紀の著作家が特に注目した社会的不平等の主要な形式は――階級関係に現れるように――変化を見せ、植民地宗主国と植民地の間、中心の先進工業国と周辺の農業社会との間に矛盾が激化し、一時代の主要な矛盾となった。これは、今日私たちがよく言っているところの南北問題である。世界の経済環境の変化によって、南北関係の不平等が依然として存在している他、新たな南南関係（たとえばアジアの新興国とアフリカ、ラテン・アメリカの関係など）がさらに複雑な課題を投げかけている。私たちはここにおいて、

(49) マルクス『ゴーダ綱領批判』、『マルクス・エンゲルス全集』第一九巻、一九九五年版、二三頁。

既に述べた不平等なグローバルな関係を背景として、社会内部の平等がいかに世界に向かうべき方向を含んでいるかを探ってみたい。これは国家間、あるいは国際平等のための政治条件である。ところで、現代民主主義は市民権を基礎としており、また民主、平等、国民国家《ネーション・ステート》の間の相互循環を想定している。しかし、それらの循環ロジックは既に重大な批判を受けるようになっている。私はここにおいて、それを三つの要素にしてまとめてみたい。

第一の批判はこうである。国民国家システムの民主主義は、西側「民主主義国家」のその他の民族や国家に対する植民地統治や武力侵入を阻止したことがない、ということ。逆に民主主義の形態は常々植民地と武力侵入の動員メカニズムそのものでもあった。結局のところ、国民国家における市民権（現代における平等の核心）は、国民国家の境界を越えて平等の内容を提供したことがない。事実上、この意味における平等概念は、南北が不平等な世界の条件に対して影響力は極めて弱いということである。

第二の批判はこうである。グローバル化において、民主、平等と国民国家《ネーション・ステート》の循環ロジックは常々、他の国家や社会の資源や労働力を奪うことを前提としてきた。いわゆるグローバリゼーションは主要には、資本、生産と消費のトランスナショナルな発展をもたらすが、どの国家の内部に向かっても浸透しようとするのであり、そのためどの社会の発展モデルもその他の社会の発展モデルに影響を与えることになる。米国、EU、中国、日本、ロシア、インド、ブラジルなど、どの国家（共同体）でも、どんな経済政策や社会政策でもその他への影響は極めて大きくなる。元より、民主主義のプログラムと称されているものが帝国主義的動員に用いられていることは、特に真新しいことではない。目下の民主主義モデルにおいて、ある政治共同体の外の人間はその共同体の選択にかかわる権利は持たされていないし、この意味において市民権は排他的なものである。たとえば、エネルギーを最も消費する米国政府は京都議定書が国内支持を得られるような努力をすることを拒否しているが、その他の世界地域への影響は甚大である。また米国やEUは、他の国に向けて戦争しているが、国会をパスすればよい（市民の同意を得られたものと見做される）。しかし、その戦争の結果や影響は全世界が負わなければならないのだ。つまり、国際法と国連のプログラムだが、それらにしても帝国主義戦争を防ぐ能力は極めて限られている。このロジックは他の国家にも同様にして当てはまる。

第三の批判はこうである。大規模な移民の流れの中で生じた多文化主義の失敗である。移民の流れは、グローバル化、市場化の中で、また世界的かつ一国内的な不平等がある中で生じたものである。現地（その他の国や地域）社会は自己の利益を護るために移民を労働力として吸引し、そのため移民は多くの地域の人口構成を変えるはずだが、同時に移民の文化アイデンティティや一体感を拒否する。すると、移民社会のアイデンティティ政治はちょうど、資本主義的生産の抽象性に見合った特徴を有することになる。文化多元主義の失敗には二重の意味がある。一つの側面として、国民国家がスムーズに移民を名の相の元に統合できないということ。またもう一つの側面として、移民はまた自己の差異性を追求するため、最後には現地での社会化がストップしてしまうということ。国民国家はアイデンティティ政治と妥協した結果として、大部分において、差異の再構築は名の相の構造の中で差別を生じてしまう。

一九、二〇世紀のインターナショナリズムはまさに、民主、平等、国民国家（特に帝国主義国民国家）の循環ロジックの偉大な実験であった。しかし、グローバル化の中で、インターナショナリズムの経験は、無情にも否定されているようである。その否定とは、グローバル化の中での生産と消費がトランスナショナルになっていることに根があるわけだが、さらに社会主義の遺産が国際的な領域において急速に消失したことにもその根がある。EUの実践をめぐっては、エティエンヌ・バリバールなどの理論家が公民（市民）と市民権の概念に新たな定義づけを行っている。彼が提出した周辺メカニズムの民主化概念とは、移民や商品の流動に対して、二極的、あるいは多極的、あるいはトランスナショナルな議論を展開する提案である。まさにこれらの問題から出発して、彼は法律と道徳による形式主義を疑うことになった。それらは移民の解決方法に関して、排他的な代表性カテゴリーに根づかせようとするもので、目下の現実が提供する新たな問題には応えきれない、と観察したのである。[50] いずれにせよ、グローバル化の中で、トランスナショナルな公民（市民）メカニズムへの模索は不可避的なものである。ただ国民国家は依然として国際政治の中心的地位にある中、いかにして単一の国家の内部から全世界的な平等を一つの方向性とする制度的枠組みが発展し得るのか、国際関係における平等の中身を豊かで充実したものにできるかは、同様にして真面目に考えてみるべきことである。まさにバリバールがヨーロッパについて、多様な政治共同体の間の媒介と交流のプロセスの中で生じた公民空間でなければならない、また一種の創造的な多様化メカニズムでなければならないと考えたように、私たちもまた以下の可能性について考えることができよう。中国人民政治協商会議の中に特定の妥協メカニズムを設立し、その議論の範囲を国内から国際的な方面へ展開できるかどうか、ということ。また、中国人民代表者大会の中に特定の審議と監査のメカニズムを設立し、国際的なものにかかわる問題を制度の中に取り込むことができるかどうか、ということ。さらに、この一国内のメカニズムの改革や創造というものとある種の地域的メカニズムにどのような関連づけを持たせていくか、ということ。この政治システムの変化はまた必ず、社会運動のトランスナショナルな発展と随伴するものであろう――政治公共領域を国民国家のカテゴリーの中に留めておくことはできないが、しかし同時に国民国家の境界を越える政治空間は、国民国家の制度的枠組みの中においても展開されるべきだ。

国民国家は一般的には「国際」を議論する際の前提ではない。しかし、予測できる期間において、国民国家は依然として「斉物平等」を勝ち取るための闘いが避けられない舞台であり空間でもある。異なる国家同士、あるいはある一つの国家のそれぞれ異なった時期にどういった価値的傾向を持つかは、やはりトランスナショナルな平等に関して、重要な影響を持つ。「アフリカでの中国」というグローバルな話題を例にとってみよう。中国の政策には二つの異なる段階があった。毛沢東時代の「アフリカ援助」の国際主義時代、それと一九八〇年代から始まった経済中心のトランスナショナル時代。前者の時期、中華人民共和国とアフリカとの関係は、帝国主義と植民地主義に反対する第三世界国際運動の一環であった。一九五五年、中国はバンドン会議に参加した。第三世界諸国家の共産主義運動に対する意見の不一致があったものの、やはり「小異を残して大同につく」を維持していた。周知の通り、この会議は直接的に一九六一年の非同盟諸国運動の生成に繋がり、冷戦の両極構造を打破する国際的な基礎を定めるに至った。一九六五年には、タンザニアとザンビアの政府の要請に応じて、中国はタンザン鉄道の計画を開始した。だいたい一九六八年から一九七六年の開通までの間に、中国から派遣された労働者は五・六万人、また無利子の借款が九・八八億元、さらに大量の物資と機械が提供された。敷設が終わり

（50）事実上、バリバールが提出した国民国家の周辺を二極的・多極的な持続的な妥協メカニズムとして見る観点というもの、それと私が『現代中国思想の生成』第二巻で議論した「相互周辺化」という概念は驚くほど似ている。これが意味するのは、中国とアジア地域の歴史的伝統は、私たちの新たな歴史条件の下で作られるべき新たな調整メカニズムに経験とモデルと啓発を提供している。Étienne Balibar, "What is a border?" *Politics and the Other Scene.* (1998) trans. by Christine Jones, James Swenson, Chris Turner. London & New York: Verso, 2002. p. 85f; Étienne Balibar, *We, The People of Europe? Reflections on Transnational Citizenship*. Trans. by James Swenson. Princeton and Oxford: Princeton University Press, 2004, pp. 108-110.

タンザニアとザンビアに引き渡された後も、中国は継続して無利子の借款と技術員（一九九九年まで、合計三〇〇〇名余り）を送り続けた。改革開放後、中・アフリカ関係は貿易関係が突出し始めることになる。二一世紀の一〇年ほどの高度成長を通じて、中国はアフリカ最大の貿易相手国となった。二〇〇八年まで、中・アフリカ貿易は既に一〇七〇億ドルに達し、フランスを越え、米国に次ぐ第二位にある。経済関係全般も、エネルギー、鉱物、製造業、インフラ、農業、技術等々の交易と交流に及んでいる。グローバル・システムの一部分として、中・アフリカ関係の性質は経済と貿易に関して、ますますヨーロッパ・アフリカの関係と重なる部分が多くなっている。例の第一期と較べるならば、現在の中国のアフリカにおける役割は複雑になってきており、幾つかの企業はアフリカにおける経営活動について、西側メディアから批判されているが、アフリカではまた違った意見も聞かれる。その中で中国国有非鉄グループ有限会社傘下の中非鉄アフリカ鉱業有限会社（ＮＦＣＡ）がザンビアで経営しているチャンビシ希土金属鉱業（この鉱山は二〇〇六年に給料未払いでストライキが起こっていた）は、常々話題になっている。中国の幾つかの私人企業は国営企業のような長期的な計画がなく、アフリカでの行動は完全に利益を目標とすることになる。しかし注意すべきことは、中国は西側がアフリカへの投資のように資源採掘にだけ偏っているわけでなく、西側国家においては採算がとれないとして敬遠するインフラや製造業などの領域にも入っていく。政治の変化や戦争、他の危険を考慮せずとも、幾つかの企業の投資は二〇～四〇年かそれ以上の時間を費やして長期的にコストを回収する。ただこのような投資方式にしても、後の成果を考えない無私の援助というわけではない。一種の長期的な歴史を踏まえたやり方であり、長期的な視野での収益活動であるが、一九六〇～七〇年代の反植民地の旗錦において展開された政治意識からの援助と同じものとは見做せない。しかし、長期的な観点によって、現地経済の長期の発展を経済利益の計算に入れているとは言える。そこから言うと、社会主義期の経験は中国国家と国有企業の戦略目標においてプラスの経験であり、肯定されるべきである。[51] まさにこれらの要素によって、中国は西側からの批判を受けると同時に、やはり多くのアフリカ国家の支持を得ているのだ。二〇〇六年一一月、中・アフリカ協力シンポジウムが挙行され、全世界の驚きと論議を巻き起こしたが、それは早くも二〇〇〇年一〇月に既に始まっていたものである。第一回目のシンポで承認された「北京宣言」は、シンポは平等と相互協力のグループ対話の枠組みである、と主張している。協力の基礎と可能性を探求するため、その宣言は、商品交換、国際貿易の平等だけでなく、巨大な南北格差、現行の国際システムの不公正、不平等、アフリカ政治の不安定さ、債務、衛生など、それら不平等な条件を克服することを経済や貿易の強力の内容として主張している。ここで特に注意が必要なのは、中・アフリカ貿易は単純に自由貿易や商品交換の平等性を基礎としているだけなく、経済協力と実際の不平等状態を克服すること、また現代のグローバル・システムの支配ロジックと競争条件とを結び付けている、ということである。事実上、このシンポの主旨は、そこに参加している国家内部で形成されるべき相補的な制度条件と行動規範によってこそ、本当の意味で実現される、ということになる。

グローバル化の進展に伴い、人のトランスナショナルな流動が空前の規模となっている。「斉物平等」は異なったやり方で規定の市民権を中心とした民主主義の枠組みを越えようとし、同時にさらに広い範囲において市民権とそれが含んでいる平等価値を深化させ拡張させるものとも見做せる。「斉物平等」と自治概念の関係はもっとさらに深いものであって、自治とは単に現代国家システムの産物ではない、

(51) Barry Sautman, 厳海蓉「中国のアフリカ二おける三重の誤読」、『南風窓』二〇一一年第二〇号(二〇一一年九月一九日)。

ということ。異なった政治伝統の中で異なった形の自治伝統が存在するのであり、これが意味するのは、私たちはおそらく幅広い歴史の中から「斉物平等」的な要素を取り出すことができる、ということである。自治伝統は、「斉物平等」概念と相似のものであり、国際関係が平等に向かうことと同様にして、市民権概念を越えるものである。それを世界市民権概念と言ったとしても、この平等の中身を包括することは難しいかもしれない。区域を越え国家を越えた流動の中における平等は必ずや複合型の社会となるだろう。斉物平等概念をこの文脈において深化させるために、ここにおいて、上述した平等カテゴリーにふさわしい区域文明と世界概念に簡単に触れたい。つまり、それは「社会を越えたシステム（supra-societal system）」と「システムを越えた社会（a society of inter-systems）」という概念で、新たな市民文化と包容性のある市民概念のために提供されるべき思想空間のことである。

「社会を越えたシステム」とは、マルセル・モース（Marcel Mauss）が提出したもので、それが指すのは、「幾つかの社会共同体の社会現象」から構成された文明のことである。人類学者モースやモルガンから見ると、文明とは幾つかの媒介と起源から長期的に連関が保持された社会集合体のことであり、[52]「集合的イメージと実践の伝播」である。このシステムは、私たちが通常定義している「民族体」というもの、その区域性が有する物質的精神的関係をも越えたシステムであって、また「物質文化」、「地理」、「経済」の表現形式であり、さらに宗教、儀式、象徴、権利、倫理の表現形式でもある。それは、現世的でありつつ、宇宙論的、道徳‐権利的でもある。この角度から見て、中国とその周辺は、朝貢、外交、貿易、婚姻、宗教、言語などの媒介によって構成されたネットワークとして存在していたわけであり、また日本の学者がよく使用するところの漢字文化圏、儒教文明圏、あるいは東アジア文化などの術語、これらもまた一種の「社会を越えたシステム」であろう。[53]

「システムを越えた社会」という概念は、より強く社会内部そのものの「越境性」を主張する。ただし資本主義のグローバル化が進行する中、この「越」という概念は濫用されている。それは、民族や国家や区域などの伝統的カテゴリーを越える趨勢や動向を代表している。しかし、「システムを越えた社会」はそれとは別で、この概念の中心の「越」は一連の文化、習俗、政治、儀礼の力を中心とするもので、経済はただ前述した複雑な社会的連関の中の交流活動の一つとして埋め込まれているものにすぎない。仮に現代資本主義のトランス国家、トランス民族、トランス区域の活動が様々な文化政治の要素を経済活動の抽象的パワーへと統合するものであるなら、「システムを越えた社会」は逆であって、これが提供するのは、異なる文化、異なるエスニシティ、異なる区域が交流と伝播を通じて、相互的な社会と文化の形態を作り出すことである。たとえば、混住地域の家族や村は常々、異なる社会システム（エスニシティ、宗教、言語等々）に含まれているのであって、それらの「システム」は一つの社会、一つの村、一つの家族、また一人の個人にも内在しているものである。現代の人類学者の新たな移民コミュニティへの観察によれば、異なる地域やエスニシティを出自とする農民工の集団は、労働する異郷・異地にあって、徐々にいくつかの労働現場とは別の移民コミュニティを形成するのだが、そこでさらに見えない「文化的結合」によって、元々そこにあった居住形態を変えてしまう。それは「見えないコミュニ

（52） Marcel Mauss: *Techniques, Technology and Civilisation*, Nathan Schlanger, ed. New York/Oxford: Durkheim Press, Berghahn Books, 2006, p58.
（53） 以上の議論は、王斯福（Stephen Feuchtwang）「文明の比較」（劉源、尼瑪扎西訳、彭文斌校閲）、『探討』二〇〇九年第一号〔総第四八号〕、一頁）、及び王銘銘による「社会を越えたシステム――歴史と社会科学の叙述における区域、民族と文明」シンポジウムで起草した趣旨文を参考。

ティ」とも言えよう。(54) この文脈において、仮に現代社会の流動状況における集団コミュニティのあり様から言うと、個人主義に基づいた権利概念や平等概念は全般的な平等要求に応えきれないものであるということ。たとえば、歴史編纂学において、かつてはあるエスニシティ、宗教、言語の共同体を叙述の単位にすることは、古典的なナショナリズムの時代によく見られたことではあろう。しかしそういった幾つかのエスニシティ、宗教、言語は複雑に絡まり合って、一つの区域、村、家族に存在するのであり、かつての叙述の仕方では、この複雑な関係を縮減したり、誇大化したり、捻じ曲げたりするかもしれない。私から見ると、「システムを越えた社会」はこのように独特でありかつ普遍的な歴史現象を概括するものであり、またそのためそれらの現象を新たに叙述し直す可能性を提供するものではないか、と思うのである。

この概念によって議論されるべきは、多くの社会的文明をネットワークとして繋ぐ、ということではない。そうではなく、文化的伝播、交流、融合によって生じる社会、複雑なシステムを含んだ社会を議論する、ということである。「システムを越えた社会」は、一つの社会であり、内部において平等であることが前提となる。しかしこの社会はまたシステムを越えたものであり、そこでの平等は差異と歴史性を尊重することが前提となる。システムを越えるとは、エスニック・グループの中でだけ発生することではなく、いかなる個人、いかなる社会においても生じることである。だから、差異とは、各々の主体の特徴であるわけだが、差別とは別もので、またお互いの違いや排他性を求めたりするアイデンティティ政治の根拠でもない。それは、平等と差異が相互に前提を為す社会概念であり、また「差異平等」という概念の歴史的かつ人類学的前提でもある。カントは国家について検討した時、こう述べていた。「国家は一つの人類社会である。己以外の何者も命令できないし、処理することもできない。それは樹木と同じで、己だけの根をもっている」と。[55]カントの国家の概念と今日の国民国家には重なるところがある。前述した議論に照らして、私たちはカントのこの考え方に修正を加えることができる。つまり、ある一つの人類社会としての国家はシステムを越えた政治構造を持つということ。その統一性と越境性が相互に重なる時、私たちはそこで初めて、国家は「一つの人類社会」であると言える――この人類社会は、多少なりとも相互に浸透する社会によるもので、それを連結することで成り立っている。「一つの」ということの含意は、「システムを越える」という意義において理解できるものであり、「反システム」あるいは「全一」という意義においては理解できない。ここにおいて、「一」は「多」であり、また「多」は「一」なのだ。「一つの人類社会」としての国家は、物質文化、地理、宗教、儀式、政治的結合、倫理、宇宙観、またイメージの世界などの各要素に及ぶだけでなく、さらに別のシステムの物質文化、地理、宗教、儀式、政治的結合、倫理、宇宙観、またイメージの世界とも繋がっている。

この意味において、「システムを越えた社会」とは、「民族体」の角度から提出された各社会に対する叙述ではないのだが、また多元社会の概念――「多元一体」（費通孝）概念とも較べられる――とも違ったものである。「システムを越えた社会」は、システムの「元」としての性質を弱めるもので、システム間の運動の動態性を突出させる。システムとは相互に浸透するものであり、孤立して存在しているのではなく、だからシステムもまた社会的ネットワークの要素となるのだ。「システム社会」の基礎は日

（54）宋宇『見えないコミュニティ――ある珠江デルタにおける彝族労働者集団の生活史研究』中央民族大学修士学位論文、二〇一一年五月、一–九六頁。

（55）カント「永遠平和のために」、『歴史理性批判論集』何兆武訳、商務印書館、一九九一年、九九頁（邦訳では『永遠平和のために』宇都宮芳明訳、岩波文庫、一九八五年、など）。

常生活世界と相互に連関するものであるが、また生産と消費のプロセスにおいて、新たに文化、社会、政治、自然のネットワークに入り込む創造的な実践と政治文化に依存するものである。それは、各種のシステムの要素を不断の変動関係の中に総合するものであるが、それらの要素の自主性と能動性を否定はしない。

区域のあり様、また区域を越えるものの視野から観察すると、「システムを越えた社会」の概念は、「社会を越えたシステム」から切り離して単独で定義されるものではない。なぜなら、どのような社会の内部にもある「システムを越えた」要素は常にもう一つの社会と密接に繋がっているものだからだ。たとえば、漢字、儒教、仏教、イスラム教等々、それらは中国社会の要素でもあり、なおかつ中国社会とその他の社会を連結する糸口でもある。漢字文化圏、朝貢ネットワーク、礼拝活動などを通じて連結された超国家的ネットワークは「社会を越えたシステム」と定義づけられよう。また一方、グローバル化の中で、生産のトランスナショナル化、移民やその他の活動は既に、現代世界一つの「社会を越えたシステム」として総合されてしまっている――これは不平等なシステムであり、生産と消費のトランスナショナル化を靭帯として形成されたシステムであり、文化、儀礼、習俗、政治、その他人類の生活条件を抽象化したシステムである。そういうわけで、グローバル化の中での「社会を越えたシステム」とマルセル・モースが言ったところの「超社会システム」の間には鋭い対立が存在する。システムを越えた社会、社会を越えたシステムの平等実践は、今日既に国際関係に局限されるものではなく、このシステムの中のいかなる共同体の内部においても展開され得るものである。そしてその平等政治の実践が向かうのは、まさに資本のロジックが主導する二重化した現象――つまり、意味の喪失、生活世界の抽象化、そしてそれらと密接に関係する不平等の合理化である。

私たちは「斉物平等」と「システムを越えた社会」と「社会を越えたシステム」など前述した内容から「平等」の概念を検討してきた。人の疎外、労働の疎外、モノの疎外等々——これら核心にあるのは資本主義の生産様式である——を突破することにおいて、「斉物平等」の概念は、私たちに全く異なった平等概念、それと可能なる社会の景観を提供するのである。

（二〇一一年初め第一稿完成、同年八月修正終了）

第三章

二つのニュープアとその未来
——階級政治の衰微と再形成、そしてニュープアの尊厳政治

宮本司　訳

これは新しい時代の、むかしからある話である。中国では、このテーマは少なくとも第一次世界大戦終結時まで遡ることができる。一九一八年一一月一六日〝ヨーロッパ戦〟の停戦の知らせが発布されてから五日後に、北京大学学長蔡元培は、協商国の勝利を祝した講演発表のなかで、「労働者は神聖だ」というスローガンを提出した。蔡元培は講演の中で言っている、

私が言っている労働者とは、鉄鋼工、木工のみならず、おおよそ、自らの労力で他人に有益な事業をなしている、すべての者のことであり、彼らが使用しているのが体力、頭脳であろうと、それはすべて労働者である。なので、農業では、畑仕事の労働者であり、商業では、運送の労働者である。学校の職員、作家、発明家らは教育労働者である。我々はみな労働者だ！　我々は労働者の価値を自覚せねばならない！　労働者は神聖だ！(1)

「労働者は神聖だ」という観念は、知識界でもすぐさま共鳴を呼び起こした。一九一九年には、すでにミスター・デモクラシー、ミスター・サイエンスにとって代わり、もっとも鮮明に叫ばれるスローガンにまでなった。一九二〇年、『新青年』第七巻第六号では「労働節記念号」が出版され、表紙には蔡元培直筆の「労働者は神聖だ」の言葉が掲載された。「労働者は神聖だ」のスローガンは、初めて労働者と神聖という概念をつなぎ合わせ、労働者の尊厳の問題を詳説しただけでなく、「労働」（肉体労働）

と「労心」（頭脳労働）の二つの方向から新しい労働者（〝労工〟）の概念を提出した。これにより、二〇世紀中国の労働者とその尊厳の探求の持続が開かれたのである。この探求の豊富性、複雑性、そして悲劇性は、スローガンを提出した者の予想をはるかに超えたものとなった。このスローガンを拒絶するも反復するも、それはどちらも、二〇世紀への歴史評価、そして各々のこの歴史との関係性への判断が含まれたものなのである。

二〇世紀はすでに歴史となった。中国がまさに今、未曾有の「世界の工場」という段階にいたとしても、〝ポスト工業社会〟と呼ばれる西洋は逆に、〝生産の末期〟にあると、ボードリヤールは公言している。彼は続けて、「過去においては、労働は一種の現実と言うことができた。すなわち、社会生産と富の蓄積の社会目標である。これは、この労働が資本と余剰価値の中で搾取を受けていた時、ちょうどこの時に、むしろ資本の拡大と再生産そして最終的な破壊のためにも、それはある種の使用価値として、依然、残されさえするといった具合のものであった」。「今日はそうではない。労働はもう生産的なものではないのだ。それは、労働のための再生産へと変わり、自ら生産を望んだ社会の表現としての総体的な習性かどうかさえ分からないのだ」。「現在は、労働の再生産がより必要であって、これをもって社会的な偽装、反応、道徳、コンセンサス、調整、そして現実の原則としている。しかし、これは、コードとしての現実原則である。巨大な労働という記号の儀式であり、それが社会全体に広がっているのだ――いまだに何かを生産しているのかどうかということが重要なわけではない。それは自分自身を再生

（1）蔡元培「労働神聖――在慶祝協約国勝利大会上演説（一九一八年一一月一六日）」、『北京大学日刊』一九一八年一一月二七日。

産しているのだ」。ボードリヤールがこの論述を発表した時、ほとんどのマルクス主義者は、ただこの論述をヨーロッパのポスト工業社会の現象としてしか理解しなかった。彼らは、グローバルな範囲での資本主義労働分業体制は、依然として常態的に維持されていると考えていた。つまり彼らからすれば、周辺地域の労働はいまだに生産的なものであり、それらは、不平等なグローバル関係の中での被搾取者なのである。

ここでは、この理論論争に割く紙幅はない。私からすれば、〝非生産的な労働〟とは、その実、資本主義の一つの同伴現象、つまり生産的労働を補完する一種の形式であり、労働側をてなづけることでその資本主義再生産を維持する一種の構造である。たとえば、経済危機の段階において、生産刺激のために資金投入をするような生産は、ある種、自身を再生産させるための生産だ、ということである。すなわち、製品生産過剰の生産なのである。二〇世紀の経済危機とは少し異なり、現代の経済危機は、長期化という特徴を持つ。現代中国の大規模工業化の過程では、その〝生産的〟生産は、至るところで労働者を探し求めるが、経済危機の影響を受け、生産過剰と〝労働の再生産〟の必要性は、すでに常態となっている。二〇〇八年、金融危機の圧力を緩和させるため、中国政府は四億元の資金の投資による刺激で、より大規模な生産過剰をつくり上げた。これは、ある意味からして、再生産を維持するための生産と言えるものである。

二〇一〇年、広東東莞にあるフォックスコンで労働者一三人の相次ぐ飛び降り自殺という惨劇が発生した。しかしながら労働者の生命とその尊厳に関する議論が明るみに出始めたとき、フォックスコンの経営者が機器作業労働者一〇〇万人のリストラを公言し、即刻、政府、メディアそして社会全体がまもなく訪れるであろう失業へ焦慮することとなった。こうして、労働の尊厳の問題は、あっさりと労働者の再生産の問題にすり替わってしまったのだった。河南省のような労働力の密集した地域では、この地に移転してきたばかりの多国籍企業に当然おとずれる瞬間的な労働者の不足現象によって、現地政府同意下での労働者就業促進のための企業補助金の助成がおこなわれている。それはフォックスコン内部の大型企業をも含んだ補助金であって、企業が一人の労働者を雇用するのにつき、政府が二〇〇元を助成するというものであった。このことは、「生産の終結」を示しているのではないだろうが、確実に〝労働の再生産〟によって生み出されている新たな現象である。労働者の神聖という命題からすれば、〝労働の再生産〟は、問題をより一層悪化させるのだ。

中国において、二〇世紀中国の尊厳政治〔ヨーロッパの文脈においては、身分制に内在された栄誉観に反対するものとして、平等の承認などの概念を基礎とした近代的尊厳観を備えた政治を表す〕を構成するその主要な概念である、階級もしくは階級的な政党およびこれに関する政治的カテゴリーは、すでに、あるいは、今まさに、〝発展〟を中心とする近代化の概念に置き換えられているのである。歴史の終結論が終わらせようとしているのは、まさに、これらのカテゴリーによって組織されてきた〝歴史〟であった。一九八九～一九九一年までの巨大な変化の後、中国革命そして労働者国家と関連をもつその「政治」は、近代尊厳政治の対立面とさえみなされるようになった。このような時代遅れの話題を繰り返すことに、まだ意義はあるのか？　本論について言えば、ここでのカギカッコ付きの〝ポスト階級社会〟とは、階級現象がすでに消失したという意味でもなければ、更にはマルクスが言ったところの共産主義の段階という意味

（2）ジャン・ボードリヤール『象徴交換と死』鳳凰出版伝媒集団、二〇〇六年、一一‐一二頁（邦訳では、今村仁司・塚原史訳、ちくま学芸文庫、一九九二年）。

でもない。それは、これをもって、現代社会の階級現象と一九～二〇世紀の階級政治を区別しようとしているだけである。階級政治の衰微の後、〝階級〟は、おそらく一九世紀から二〇世紀における意味での階級革命の政治ニュアンスを含んではいない。そして〝ニュープア〟が意味するものも、前世紀のプロレタリアートと同じものであるはずはない。そこで議論される尊厳政治と、ヨーロッパの貴族体制とその栄誉観へのアンチテーゼとして成り立った近代「平等主義」というのも同じものというわけではない。では、我々の議論はどのような歴史関係の中で生まれ、どのような行動を求めているのだろうか？

もし、「階級」あるいは「労働者階級」というものが、すでに現代人にとって時代遅れの概念とされるとすれば、尊厳というこのさらに古臭い概念の運命はまた一体どうなるのか？　ヨーロッパ哲学を熟読した者からすれば、「尊厳」の概念とは、近代の平等主義と普遍主義の基礎として繰り返し議論される価値のある、長い歴史をもちながらも新鮮さを失わないテーマであろう。伝統的な身分制の基礎の上に築かれた栄誉の概念とは区別されるこの尊厳観は、立憲政治下における人権から文化多元主義へ、また個人主義から集団アイデンティティへというように、繰り返しその形を変えてきた。「個人」の領域では、尊厳と、一種の個人アイデンティティに関する新たな理解とは互いに関係を持つにいたっている。ライオネル・トリリング、チャールス・テイラーらの見方によると、このような「個人化」のアイデンティティというのは、確実性（authenticity）や内在性（inwardness）あるいは理性主体の概念というものと密接に関係しており、前者の淵源は、ルソーが他の思想を総合したことによって形成された論述（この観念はヘルダーにあり、民族的自我の識別にも用いられたのだが）に遡ることができ、後者については、カントの理性の概念に基づいて展開された「尊重」への論述、つまり、我々が尊重に値するのは、まさに我々が理性の原則に基づき自らの生活を導くことができる理性的主体だからである(3)という論述から来ているものである。「公共」という側面では、尊厳の観念は、具体的には「平等承認の政治」というものの中に体現されており、それは、民族、エスニック、性別、階級などの身分的差異はみな、公民の平等な権利と尊厳の前に従わなければならないというものである(4)。

この普遍主義としての尊厳観とその平等承認の政治をめぐって、現代の論争は二つの領域に集中して展開されている。一つは、性別やエスニック、そして文化研究の中から生まれてきた多元主義的な論述であり、「差異政治」あるいは「アイデンティティ・ポリティクス」を中心としている。その特徴は、平等主義の基礎の上に、差異承認に関する問題を導入しており、それによって差異と平等、異質化と同質化の理論論争が引き起こされている。そしてもう一つは、古くはあるが今日もその鋭さを失わない議論である。それは、古典的な自由主義における「平等」の考え――つまり「平等」は公民権や選挙権にのみ関わるものだという考え――とは異なり、社会主義もしくは社会民主主義が信じるところの「平等」を、経済の領域にまで広げるべきだとするものである。なぜならば、近代経済上の不平等は、すでに新たな身分制と世襲制を生み出しており、したがって尊厳政治はまさに反対方向に進んでしまっているからだ、という議論である。この二種の尊厳にかかわる公共の議論は、事実上、普遍主義としての平等政治に内部的危機をまねいている。「アイデンティティ・ポリティクス」は、性別、種族あるいは文化的背景という差異を、「平等承認政治」の中へと持ち込もうとすることで、この政治における「普遍主義」という性質を脅かし、また経済的平等の訴えは、共通目標を持った共同体とその分配のメカニズ

(3) 泰勒「承認と政治」、『文化と公共性』汪暉、陳燕谷主編、三聯書店、二〇〇五年、三〇三頁。
(4) 同右、二九二―三〇一頁。

ムを平等承認政治へ持ち込むことによって、純粋な「個人」の権利観との間に軋轢を生み出している。

一九〜二〇世紀において、我々は、社会主義運動と労働者国家の試み、そしてそれと自由主義的民主主義モデルとの相互の対立と競争を目の当たりにする。この対立と競争は、普遍主義としての尊厳政治もしくは平等承認の政治的闘争に内在されたものだと考えることができる。階級カテゴリーとそれに相関する政治も、同様に伝統的な栄誉観とその衰微に源があり、それは近代社会内部の身分制の再生産を解決しようと力を尽くした。そこからして近代尊厳観との間には内在的な関係が存在しているのである。まさに普遍主義における平等承認の政治の基礎のもとに、階級、性別、民族等の概念が尊厳の問題を思考するうえでの主要な政治的カテゴリーとなっている。一九八九年以降、「差異政治／アイデンティティ・ポリティクス」を主な形式とした文化多元主義的な論述が、二〇世紀におけるような「階級」の論述に取って代わり、自由主義的民主主義とその公共承認または平等尊重に挑戦するような主要なテーマとなっている一方で、金融危機時の、所謂一％対九九％の衝突は、経済上の不平等をあからさまにし、プア、ニュープアというカテゴリーによって、資本主義を克服するというイメージが、あらためて呼び起こされている。しかし〝再び階級へ〟とは、社会分層そして社会分化の研究の中での局部的な現象である。ここで局部的な現象だというのは、「階級概念」が、ただこの種の研究で使われ始めたところの概念の一つであるということだけでなく、それは、現実政治、ひいては平等政治において、今まさに、「階級概念」がその力を失っているということでもあるからだ。自由派が憂き身をやつしている「公民社会」(civil society)、そして急進左派が提出する「マルチチュード」(multitude)、新マルクス主義者らが詳説するところの「ニュープア」というのはすべて、事実上、伝統的な階級概念の代替案なのだ。

差異と平等の問題に関して、私は「代表性の断裂」のなかで分析を行った。本章では、二つの

〝ニュープア〟の問題を二重の背景――資本主義のグローバル化と労働者国家の破産――の相互作用の中に据えたうえで議論を試みたい。私が問いたいのは、平等政治の危機、その考えられる未来、そして階級や尊厳などの古典的な問題との間には、いまだに関係が存在しているのかどうかということである。

1　ニュープアとニューワーカーの誕生

貧富、都市農村、各地域がそれぞれ分化していく流れは資本主義時代の常態である。この常態のなかで、誰が「プア」かというこの問題は、言うまでもないことである。資本家にとっては、労働者は貧しいものであって、都市人にとっては、農民が貧しいものである。先進的地域あるいは第一世界にとっては、発展を欠いた地域あるいは第三世界が貧しいものである。マルクスは生産方式に対する分析を通して、労働と資本の相互の関係の中から、階級搾取と貧窮の関係を説明した。『貧困の経済学』の著者であるシュルツは、自身のプアへの分析を農民へと集中させ、その労働力資本という概念で、工業化過程における農村の発展問題の解決に力を注ぎ、実際に、発展という角度から、最終的に古典的な階級問題を取り除いたのである。「従属論」の考えからすると、資本主義生産の中で、その中心‐周縁の関係が不断に再生産されることによって、第三世界国家は、第一世界に従属する周縁地域にならざるをえず、自主的な発展を得ることはできなくなり、非常に長い間貧困状態に陥っている。この論断は、レーニン以来の階級概念を、グローバル関係の分析に用いた結果である。したがって、破産したもしくは破産に瀕した農民、またプロレタリアート化過程における労働者や第三世界の農村と都市スラムに散在したボロをまとい腹を空かせた人々というのは、この「プア」の概念に対し、注釈を提供しているものである。

冷戦の終結後には、前述したような「プア」の定義に変化が生まれてきた。その変化を促す主要な原因は、すなわち金融グローバル化の支配下での、全世界に影響する新工業化過程と情報技術の発展、そして労働者国家の破産と相互につながった新たな国際労働分業体制の形成である。二一世紀の最初の一〇年では、新興経済体が、製造業の方面で、人々を驚かせる成就をなしえたが、「中国は、新興経済体が、全世界製造の領域で占める割合を上昇させた主な原因である。二〇〇〇年、中国は全世界製造業の総生産の七％を占め、二〇〇五年には、この比率は、九・八％に上昇した。六年後の二〇一一年には、中国の比率は、倍の一九・八％に達し、アメリカの全世界の製造業の領域に占める額を超えたのだった。これは歴史的な変化であり、二〇一一年、アメリカは、ここ一世紀以上の歴史中で初めて全世界製造産業の第一位の座を失ったのだ[5]」。新工業革命は、グローバル経済の中での、先進国と発展途上国との関係と位置を改変すると同時に、新たな貧困のモデルをも創りだしている。中国社科文献出版社から二〇一二年九月に発表された『社会管理白書――中国社会管理創新報告』によると、一九八〇年代初め、中国のジニ係数は〇・二七五であったが、二〇一〇年には〇・四三八となっている[6]。人口について言えば、中国のニュープアの主要部分は、いわゆる「農民工」集団である。「農民工」とは、都市‐沿海部の工業及びサービス業をたよりにし、かつ農村における分配された土地を一定程度そのまま保持しながら農業生産から遊離した流動的な集団であり、純粋な伝統的農民あるいは土地を失った農民（たとえば、雇農や流浪者、あるいは都市スラムで生活するラテンアメリカや南アフリカのプアのような失地者）ではない。

改革初期には、農業体制が、都市‐農村の格差を縮小する方向に向かって改革が進められたが、一九八〇年代中期の都市改革から、都市‐農村の格差は広がる一方であった。一九九〇年代末に至っては、〝農村の貧しさ〟〝農民の苦しみ〟〝農業の危険〟をその内容とする三農危機が社会世論の中心を席巻し、プアと農民の身分の関係は、都市化と工業改革の背景のもとで、より明らかとなっていった。まさに農村の破産、農民の貧困化と農業の危機という状況こそが、日増しに拡大する〝世界の工場〟へ、絶えることなく大量の労働力を提供している。一九九九年の後に展開された三農問題に関する大議論と、それに続いて国家によって進められた新農村の建設は、まさに、この状況に対するものであった。農業税の減額と農村への医療保障制度の拡大などの方面では、一定の成果が得られ、局部的に農民の状態は改善されはしたが、〝三農危機〟は根本的に解決されたわけではなく、広大な農村地域は未だに若い世代の農村離れ、老弱農民による耕作、農村コミュニティの空洞化といった苦境に直面している。戸籍の統計に従えば、二〇〇八年までの段階で、中国には、二億四〇〇〇万人の農村から都市に移民した非正規労働者がおり、その中の六〇％以上は、これまでに一度も農業生産に従事したこともなく、また、故郷に帰る準備をしているわけでもない新世代の非正規労働者である。土地の流転政策の実施に伴って、非正規労働者の集団は、まさに今、農村で一握りの土地を持つ農民の集団から、都市労働者としての集団に移行しつつある。彼らは都市の中で生活をしながら郷里にはもどれず、かつ集団として都市の住民と平等な地位を有することもできないのだが、古典的な意味での〝プロレタリアート〟というわけではない。彼らは決して土地を失った農民として都市へそして工業生産体系へ入ったのではなく、社会主義

（5）PeterMash: *The New Industrial Revolution: Condumers, Globalization and the End of Mass Production*, 彼得・馬什「二一世紀的新工業革命」、『FT中文網』二〇一二年九月四日頭条。
（6）連玉明主編、武建忠朱颖慧刘俊石龙学副主编『社会管理蓝皮书——中国社会管理创新报告 No.1』中国社科文献出版社、二〇一二年。

時代に作り上げられた土地関係の継承者として、新たな市場社会に入り込んでいる。その中の大多数人は、郷里に少しは土地を持っているというところからすれば、〝無産者〟ではなく、彼らが都市に入り込んだ後もその身分が変わることはない。しかし、経済危機の条件のもと、彼らの中に、郷里あるいは郷里付近に戻ったものが多くいたとしても、あらためて農業生産に従事するということは未だに見受けられないのだ。黄宗智が彼の最新の研究の中で指摘しているのは、伝統的な〝労働者〟と〝農民〟カテゴリーはすでに現代中国社会の実状に合わなくなっているということである。古いカテゴリーに基づいた国家労働法規は、実際の労働者との関係を失ってしまっているがために、すでに、かなりの程度で、ただ少数の特権的なブルーカラー労働者やホワイトカラーである公務員、事業従事者や大中企業の職員のみを保護する法規に成り下がってしまっている。彼はまた一歩進めて指摘しているが、今日の中国の絶大多数の労働人民とは、伝統的な意味での産業労働者でもなければ、また伝統的な意味での農民でもなく、それは、半労半農の、労働者でもあり農民でもある、農村戸籍の人々のことなのである。彼らの多くは労働法の保護範囲外に置かれながら、臨時的な〝労務〟人員と見なされている。この〝労務関係〟とは、〝労働関係〟にあるということではないのだ。彼らの生活状況と、本当の中産階級との格差は非常にかけ離れたもので、ほぼ違う世界に属しているようなものである。彼の統計によれば、中産階級を含めた上で、労働法の保護を受けている正規の経済活動は、全就業人口のたった一六・八%を占めるに過ぎず、一方で、半労半農の労働法の保護を受けていない非正規の経済活動の労働人民は、八三・二%を占めている(7)。

ニューワーカー集団は、まさしく資本主義の「世界の工場」の形成過程における階級関係そして都市—農村の対立と区域分化の産物である。二〇一三年の国家統計局による『農民工監測レポート』の統計によると、農民工集団に占める製造業労働者の割合は二七・五%、建設業は二〇%、残りはすべて第三次産業が占めている。(8) 建築業では、大量の下請けと外注が存在するために、労働契約を交わしたものは、建設業労働者のほんのひと握りであり、絶大多数の建築業労働者は、労働契約法による保護を受けることができていない。清華大学、北京大学、香港理工大学らの教師と生徒らによって率先して行われた〝新生代の農民工調査プロジェクト〟の、全国建築業の雇用状況に対する大規模なアンケート調査によると、二〇一一年、七五・六%の建築業農民工が、労働契約に未署名であって、また労働契約を交わしたと回答したサンプルの中の六三・六%の農民工が自身の手元に労働契約がないという状況で、その労働契約は、〝名ばかり〟のものだった。(9) 二〇一三年には、労働契約未署名の建築業従事農民工は八二・六%にのぼっており、また鄭州、武漢、成都などの建築現場が激増している都市では、労働契約未締結の割合は更に上がり、それぞれ九三・二%、八七・九%、八五・五%となっている。(10) 建築業はこのような状況にあり、それが第三次産業労働者となると、労働保護の獲得はより一層困難となる。現在までのところ、ただ製造業の農民工のみが、一定程度の不満と抗議の声をあげることができている。こ

(7) 黄宗智「重新認識中国労働人民：労働法規的歴史変演与当前的非正規経済」、『開放時代』二〇一三年第五期、六九頁。
(8) 国家統計局「二〇一三年農民工観測調査報告」来自国家統計局網站、URL：http://www.stats.gov.cn/tjsj/zxfb/201405/t20140512_551585.html
(9) 「二〇一一年京、渝、沪、深四城市建築工人生存状況調査報告」、発布方：北京行在人間文化発展中心　安全帽大学生志願者流動服務隊；発布時間二〇一一年一二月四日；来源：百度文庫、URL：http://wenku.baidu.com/link?url=MmOpBZPs5Ny-B9kV02Nsk5UNE4I5ReRXVxxm5X5vrnbi4pfQcicO3ZYiHIK7HAza1bkD0dtHuNPsbSozr5R2taG_I83Z3boqpbFE4695V3
(10) 潘毅、呉琼文倩「一紙労働合同的建築民夢——二〇一三年建築工人労働合同状況調査」、『南風窓』二〇一四年第三期、五七頁。

れを踏まえた上で前述したニューワーカーの状況と相互に影響し合い関連していることは、つまり、社会主義時代に特権的な地位を占めていた「労働者階級」の衰微である。彼らはある種、主体的な地位を備えた都市階層から、急速に都市貧民あるいは失業者の身分へと滑り落ちている。この転換の歴史的な意味の深さというのは、現代人の想像する視野をはるかに超えたもので、我々は次の世代になるまでその歴史的な含意を理解できるかもしれない。二〇世紀の労働者階級に比べ、ニューワーカー集団のその人数と規模自体は、膨大極まりないのであるが、この集団は、政治領域あるいは分化領域に自己の位置を有していない。そのために彼らが最終的に一つの階級であるのかそれとも階層であるのかという問題が、現在まで、依然として学者間での論争となっている。

政治と文化の領域でますます活発になっているのは、伝統的な労働者階級とも違い、またニューワーカー集団とも違う、いわゆる〝ニュープア〟の存在である。彼らはグローバル化の条件のもとでの新たな工業化・都市化と情報化過程の産物であり、内部需要の不足した消費社会の被害者である。彼らは通常高等教育を受けたことがありながらも、様々な業種に就き、都市の周辺によりあつまる。その経済的な能力は、ブルーワーカーと比べても遜色なく、その収入は、消費文化によって掻き立てられる消費欲求を満足させることはできるものではない。物質上の貧窮の他に、学者らは、常々、いわゆる〝精神的貧困〟や価値観の欠乏などの概念で、この一集団を叙述している（叙述者の精神が、叙述の対象よりもより豊かなわけでなくとも）。この貧困とは、経済的状態の改善によって根本的な変化が生じるものではない。彼らは消費社会におけるニュープアでありながらも、貧窮の消費主義者でもある。ニュープアは全世界いたるところ、特には、消費社会が部分的もしくは全体的に入り込んでいる場所に広がっている。バウマンはかつて『新しい貧困』（Work, Consumerism and the New Poor）のなかで、これらの消費社会の中の

〝ニュープア〟、すなわち準備不足の消費者を叙述している。(11) もし、古典的な意味でのプアが資本主義生産過程での産物だとすれば、一方で〝ニュープア〟は、消費社会と消費文化の副産物であると同時に、それは資本主義の工業経済から金融資本へ、実物経済からバーチャル経済への転換過程の産物でもあるのだ。ニューワーカーとニュープアのこの二つの集団は共に現代中国の〝プア〟の概念の両面を成しているのだ。

消費という角度からのみ〝ニュープア〟を扱えば、それは、この集団の政治的な力を無視することになりかねない。〝ニュープア〟は常々、比較的高い教養、そして教育と技術レベルを有している。そこからして、彼らの世界に対するイメージと消費社会の運動は密接に関わりを持っている。我々は、政治領域での、エジプトやチュニジアの反対運動、またはアメリカのオキュパイ・ウォールストリート運動、そして他の地域へ拡大した各種の〝オキュパイ〟運動とモスクワ街頭のデモ活動の中に、彼らの影を見いだすことはたやすい。中国のニュープアは、ヨーロッパとアメリカの脱工業化の過程から誕生した〝ニュープア〟とは少し異なり、社会主義体制がポスト社会主義へと変容する過程に芽生えたものである。彼らの運命は、労働の役割が、価値の中心としての源泉から資本的価値の上昇のための仲介という役目へと移り変わっていることと密接関係している。しかし、ヨーロッパとアメリカの状況に相似していることは、この集団が新興メディアの積極的な参与者であるということである。ニューワーカーに比べ、それは非常に強烈な政治参与意識と動員能力を明らかに示している。微博や各種のインターネット

(11) ジグムント・バウマン『工作、消費、新窮人』仇子明、李蘭訳、吉林出版集団有限責任公司、二〇一〇年(邦訳では、『新しい貧困――労働、消費主義、ニュープア』伊藤茂訳、青土社、二〇〇八年)。

メディアそして紙媒体のメディアに至るまで、〝ニュープア〟は異常なまでに活発であり、その話題は、社会領域の各種におよぶ。

しかし、現在まで、この一集団の動員能力とその政治的な訴えが、新興労働者階級または農民工集団の命運と、多少なりとも直接的な関わりを持ったことはない。これは長期的な社会目標を欠く階層であって、その代表的人物の多くは、貧困からは遠くはなれたところで消費的なメディアにおいて活躍しながらグローバルな政治文化の言説をもてあそぶ人物である。どんなにレトリックを変えたところで、その政治的な言説は、さまざまなやり方あるいはレトリックで〝歴史の終結〟という命題を示しているに過ぎない。〝ニュープア〟に内在する政治的な潜在力は、探索を待つべき領域であり、彼らは不満の源泉でありながらも新たな政治的なイメージを展開することができていないのだ。また彼らは消費不足の中で幻滅しながらも、消費社会と相互に持ちつ持たれつといったロジックを不断に再生産しているのだ。そして彼らは社会の変革に関心を寄せながら、自由主義的民主から、平等多元や民族主義、そしてグローバル化などといったものにいたるまで、様々に相矛盾した価値をばらまきはするが、彼ら自身の命運を思考することと、もう一方のニュープア階層とその未来という点を互いに連関させることは、はなはだ少ないのである。

なぜニューワーカー集団を観察するのと同時に、〝ニュープア〟集団の役割と命運を議論しなければならないのか？　この問いに対する私の解釈は、伝統的な農業社会であれ、工業社会の出現の後であれ、社会と政治の激烈な変遷の動力とは、ただ生産領域の労働者——伝統的な農民あるいは近代産業労働者——によってのみ推し進められるだけでなく、それは、二つ、もしくはより多くの領域の〝下層〟間における相互浸透と喚起によって成り立ったものだからである。近代階級政治は事実上、階級の境界、またはそれぞれが重なりあった場所において生じたもので、階級の境界を超え出た産物だとも言える。辛亥革命の後、ある保守的な立場の評論家がそれを分析して言ったところによると、この革命は、深くヨーロッパの政治革命の影響を受けているはいるが、中国の資産階級は「大部分のものは立憲共和がいかなるものかを解していない。これを提唱する者は、過剰なる知識階級の一部分であり、加入する者は、過剰なる労働階級のあらくれものである。従前の王朝革命といささかも異なるところがない。その欧州政治革命の模擬は、中華民国という名称、もしくは実体のない数章の約法にすぎない。革命の後、名義上貴族政治を建設することはできないが、実際上政権を握っているのは官僚あるいは武人であり、概ねそれは遊民領主が貴族化したものである。政治革命の不成就について、明言を避ける事はできない[12]」としている。この分析もまた、伝統的な中国農民の反抗への観察であった。それはつまり、農民の蜂起は往々にして、農民階級と、士紳階級から滑り落ちた〝遊民〟との結合だということである。そのため、彼は、中国の変革は、政治革命と社会革命の道に従うよりも、先の二種の過剰階級とその文化を取り除くことから着手するべきだと提言している。実は、この反革命的な結論と、魯迅の『阿Q正伝』での辛亥革命への観察の間には多くの共通部分がある。両者の違いは、前者が文明調和を通して中国の政治問題の解決を試みようとしているのに対し、後者が革命の不可避性を暗示していることにある。

もし、前述した遊民に関する分析とマルクスの遊民とプロレタリアートの形成に関する論述を比較するならば、我々は、工業化のプロセスのなかで、プロレタリアートを構成する二つの互いに異なりながらもまた互いに連関した集団を見いだすことができる。『共産党宣言』のなかでマルクスは「さらに、

（12） 倫父「中国政治革命不成就及社会革命不発生之原因」、『東方雑誌』第十六巻第四号（一九一九年四月）、一－七頁。

見てきたように、支配階級の全般的な部隊がプロレタリアートに突き落とされ、あるいは少なくとも生存条件を脅かされています。こうしたこともプロレタリアートに啓蒙と進歩の新しい要素を供給するのです」[13]と述べている。自己の社会的地位を失った集団は、異なる時代すべてに存在するが、ただ工業資本主義段階でのみ、遊民集団が、一種のプロレタリアート現象となり得たのである。実は、『共産党宣言』を書く以前に、マルクスは早くも『ドイツ・イデオロギー』ですでにプロレタリアートの出現に対してはっきりと詳述している。「すべてのプロレタリアートは、破産した資産家と破産した無産者、また大量の遊民によって形成される。遊民は各時代すべてに存在し、中世の制度が崩壊した後、彼らはプロレタリアートの形成に先立って多く存在した。まさにマックス・シュティルナーが、イギリスもしくはフランスの法律に関する文献にもとづいて深く信ずることができたように。聖者のプロレタリアートへの見方と、〝善良な市民〟、特に〝忠誠的な官吏〟のプロレタリアートの見方は完全に同じものである。彼は終始変わらずプロレタリアートと極貧の現象を同一視している。実際は赤貧という現象は、破産したプロレタリアートのみがいたる状況で、すでに資産階級の圧迫に抵抗する力のない無産者が行き着く最後の段階である。このような精も根も尽き果てた無産者だけが赤貧者である」[14]。したがって、マルクスからすれば、プロレタリアートとは遊民も含んだものである。しかし赤貧の遊民とはただ抵抗の力を失った無産者に過ぎない。階級革命とは、生産システムの内在的な矛盾から生まれるものであって、単純な赤貧現象から生まれるわけではないのである。保守批評家が近代革命を遊民現象に帰結させるのは、それは実際には、革命を避けながら改良を求める道の探索なのである。

しかし、帝国主義時代の国際的な労働分業体制と民族的圧迫は、被圧迫民族の各階層の人員——買弁階層以外——を、絶えず存亡の危機の縁にたたせていた。このような存亡の危機は、まずはじめ、民族の滅亡の危機という状況自体として表された。この民族の危急の脱出ということから、政治もしくは階級政治の方式での民族解放の道の探究という方向への転換が、幾世代かの人々の選択となったのである。まさにこのため、近代中国革命の中の階級動員は、マルクスが描いたヨーロッパ革命の中での階級間の相互影響でもなければ、伝統的農民による蜂起の中での階級の交錯でもないのである。帝国主義と植民地主義の条件のもとで、統治階級から滑り出てきたニュープアだけでなく、非常に多くの上流社会もしくはエリート分子の身分である人々らが、財産権や社会的地位によって線引されたところの階級身分を超え出ることで、階級解放と民族解放の潮流へ身を投じたのである。辛亥革命時代の、先行の多くの革命者——孫文、章炳麟、徐錫麟、秋瑾、鄒容、蔡元培などの人々はみな非下層出身者であり、〝五四〟世代の陳独秀、李大釗や、後の革命指導者の毛沢東、周恩来、鄧小平らはみな労働者あるいは貧農の家庭から出てきているわけではない。一九一九年の〝五四〟学生運動から一九三五年の〝一二・九運動〟まで、非常に多くの上層社会出身者、そしてエリート知識分子の身分の青年学生が民族救亡運動に身を投じ、その中の多くが延安に駆けつけ、自覚的に極限的苦境の条件下での共産党員の革命運動に赴いたのである。この幾世代かの革命者を、階級的な属性から〝破産した資産家〟と概括することは難しく、まさにそれに相反して、彼らが革命に身を投じた当時、彼らの身分あるいは家庭は、各々が属していた地域では、みな中上層、上層、あるいはエリート階層だった。

現代中国のニューワーカー集団と〝ニュープア〟階層との間には、伝統的農業もしくは工業化の時代

(13) マルクス『共産党宣言』、『マルクス・エンゲルス選集』第一巻、人民出版社、一九七二年、二六一頁。
(14) マルクス『ドイツ・イデオロギー』、『マルクス・エンゲルス全集』第三巻、人民出版社、二〇〇七年、二一九–二二〇頁。

の遊民やプロレタリアートとは異なる特徴が存在している。ニューワーカー集団について言えば、社会主義国家の歴史遺産のため、彼らと農村の関係はいまだに土地につなぎとめられており、少なくとも理論上からすれば、彼らはいまだに農村での資産としての一定の土地を有する都市経済の参与者である。〝ニュープア〟集団について言えば、彼らは伝統的な制度の崩壊の産物というわけではなく、それは市場が拡張していく中で、一定の教育的背景を有した、上昇の夢を抱きながらも消費に不満足な集団である。彼らの、個人の権利やそれに関連した政治変革への関心は、今まさに生まれつつある新たな社会-経済体制の基本的価値観とは、根本的に衝突をきたしてはしていない。折しも、メディアが高度に発達した現代のような時代において、階級間の隔たりは、日を追うごとにその深刻さを増しており、ニューワーカーの集団と〝ニュープア〟の集団との間に、真の社会的団結そして政治的な相互影響関係が生まれることは難しいのだ。したがって、団結もしくは相互影響を通じて新たな政治を生み出すことができないのである。現代中国知識階層が受けている職業化そして社会分層という制限状況も同様に明らかなものである。これと対照を成しているのは、二〇世紀の普遍的な社会動員が、まさにさまざまな階級の人員の間の相互影響と団結によって推し進められ、古い社会構造とはまったく異なる社会的主体を作り上げたということである。その社会的な主体とは、先に言及したような、かつては極めて熱気を帯びていたが現在にいたってはすでに徹底的に打ち砕かれてしまった労働者階級のごときである。

2　不確定的な主体——農民工・労働者階級あるいはニューワーカー

前で述べたように、ニューワーカーの集団とはつまり習慣的には農民工と呼ばれる人々である。ニューワーカーは、業種、地域、または待遇の面でどんなに千差万別があろうとも、客観的に存在している一つの社会集団である。すなわちそれは、労働と生活は都市で行いながらも戸籍は農村にある非正規労働者集団である。(15) この集団は国家が主導した改革開放過程の産物で、また中国が自ら世界の工場となろうとした過程で創りあげられたところの政策、法律、倫理規範、都市農村関係と社会モデルの産物でもある。この集団は都市で居住、労働、生活をしながらも、農村を自分らの〝家〟とみなしている。そこは彼らの郷里であるだけでなく、そこには彼らの親や子供がおり、そして社会主義の遺産としての土地政策によって残された、彼らの財産がありもする。

しかし、〝農民工〟というこの概念の定義は改められなければならない。まず、大衆メディア、政府の文書や部分的な学者の中では、〝農民工〟の概念は、都市身分、特に都市の消費者という角度から、その新参者への定義であった。時間の推移と非正規労働集団を構成する者たちの変化に伴い、新たな非正規労働者からすると、農村の家は、ますます「帰れない」ものとして記号化し、すでに都市が彼らの真の落ち着き先となっている。北京の「非正規労働分化芸術博物館」の壁には『非正規労働・三〇年・流動の歴史』という図が掛けられているが、そこではっきりとこの集団の歴史的形成が描かれている。一九七八～一九八八年は、農民は制限された条件のもと、都市に入り込み非正規労働に従事した。そこ

（15）　呂途『中国新工人：迷失崛起』法律出版社、二〇一三年、一一頁。

での彼らは〝盲流〟と呼ばれ、一九八八年、その人数は二〇〇〇万人であった。一九八九〜二〇〇二年では、〝農民工〟と呼ぶことができる段階に入り、その数は一・二億人に達した。この時期にいたっては、政府はもう再び人口の流動を制限することはなかったが、都市の外来人口に対する差別的な政策（一時滞在身分証や強制送還のリスクなど）は一般的であった。二〇〇三年から現在にいたるまでは、「非正規労働者がニューワーカー、新市民となる」[16]段階であり、人数規模は少なくとも二・四億人以上にのぼっている。この時期においては、収容退去制度はすでに排除され労働契約法が実施されているを得ている。非正規労働者は都市で働き、小さな部屋に寝起きするが、その汗水流した労働との引き換えである給料は、大抵は〝帰れない農村〟で家を建てるのに使うのである。

農民工というこの呼名を避け拒否するのは、まさに、この集団の最新の変遷に対する観察に基づいている。新たな趨勢は、そのような農民工が最終的に農村へ帰るであろうという見方が、おそらくは幻想であろうということを表しているのだ。在外の非正規労働者は、土地の集団所有のため、戸籍が農村にありさえすれば少なくとも理論上は一定の土地を有しているので、都市と農村の間の収入格差が縮小する時期もしくは経済危機の時には農村へ引き返すことは可能である。しかし、この見通しは、土地流転政策の実施と、その可能性として土地の私有化という方向への変遷に伴いながら、日増しに不確定となっている。非正規労働者は都市で仕事、居住、生活をしているが、彼らの心、もしくは記号としての〝家〟は農村にあることはある。しかし、それは、実際の生存を支えることのできない〝家〟であり、またその子どもたちに未来を与えることのできない〝家〟なのだ。この都市の周辺と農村の周縁に介するという状況によって、彼らは〝都市‐農村間で道を見失っている〟。しかし、生産、そして労働と生存という基本的な現実から見れば、これは農民工よりもニューワーカーと呼ばれるべきであって、彼らは当然、都市に住む市民と同等の待遇を得るべきなのだ。一九七〇年代とそれ以前に生まれた第一世代の非正規労働者とは異なり、事実上、一九八〇年代以降出身の第二世代非正規労働者の多くは、農業に従事し暮らしをたてた経験はない。一九九〇年代生まれの第三世代非正規労働者は都市で生まれ育っており、農業をしたことはないのだ。農村に住まず、また農業生産に従事もしていないことによって、多くの地方政府がふたたびその需要に基づいて土地の調整を行うこともない。そこから、彼らはこの集団のなかでも、再び土地を持つことがない新たな世代となっている。そのため、非正規労働者という概念をもって農民工という概念に替えることとは、字面だけの表面的なものではなく、この膨大な社会集団への的確な認識にもとづいた叙述の仕方であるのだ。ここで触れる必要があるのは、現代中国の土地制度にまつわる議論で、その中の、私有財産権と集団財産権、商業用地と農業用地等の問題に関する議論以外に、中国の変遷は、最終的に、都市化と郷村建設の同時進行であったのか、それとも都市化を唯一の中心としたものだったのかということに関する議論があるということである。この二つの異なる道の選択は、非正規労働者の命運に深く影響を与えようとしている。この意味において、彼らは不確定な主体なのだ。

ニューワーカーは、安定的で、特定の生産体系に立脚した社会的な集団を構成しているが、なぜ彼らを労働者「階級」と呼ばずに、ニューワーカーあるいはニューワーカー集団と呼ぶのか？　その理由は、まず、我々の生活が階級に対する言説が消失しつつある「階級社会」にあるということである。ニューワーカーに関する研究著作の中のほとんどの部分で見受けられるのは、社会分層に関する叙述であって、

（16）同前、八－九頁。

それは階級の分化への分析ではない。しかし、私がここでニューワーカー「階級」という概念を使うことを避けるのは、決してこの〝脱階級化〟の社会科学モデルに追従するためではない。ちょうどそれとは逆に、〝ニューワーカー集団〟の概念とは、まさに階級の問題をあらためて思考する過程から生まれるものである。生産方式の転換という観点から見れば、ニューワーカーとは、中国の改革開放の条件のもと、工業化と都市化の過程によって生み出された〝新興の産業労働者〟集団なのだ。農村と土地から離れることによって、彼らは次第に生産手段（土地）と相分離した雇用労働者へと変わっている。そのなかのある部分の人々は一定の土地を有しているとしても、基本的な生計維持という点から見れば、これは完全に〝資本〟の生産あるいは上昇に頼りながら、労働の切り売りを専門としている。資本の利潤で生活の生産手段を得る集団ではないのであるが、しかし、その中のかなりの部分は、労働法規の保護を得難く、禍福そしてその行く末を完全に市場の労働への需要にまかせるばかりとなっている。先の叙述からすれば、彼らと古典的なプロレタリアートは十分に相似しているのだが、しかし、ある程度異なってもいる。もし、中国の労働者階級に関する研究著作をひもとき調べてみるならば、我々はすぐさま関係する定義を見つけ出すことができる。すなわち、「労働者階級とは近代工業の産物である。中国の労働者階級とは、外国資本、中国初期官僚資本そして民族資本のこの三種の近代産業に伴い生み出され発展したものである」。そして最初の産業労働者は「外国資本が中国において経営した企業に生まれた」(17)のだ。この定義に準ずれば、我々はこう言うことができる、つまり、ニューワーカーの集団は、中国が自らを〝世界の工場〟としていった改革の産物であり、それは、多国籍資本の進入、中国国有企業の変容と民間資本の興起というこの三種の産業化とサービス業の潮流によって生まれ発展したものだと。もし、近代中国の産業労働者の絶大多数の源を破産した農民に求めるとすれば、では、現代中国の産業労働者は都市‐農村の格差が日増しに拡大する時代において、広大な農村から来た人々である。客観的な社会集団としての、この工業化と新経済発展の中での生産者の役割からすれば、ニューワーカーと二〇世紀の労働者階級は、実は相似したものなのである。

政治の角度から見れば、ここにきて波打っている不満と抗議の中に、我々は、まさに今この集団が、次第に芽生えてきている集団意識に目覚めつつあるということを見い出すことができる。しかし、それは、いまだに政治的な階級を構成するにはいたっていない。二〇世紀の中国革命のなかでは、階級意識と階級政治とは極めて活発であり、政党そして国家と社会組織といったさまざまな方面に浸透していた。またそのためにこそ、階級という概念は、その多面性を表しもしたのである。それは客観的なものであり、主観的なものでもある。構造的なものであり、政治的なものでもある。改革時代の、〝世界の工場〟の創建がもたらしたものは資本だけではなく、同様に商品としての労働でもあった。市場化と工業化のもう一つの表れとはつまり、階級関係の再構成なのである。しかし、まさに折しもこの大規模に階級が書き換えられているプロセスの中で、「階級」言説が中国もしくは多くの前社会主義国家から失われているのだ。いわゆる〝ポスト階級社会〟という概念が意味しているのは、階級現象と階級分化がすでになくなったということではなく、階級政治の弱体化なのである。現代中国社会研究の状況にとって、階級という視点は、中国の労働者の政治、経済、社会の理解に必要である。そこから私は以下の判断に賛成するのである。すなわち「資本主義生産関係の体験とプレ改革時期のマルクス主義の言説の伝承を、ともに結合させることは、中国の労働者の部分的な分断という状況のなかで、強烈であり且つ質の高い

(17)『中国近代工人階級和工人運動』第一冊、主編劉明逵、唐玉良、中共中央党校出版社、二〇〇二年、一頁。

階級意識を生み出す。変容の研究の〝階級へ戻れ〟(bring class back in)という緊迫性と必要性はただ中国にのみでなく、同じように、その他のプレ資本主義社会にも適用されるべきであり、また労働者階級だけではなく、資産階級にも適用されるべきである[18]」。

しかし、まさに中国の〝階級へ戻れ〟を研究する過程によって我々は知ってしまうのだが、実際の労働者抗争のなかで、少数の事例を除いて、階級意識を通じて新たな政治的試みを呼び起こそうとした努力は成功を収めていないのだ。私がここで階級闘争というかつて広く運用されていた概念ではなく、労働者の抗争という言い方を用いているのは、労働者運動の政治的な性質への再理解を含んだものだからである。例えば、法律での権利保護を中心とした〝階級闘争〟とは、かなりの程度までは階級闘争と呼べるが、またかなりの程度で、ただ個人の権利に関する市民争議に過ぎないものなのではないかということである。階級闘争とは、社会と生産体制を改編する運動であり、その一方で、市民の権利保護運動とは、体制の法律規範の運用を通し自身の利益を保護するための争議であり、それにより結果的には、体制の運行が更なる十全化へと向かうものである。それはこの体制を変革させようとするものではない。しかも、労働法規の保護を受けるわけでない労働者からすれば、法律権利保護というやり方は、効き目のないもの、もしくは、かなりのレベルで無効なものなのだ。

そのため、〝階級へ戻れ〟というプロセスのなかで、階級概念そのものをあらためて分析する必要がある。そうでなければ、階級政治の消失あるいは弱体化というこの現象を理解することはできない。第一に、生産と生活過程のなかで、ニューワーカーは徐々にある種の素朴な集団意識を形成しつつある。しかし、その深さにしても広さにしても、二〇世紀の〝階級意識〟とは深刻な違いがある。この素朴な集団意識が古典理論が言うような、無自覚的なところから自覚的なものへと上昇するような、つまり、ある労働分業体制の制限を受けた一階層から、具体的な自己の社会目標を持ちその目標実現のために力を尽くす政治的な力あるいは政治階級へとステップアップするものかどうかを判断する事はできない。マルクスは『資本論』のなかでこう述べている、「労働者は独立した人として単独の人である。彼らは同じ一つの資本と関係性を生じさせながらも、お互いに関係を生み出さない。彼らの協力とは、労働の過程ではじめて始まるのだが、労働の過程のなかで彼らはすでにもう自己に属してはいない。彼らは一度労働に入り込んだ途端、資本と同一化するのである」[19]。資本と同一化した労働者はただの資本の一種の形式であって、自我意識を持ちもしなければ、いかなる自我意識を生み出すこともできない。

したがって、労働者集団の客観的な存在は、政治的な労働者階級がすでに存在しているということを意味しないのだ。イギリスの労働者階級の形成時期の観察において、トムスンは、教条的な階級論者の観点を批判して次のように述べた。「階級とは一種の歴史現象であり、それは、それぞれの相違、また見たところまったく関係がないようなことを結合させることで、初歩的経験の中にも含まれ、また思想的な意識の中にも含まれる」。それは「〝構造〟ではなく、またさらには〝カテゴリー〟でもない……人と人との相互の関係の中で確かに生まれる（しかもすでに発生していることを証明可能な）あるものである」[20]。「階級とは社会と文化の形成であって、それが生まれてくる過程とは、相当な長い歴史の中で、それが

（18）李静君「中国工人階級転型政治」、『当代中国社会分層：理論与実証』李友梅主編、社会科学文献出版、二〇〇六年、五七頁。
（19）マルクス『資本論』第一巻、『マルクス・エンゲルス全集』第二三巻、三七〇頁。
（20）『英国工人階級的形成』（上）、銭乗旦等訳、訳林出版社、二〇〇一年、三頁（邦訳ではエドワード・P・トムスン『イングランド労働者階級の形成』市橋秀夫・芳賀健一訳、青弓社、二〇〇三年）。

自我を形成した時に初めて観察できるものである。階級をこのように考えなければ、それを理解することはできない」[21]。しかし、現代の沿岸部の大工業生産の中では、流れ作業式の生産モデルか、それとも都市社会形成とは隔たった居住モデルか、あるいは宿舎－作業場間の往復という生活状態かにかかわらず、労働者集団の〝人と人の相互の関係〟は最低レベルまで低下している。フォックスコンのような工場の中では、労働者間の関係は最低限まで下降し、ただ生産現場の外の限られた空間を見つけるのみである。一人ひとりの労働者は単独に同一の資本とのあいだに関係を持つ。このような条件のもと、階級文化はいかなる時代に比べても、もっとも形成されづらい状況にある。

ここで、労働者の待遇と生産の場所の改変という角度からニューワーカーと過去の国営企業労働者の境遇を比較しても差し支えないだろう。物質的な待遇や道徳上の表示だけでなく、法律と政治上においても、非正規労働者と旧労働階級の地位は明らかに異なるものがある。ニューワーカーと旧労働者の違いは、まず、待遇の面によって表されている。すなわちニューワーカーと旧労働者階級は、同じ労働者ではあるが、しかし、過去の国営企業または集団企業にて働いていた労働者は、国家労働者あるいは集団企業労働者としての編成を受け、そしてそれ相応の待遇を享受していたわけだが、一方で、新たな非正規労働者らにはそのようなものはない。多くの業種で、彼らは労働契約法の保護を獲得することさえできていない。ニューワーカーと旧労働者のこの違いは、部分的には伝統的な都市身分と農村身分というところから来ている。すなわち、それは、ニューワーカーは〝過去の国営企業労働者〟にはあったような都市公民としての待遇を受けてはいないということである。ここで〝過去の国営企業労働者〟を強調するのは、この新旧の労働者の身分の差異が、新旧の企業の持つ権利の違いから生まれているわけではないことを証明するためである。この差異とは、社会体制の変容の結末としてある状況なのだ。現代の文脈において、国有企業と私企業の性質が労働者の地位を根本的に決定するわけではないのである。市場の条件のもとでは、国有企業が募集する労働者の条件と、多国籍企業または私企業のそれにあまり大きな違いはなく、ニューワーカーが私企業や多国籍企業ではなく国有企業に入ったとしても、その身分と地位は、社会主義時代の労働者階級とは完全に異なるのだ。

そのため、待遇という面から両者を区分するのは問題の一面にのみ触れるに過ぎない。たとえそれも社会体制の違いの結果であったとしてもである。旧労働者階級の生活と仕事は、どちらも単位制によるものであり、それは一つの小さな社会でもあった。しかし一方で非正規労働者の生存空間は、単純に資本の上昇のために再生産を維持する生産メカニズムである。単位制の中では、人は単に生産者としてだけ相互関係を持つのではなく、その内部で、人と人との持続的な政治、文化、経済、親縁関係が生まれ、また労働者自身が参与する各種の実践の可能性をも生み出していた。過去の二〇年間では、社会主義時代の単位制度に対する批判が次第にひとつの潮流となってきたわけだが、その批判の主な原因は、単位制が社会主義体制のなかで、徐々に単なる割り当て先または政治的に制御されたものへと変化し、共同生活の社会的空間ではなくなってしまったということにある。しかし、それらが触れていないのは、単位制がコントロールされた単なるメカニズムとして十全化していくプロセスは、まさに単位制が次第に相対的に単なる単純な生産の場所となっていったという事実と密接に関係していることである。それによって生じた労働者の主体的な参与性の低下ひいてはその消失こそが、中国革命が唱導した〝人民民主〞が失敗へと向かっていくメルクマールの一つであった。これは社会主義生産体制が市場社会の生産

(21) 同右、四頁

体制へと方向転換をしていくプロローグであったのだ。

第二点として、前述したような生産過程と居住条件の変化から生じた労働者集団間の〝人と人の相互の関係〟の圧縮という現象とは別に、我々がニューワーカー集団とその他の階層の政治的な相互影響関係を見出すことはとても稀だということがある。二〇世紀労働者階級文化の生成と発展とは、労働者集団の自発的な運動の産物というわけではなく、それはさまざまな〝分子〟がその間に介入したことによって政治創造が進められた複雑な歴史過程の結果である。初期の労働者階級の政治代表は、労働者グループの中から生まれたものでなく、プロレタリアート集団に転がり込んだ、自らの〝階級を裏切る〟知識人とそれが従った政治運動から来ている。労働者階級の先鋒隊と自認している革命党の介入以外にも、無数の知識人、芸術家、文化人、弁護士などが労働者運動へ介入し、共同して高度に政治化された一種の労働者階級文化の形成に貢献したのである。しかし、逆に〝消費社会のなかのニュープア〟は、過去のプロレタリアート集団に投げ入れられた知識分子らと比べると、その身分帰属は不確定で、政治的な訴えはより多元性を増している。彼らの政治的動員力ははるかにニューワーカーよりも高いのだが、しかしその消費的な言説――国家に対抗する言説も含めた――と労働者集団とは殊に関連が乏しいのだ。

そのため、一方で、ニューワーカーは、規模は巨大で〝世界の工場〟における最大の貢献者でありながら、〝ニュープア〟のようにメディアの助けを借りて広範な社会動員を形づくることは難しく、また一方、階級間の相互影響と〝ニュープア〟の〝教養層〟の政治的な介入が乏しいことから、その〝階級的命運〟は終始、政治的な課題となることができていないのである。〝ニュープア〟集団またはその他の社会階層には、二〇世紀におけるプロレタリアート革命に参与した知識人の〝階級に背く〟（すなわち自身の出身階級を裏切ることで、労働者階級の解放のために展開された政治過程に身を投じた）を特徴としたような政治的行動の経験はほぼないのだ。消費主義文化の雰囲気のなかで、多くの〝ニューワーカー〟らは、〝ニュープア〟が抱くその夢を共有してはいるが、一方の〝ニュープア〟の夢想のなかには、また、突き詰めればその政治的な訴えのなかには、〝ニューワーカー〟の影はほとんど存在していない。ここでは、二〇世紀の政治文化のなかでの〝階級に背く〟という現象もなければ、新たな普遍性を創造することを主旨とする革命や社会の刷新も生まれがたい。この一切が明らかに示しているのは、新たな社会体制のもとでの社会構成間の政治的断裂である。〝ニューワーカー〟と〝ニュープア〟の間の隔絶こそ、この政治的断裂の例証なのだ。これは同一の過程の中から生まれた二つの相互に関連を持ちながらも相互に隔絶した階層なのである。公共的領域のなかで少数の労働問題の研究に力を入れる学者らは、不断に合法的な権利保護の呼びかけと政策提言をしているが、その絶大多数の状況下で、これらのアピールと提言も〝非政治的〟な形式、すなわち技術的な形式を講ずることのみに努力することとなっている。

第三に、労働者階級の転換は物質、法律の過程のみならず、それは道徳や政治過程にまで関係は及んでいる。〝ニュープア〟集団の新メディアでの活発な状態に比べ、ニューワーカーは政治の領域でほぼ音を立てていない。これは文化、教育および技術といった背景の落差によって作られるだけでなく、さらには、階級関係の再構成の政治過程の産物でもある。ニューワーカーの政治領域での欠席状態は、二〇世紀に出現した労働者国家の破産を物語っている。政治の角度から見れば、労働者国家の破産と労働者階級の政党の変容──私はこれを、労働者階級政党の〝代表性の断裂〟と呼ぶ──は一つの過程の表裏である。国家の指導階級としての労働者階級という憲法の原則の徹底的な空洞化はまさに、この過程の必然的結果である。人民代表大会、政治協商会議、そして中国共産党の各級代表機構のなかに、ニューワーカー──当然農民階層をも含んだ──の影を見て取ることはほぼできず、さらには彼らの訴えを耳にすることさえもできない。〝ニューワーカー〟は、その資本との融合で資本によってのみ代表されるしかないものなのだ。資本と権力が中国の基本的な政治構造を占拠独占していることは決して偶然ではなく、労働者国家の破産と市場経済形成への適応によって生じた法律の変革と政治変革プロセスの相互の重なり合いからきているのだ。

3　非正規労働の短期化、および法律による権利保護と政治的正義

この新たな歴史条件のもとでは、労働者の権利問題は、すでに憲法と政治における問題から、ある法律の権利における線引きの問題へと変わってしまっている。しかし、現在までの法律が政治領域でのニューワーカー集団の沈黙状態を改善しているわけではない。文化面では、ニューワーカーの闘争争議は非常に実りある成果を生み出しており、ニューワーカーから来る文章、音楽、その他の形式（たとえば非正規労働者博物館）などが、まさに今この集団の形成に文化的な支えを提供している。しかしながら、ニューワーカー集団の形成過程のなかに、二〇世紀に現れたような非常に活発な政治的な歩みを見ることは難しい。ここでは、主に、三種類の主要な〝ニューワーカー〟の闘争の形を分析することで、労働者運動の〝脱政治化〟の現象と〝再政治化〟の可能性を説明したい。

一つ目の闘争の形式というのは、非正規労働の短期化である。ニューワーカーは給料の上昇、住宅保険や労働保険の保有、家族との再会、そして都市人と平等な待遇の獲得を渇望している。抗議やストライキ等の伝統的な抗争手段の他に、非正規労働者には、〝自らやめる〟というやり方での資本側との駆

け引きがある。呂途の調査によると、非正規労働者が仕事を変える主な理由は雇い主にクビにされるのではなく、労働条件や労働保護がひどいといったことや、仕事がつまらないといったことなどで、より良い待遇や技術昇進を求めて自ら離れることを選択しているのである。(22) また少数の、嘘に嘘を重ねるブラック工場への憎悪から仕事を去る労働者もいる。大量の過剰労働力の存在という条件のもと、中国労働者は〝自分に見あう〟働き場所がないことを〝弱者の武器〟とし、企業や政府と駆け引きをしているのだ。それは労資関係に局部的な改善をもたらす動力の一つとなっている。労働者の集団にしてみれば、この非正規労働の短期化には、良い面と悪い面での二重の効果がある。良い面とは、これが非正規労働者の消極的意味での抵抗の方法で、労働者集団の自我意識を促成するかもしれないということである。悪い面とは、労働者の流動性が高くなることで、団結力を形成することが難しくなるということだ。〝早く離れる〟ことは不利な条件を生むことにもなる。つまり、違約が先立ち労働契約法による労働者の権利保護がもたらされずに、労働者自身に害を及ぼすだけでなく、更に進んで資本の側に〝合法的〟に労働者搾取の基礎を提供することになるからである。

労働者が辞職による自己の経済的損失を軽減させるための二種類の争議の形を、我々は見いだすことができる。その一つは法律の援助をとおして部分的な損失を回収しようというもので、もう一つは、沿海部の工場と労働者の出所との間で形作られている〝親方〟制である。それはすなわち、親方が労働者と資本の側の仲介役になることで、一方では資本側の労働需要を保証し、また一方では労働者集団の代表として資本側と談判をするというもので、非正規労働の短期化の条件のもとでの経済的な補償を狙っ

(22) 呂途『中国新工人：迷失与崛起』二二五－二四七頁。

たものである。この親方制はかつての、ヨーロッパ初期資本主義の形式の一つであり、それは労働者の経済的損失を軽減させるのと同時に、事実上、労働者を二重の搾取の条件のもとに置くことにもなり、労働者の経済闘争が自身の階級形成へと向かうことを制限してもいる。非正規労働の短期化によって、労働者の集団は安定した関係を形成しがたい集団になっており、根本的に言えば、これは労働者の主体的な選択というわけではなく、グローバル化の条件のもとでの新たな生産と流通条件によって生み出されている結果なのである。

そして、第二の闘争形式は、法律による権利保護である。労働の商品化は資本主義の市場発展の自然の産物ではない。市場経済の発展とそれに相応する国家の介入（法律の制定、政策の実施および政府の行為を含んだ）を抜きにして、我々は雇用労働形成を理解することは不可能である。[23] 社会主義国家としての新たな目標またはイメージが存在していないことから、雇用労働に関する争議は主に、市場‐国家という枠組みのもとでの法律による権利保護という戦略を講じることになっている。李静君は特に新たな法律制定と労働状態との関係を強調している。彼女は、「経済改革の中の需要に尽くす以外に（私有財産権の保護、契約、許可認可）、これらの法規は異なる社会集団の権益をも規定し、社会の衝突の調整を制度化するが、体制内の公民の法律権利拡大という点に注意をおいたものではないのだ。前世紀の九〇年代に発布された「労働組合法」、「労働者法」および「女性権益保護法」は、どれも労働者階級に重大な影響を与えている。その他、労働争議の仲裁、社会保険、最低生活水準、失業救済などを含んだ、労働者の各方面の生活条件を覆う管理規則と社会政策も発布されることとなった」[24]。「目下の階級闘争は私有企業の中の私資本（海外および国内）と農民工との間にのみ存在するだけではなく、同様に、経営者制度改革後の国有企業経営者とその旧労働者との間にも存在している。労働者との衝突は市場経済条件のもとで激増しているが、企業のレベルでは共産党の末端組織による個人命令の方法によって問題が処理されるということはすでになく、それは外の、普遍的な（法律）システムの助けを借りることとなっている。国家の法執行の能力がはるかに理想からかけ離れていたとしても、少なくともそれは、階級的な衝突を、新たなそしてそれ自身が広がりつつもある法的範囲に引き込み始めてもいる。それは労働者のためにその権益を確立し、そしてその闘争に新たな法律的な訴えの次元を提供することにもなっている[25]」と主張する。

先に取り上げたいくつかの法律の他にも、「労働契約法」や「物権法」などの相関する条項をめぐって現代労使衝突は展開された。法律による権利保護というのはこのニューワーカー集団の自我意識の形成にとって重要な作用がある。これは、重要な意味を持つ一九〜二〇世紀の労働者階級運動という意味から述べるのである。しかしながら、法律による権利保護が、全面的に労働者を保護する作用を持つことは難しい。まず、先に引いた黄宗智の研究は、現代における労働人口の絶大多数が労働法の保護の外に置かれ、その権益の保護が法律による権利維持をとおして実行されることはないということを説明している。次に、法律による権利保護というのは「個人の権利」に集中しており、個別的な状況のもとでは、法律的正義をとりまく争議は、政治的正義に関する闘争へとも転化しうる。たとえば、二〇〇三年に孫志剛の事件によって引き起こされた収用制度の排除に関する争議、また非正規労働者の都市での生

（23） Margaret Somers, "Class Formation and Capitalism: A Second Look at a Class," European Journal of Sociology, 37（1）, 194, 1996
（24） 李静君「中国工人階級的転型政治」、『当代中国社会分層：理論与実証』六一頁。
（25） 同右、六一頁。

活の地位のために展開された都市－農民戸籍区分排除の闘争などである。言い換えれば、法律における正義と政治における正義との間には交差する部分が存在し、法律闘争と政治闘争とは重なる部分が存在するということである。しかし、労使紛争の中での多くの法律権利保護は、そもそも社会の形態が公正であるかどうかという問題自体に触れることはないのである。そのため法律での権利保護は、労働者階級の権益範囲を広げていく事はできるかもしれないが、この過程と国家の失敗によってもたらされている労働者権益の喪失との関係がどのようなものかははっきりしないのだ。

もし、ニューワーカーとその闘争を、旧労働者のその闘争と比較するならば、後者の社会的地位というのは、より政治的な過程から生まれたものだということができる。すなわち、自身の運命を改変する闘争を、「個人の権利」維持や、自分の階級利益の保衛などといったカテゴリーにのみ制限するのではなく、旧労働者階級は、自身の命運と新たな社会体制とを関連させようと試みたのである。揚州国有紡績工場改制のストライキと法律争議の過程のなかで、私は以下のことを発見した。それは、旧労働者の闘争も、もともとはその利益の面から出発していたとしても、その闘争は往々にして、ある種の普遍的な〝労働者階級は工場の主人なのか？〟〝全民所有とは何なのか？〟のように公共の価値観に訴えるようになっていったことである。訴訟は民事訴訟という形式で展開されはしたが、実際には、それは憲法をめぐって展開された政治議論により近いものであった(26)。「中華人民共和国憲法」第一条規定、「中華人民共和国は労働者階級によって指導された労農連帯を基礎とした人民民主専政による社会主義国家である……」。第二条「中華人民共和国の一切の権力は人民に属する……」(27)。労働者階級の指導作用を理解する時、同時に理解しなければならないのが、「一切の権利は人民に属する」に関する憲法原則である。すなわち、労働者階級の役割と一種の普遍的な利益が密接に連関しているのである。それは少数の人々または労働者階級自身によって設定されたものではない。社会主義時代においては、労働者階級の地位は、この憲法の権利——特にこの憲法の権利が生まれる政治的な過程——と密接に結びついたものであった。二〇世紀の政治過程と政治文化の生成を理解せずには、この憲法原則の誕生は理解しがたい。旧労働者らは法律争議をとおし繰り返し憲法における労働者階級の地位を述べることで、地方政府の「所有者」という名義と企業誘致のための資金投入という方式での工場に対する処置に反対したのである。工場は公共の財産であり、この公共財産の命運は、憲法条項に符合した工場所有者の一主体としての労働者階級が決定権を持つべきだとしたのだ。しかし、ニューワーカーの権利保護争議のなかで、法律による権利保護という形で展開されるこのような政治闘争はほぼ見られないのだ。

　法権利保護の過程のなかで、もう一つのさらに複雑な現象とは、法権利保護は労使紛争のもとに生じるが、労働者闘争は、常々労働者と国家との対抗のなかに生じ、また別の違った形での社会的な事件と互いに関係しあっていることである。[28]経済問題に政治の問題があがる時、抗議運動の矛先は常々地方政府に向けられるが（ある論述やメディアの伝達のなかでは、それは一歩進んで、人権に違反する〝専制国家〟に向けられるのだが）、それは、これらの新たな矛盾や衝突はあたかも〝社会主義体制〟の悪影響であり、労働

(26) 汪暉「改制与中国工人階級的歴史命運——江蘇通裕集団公司改制的調査報告」、『去政治化的政治』三聯書店、二〇〇八年、二七五－三六四頁。

(27) 『中華人民共和憲法』人民出版社、一九八二年一〇二月第一版、九頁。

(28) 二〇〇九年吉林通鋼事件、誘発された新疆の七五の事件の韶関ウイグル労働者事件などは全てその例証である。これらの事件は、二〇〇三年のハルビンの「宝馬案」、二〇〇八年貴州の「甕安事件」、雲南の「孟連事件」、二〇〇九年湖北の「邓玉嬌事件」、「石首事件」等、その性質はある程度違うものの、その形は少し似ているものがある。つまり具体的な労資もしくは労働移民の紛糾による、政府、警察との対抗関係への転化である。

者国家の失敗と資本主義のグローバル化によって醸成されたものではないかのようである。このイデオロギーの論理にしたがえば、労働者と国家との間の駆け引きは、市場によって固定化される秩序を前提とせねばならなくなる。このようなことから、国家による労使関係の面での、両者の調整、管理、規範、形成の役割をあらためて分析しなければ、的確に法による権利保護と政治の過程とを把握することはできないのである。一九〜二〇世紀では、資本の展開は、終始各種の権力、特に植民地主義国家と官僚制という権力に頼っていたが、労使の矛盾がはっきりと表しているのは、労働と資本の間の直接対立である。労働者運動が、国家とは、〝資産階級の事務管理委員会〟だということに気づいた時、工場主への闘争が経済争議から政治争議へと方向を変えるのである。

市場社会への転換にともなって、もともとの労働者国家は、資本と労働の二重の代理人の役割を扮し始めているのである。自由労働力大群の形成（たとえば、戸籍制度の解放と都市農村関係の改変によって農民を都市へ投げ入れるような）から企業誘致のための資金投入政策の実施まで、労働組合の形成と制限から金融体制の規範化まで、国家の主導による結果でないものはない。資本と権力の日増しに密接になっていくその協同関係によって、国家の労働者の権利の〝代理〟という役割は、次第に空洞化しているが、その労働者の代理人としての役割に根本的な変化はないのだ。労働者国家に生じた激烈な変質の条件のもと、労働者の利益の代表を謳う国家の方向転換によって労働者階級との間には深刻な断裂が生じており、そこでの労使対立は往々にして、労働者と国家との間の矛盾を表している。しかし、一九世紀と二〇世紀の労働者階級闘争とは違い、労働者と国家の直接的な対抗、労働者国家の創造へとは発展せずに、かえって、ある種一九〜二〇世紀前期の経済体制により近い方向に転化している。それはすなわち、国家にその労働者国家という性質を徹底的に放棄させ、そして物権法が規定するところの法律権利の実施という要求である。

法律による権利保護のなかには、「労働者集団」としての権力の領域が存在しており、個人の権利と労働者の権利との間に政治の空間を提供することにつながっている。それはつまり、労働組合の再建である。一九世紀前半のヨーロッパでは、労働者階級政党がまだ登場する前の時代において、労働組合が労働者を指導してストライキを行い労働者を組織しながら、労働者が資本家との闘争のなかで自身の利益を守り通すのを助けていた。同業者団体、業種的な連合、そして労働組合の発展は、初期労働運動の主な形式であって、労働組合の運動は今に至るまで、ヨーロッパ労働者運動の主要な組織形態となっている。一九世紀中期から二〇世紀の前半までのヨーロッパ社会について言えば、労働組合は、労働者階級の階級政党が形作られる前提でもあった。または政党とは労働組合の中から分離してできたものだということもできる。よって、労働者階級は政党によって生み出されるわけではなく、逆に、階級的な政党とは、労働組合の基礎のもとに労働者階級の内部から誕生したものなのである。[29]しかし、中国や近代革命が生じることとなった他の多くの農業社会では、労働組合および農業組合とは、政党が労働者を組織したものであり、それは階級運動を推し進める道具でもあった。

(29) レーニンはかつてこう言っている、「労働組合は資本主義の中から生まれたもので、それは新階級を発展させる道具である。階級というこの概念は闘争と発展の中で形成されたものである。城壁である階級とまた別の階級を分け隔てさせることはでいない。中国の万里の長城は労働者と農民を分離しているわけではないのだ。人々はどう連帯を学んだのであるか？　始まりはギルドを通してであり、後に職業に従ったのである。プロレタリアートが階級を形成した時、それは非常に力あるものへと変貌し、すべての国家機関を自己の手のもとに掌握できるだけのものであり、全世界へ向け宣戦し、あわせて勝利を得たのである。それによってギルド（同業者組合）と職業労働組合は落伍したものへと変わってしまった」と。

労働者国家の内部では、労働組合が大衆と政党そして国家の間を介しており、その主な機能とは〝大衆の説得〟であり、レーニンが言ったところの「国家政権の〝貯水池〟」の役割を演じたのである[30]。しかしながら、労働者国家の変容と政党の国家化という過程においては、労働組合は、〝群衆の説得〟によって社会主義または共産主義へ移行するための機関から、〝群衆の説得〟によって市場社会へと向かう機関へと変わってしまっている。労働組合と国家の一体化によって、国有企業の改制プロセスのなかで、労働組合はほぼその労働者の利益を守るという機能を喪失し、逆に地方政府と資本の側が企業を再構成し労働者の権利を搾取するのを手助けするメカニズムへと成り変わっている。そのため、労働者らは〝労働組合の再組織〟——再組織というのは選挙によって組合のメンバー、特にその指導者などの方面を改変することのみを言うのではなく、組合の役割自体についても言うのだが——が必要であり、労働者国家の失敗と〝政党の国家化〟にともなって、労働組合は、ふたたび労働者国家と群衆の間を介する〝説得機関〟または労働者国家の〝貯水池〟としてではなく、それはおそらく、労働者の権益を守りながら、労働者の連帯を促進し新たな平等政治を形づくるための自主的なネットワークであるべきである。

今日ほど、資本の国家への浸透が進んだことは未だかつてない。国営企業体制改変のなかで、資本の創生は確かに一九世紀のアナーキストのバクーニンが言ったように、「国家は資本を作り出す。資本家は、ただ国家の恩恵によってのみ自己の資本を有する」[31]。しかしこれはただの表面的な現象であって、実質的には、国家と資本家はグローバル化の条件のもとで新たに組み替えられているのだ。いわゆる〝国家の恩恵〟というのは、新自由主義下での〝国家の退出〟の別の表現に過ぎない。市場の変容という この根本的な転換から離れては、我々はこの国家行為に実質的に一体どのような意味が含まれているのかということさえも理解できないのだ。以上から、労働者が直面している問題は、異なる段階や歴史的なコンテクストのなかではあるが、一九世紀ヨーロッパの労働者運動の議論、論争を〝反復〟している。それはすなわち、労働者闘争の対象とは、国家なのかそれとも資本なのか、また労働者運動の経済闘争は、政治闘争へと向かうべきなのかどうか？　といったものである。一九世紀、アナーキストらは、革命はまず国家という政治的組織を排除することから始めるべきだと考え、そこから国家を労働者闘争の目標として設定したのに対し、共産主義者らは労働者らの困難は資本によるもの、または「社会の発展によって生み出されたところの資本家と雇用労働者との間の階級対立」[32]だと考えた。一方、資産階級あるいは自由主義者らは、命がけで労働組合の基礎——経済闘争——を政治的闘争としての独立した闘争から乖離させるようにしむけた。それはつまり、法律権利の範囲内のみでの改良に押しとどめようとしたのだ。

現代の文脈のなかでは、前述した三者の選択はすべてその失敗を告げている。一九世紀の共産主義者の政治的目標、すなわち労働者階級の国家政権の掌握をもって社会主義への移行を推し進めるという政治路線は、すでに労働者国家の失敗に伴って破産をきたしており、資本に対しての労働者闘争が、国家政権の掌握を目標とした革命を手段として採用することはもうできない。また労働組合も、レーニンら

（30）レーニン「論工会、目前局勢及托洛茨基的错误」（一九二〇年一二月三〇日）、『レーニン全集』第三二巻、二一三頁。
（31）エンゲルス「致泰・库诺（クノーへの手紙）」（一八七二年一月二四日）、『マルクス・エンゲルス文選』（二巻集）、第二巻、四六八–四六九頁。
（32）エンゲルス「致泰・库诺（クノーへの手紙）」（一八七二年一月二四日）、『マルクス・エンゲルス文選』（二巻集）、第二巻、四六八–四六九頁。

が期待したような、種政権を奪取するという方向へと向かう〃政治機関[33]〃とは成り得ない。第二に、高度に金融化したグローバル資本主義システムの中で、すべての闘争目標を国家へと定めることは、明らかに、ニューワーカーの境遇、そして資本主義の生産と流通システムの関係を見落とし無視することになる。高度に流動的な資本は、非正規労働の短期化と相互呼応の関係にあり、普遍的な都市－農村関係の危機と都市化という条件のもとで形成された都市－農村関係も互いに連関している。ニューワーカーの生産過程の中での非人間化と高度な整合化は、生産率の追求による高額な利潤の獲得を唯一の目標とする生産方式と婚姻関係にあり、国家とその発展政策というのはこの一大転換の政治メカニズムへの適応にすぎないのだ。一方で、ニューワーカーは、低賃金、低保障そして生産過程での徹底的な非人間化に直面していることから、国家を通した基本的な社会保障と再分配体制の再構築が彼らの経済的地位と労働保障の改善に必要である。また一方では、ニューワーカーは不平等な社会身分、そして郷里――広大な中国農村――の解体と転化によってもたらされた悲しみに耐えている。このような苦境は単純な再分配によって改善を得ることはできず、都市化のプロセスによってもたらされた都市－農村関係の悪化状況を根本的に改変して初めて緩和の可能性が出てくるものである。第三に、金融化、資本化による生産過程は、ただ労資関係の中に発生するだけでなく、その他の領域（たとえば、都市－農村関係、教育体制、地域格差、越境関係、発展と自然保護の関係など）でも発生している。自由主義者がするように、現代の基本的な生産関係、発展モデルに触れないという条件下で、ただ〃市場システム〃の十全化を訴えること――それはつまり労働者闘争を法的権利の範囲内に制限してしまうものだが――も根本的に労働者集団の境遇を改編することは不可能である。ひいては、現代の条件のもとでは、一九世紀の労働組合そのものが現代へ挑戦することとさえも難しいのである。

目下のところの問題は、一九世紀により近づいたものとなっている。二〇世紀における労働運動の問題とは異なっているのだ。それはつまり、労働者集団は自らの再組織化あるいは再形成を通して、一つの政治的な力量を構築せねばならず、労働者国家という枠組みを通しては自身の〝指導的〟役割を実現することは難しくなっているということである。しかしこれは、社会主義の伝統がすでにその意義を失っているということを意味しない。それとは逆に、労働者集団の政治的訴えというのは、まさしく、労働者国家の基本原則にふたたび言及することでこそ、自ら動員を得る必要があるのだ。新しい文脈において、労働者集団の経済的争議とそしてそれを中心とした法律による権利保護から、政治的正義の次元を追求しようとすることは、中身がなく、現実離れをした幻想である。もし法律的正義を拡大する追求を、根本からこの発展モデルを改変しようとする可能性の探求に向けげず、また同時に、法律的正義と政治的正義との間の関係を議論しなかったならば、根本的に労働者の境遇を変え、社会主義国家の憲法権利とはまさに法律的正義と政治的正義とをつなぎあわせる有効な道であることをあらためて主張しその点を保護していくこともできないのである。一九世紀のヨーロッパまたは二〇世紀初期の中国と比べた時、現在の政治の領域では、すでに深刻な変化が生まれている。その核心は、階級形成をすすめる政治的プロセスの終焉である。階級政治を推し進める革命機関すなわち労働者階級政党は、すでに発展と管理経済を中心任務とした国家体制に内在された一部分へと転化している。まさに前述した「政治」の動力の消失によって、中国では、今まさに世界最大規模のニューワーカーの集団が誕生しているにもかかわらず、政治領域で階級概念は次第に効力を失っているのである。

（33）レーニン「在全俄工会第二次代表大会上的報告」（一九一九年一月二〇日）、『レーニン全集』第二八巻、三九六－三九七頁。

そのため、再〝政治〟化が、選択として必要なのだ。しかし、最終的にどのような基礎のうえで、またどのような形式で再〝政治〟化をするのか？　自由派の〝歴史の終焉論〟と急進左派の〝帝国〟および〝マルチチュード〟(Multitude) などのカテゴリーは、左右の分野間で相互に対立し両者の違いは鮮明である。しかし、それと同時に、両陣営が共有しているのは、「階級」を新政治の基礎とする仮設の否定である。現在の問題は以前とは違い、新たな社会運動が盛んに興起している時代に、新たな政治の基礎をいまだにその「階級」というカテゴリーのうえに定めることなどできるのか？　ここでの真の問題は、政治的正義の命題やあるいは労働者階級の指導的地位をふたたび主張するという教条をもって、法的正義に換えるということでもなければ、また法的正義と政治的正義が重なる道を追求しなければならないということでもない（これは言わずもがな明らかである）。真の問題とは、いかにして「政治的正義」を再定義するかということなのだ。

この問題が展開される以前には、ニューワーカー集団は、ただ自己の生活経験、また自己と他人との相関関係の中からのみ新たな動力と希望を探すことしかできなかった。広本労働者の闘争やフォックスコンの無言の抗議の中に、また裕元靴工場の労働者ストライキの中、そしてニューワーカーが自身の物質的文化的な命運を変えようとするためのほんのわずかな努力の中に、我々は、この集団が声を上げ訴える願望と要求を聞くのである。しかし、この集団は、どのようにすれば自らの願望と要求を政治的なエネルギーへと上昇させ、また一歩進んで普遍的な尊厳政治に動力を提供できるのか？　この集団の努力は、どうすれば自身の集団という縁を打ち破り、人民大衆の普遍政治の一部分となることができるのか？　この意味で、中国社会の平等を勝ち取ろうとする闘争と社会主義憲法およびその権利体系を維持し発展していくこととは関係しあうのか？

4　労働者国家の失敗と代表性の断裂

前述した問題は、必ず二〇世紀に形成された労働者国家の挫折という点から検討されねばならない。労働の解放、労働者の平等と自由というのが、二〇世紀労働者運動の成果として、労働者国家とその憲法の中に凝縮されているのである。労働者国家の憲法原則とは、労働者階級とその利益を普遍的なものまたは普遍的な利益の核心部分とするような政治的過程の産物なのだ。憲法原則にあらためて触れることの現在的意義とは、労働者国家の破産という情況のもとで、ふたたび労働の現代生活における地位を訴え、労働者階級とその利益を普遍的利益とする政治過程が存在しているかどうか、あるいはそれは必要なのかどうかを考えるということにある。

この問題に回答するためには、また問いを立てなければならない。それはつまり、労働者階級は社会主義国家の中の憲法にある地位をいかにして獲得したのか？　またなぜこの憲法の地位が失われたのか？　ということである。政党の階級政党から〝全面代表〟へという方向——またそれは政党の国家化の方向であるが——への転化、またそれにしたがって、まず、階級と政党の関係に変容が生じ、続いて階級と国家との関係に動揺が生まれている。旧労働者階級は自己の政治領域における代弁者を失っただけでなく、総体として、企業制度改革の中で叩き潰されたのである。新たな労働者の集団は、自由な流動化のなかで解放を得はしたが、新たな生産と生活システムのなかで、自らの政治的代表を生み出す力を失ってしまった。彼らは、マルクスが分析したところのフランスの農民と同じように、「自らの名で自らの階級利益を守ることはできない……彼らは自らを代表することはできず、必ず別の者によって自らを代表せねばならない。彼らの代表は同時に彼らの主人であり、彼らの上に遥か高くそびえ立つ権威であって、制限を受けない政府権力である。この権力は彼らが他の階級の侵犯を受けないように保護し、そして天上から彼らに雨と光を与えるのだ」[34]。この〝代表される〟状態のなかで、ニューワーカーは、自分たちに対立するものとはなんであるのか、自らの利益と〝普遍利益〟との関係が最終的にどのようなものなのか、ということさえもおぼろげなのである。

政治のプロセスという角度から言えば、労働者階級の地位の変化は、三つの段階のもとに生み出されたと言える。すなわち労働者国家の変容、この変容の核心的な段階としての労働者階級政党の巨大な変化、そしてこれに対応した政治的正義の原則の解体である。私はこのプロセスを〝代表性の断裂〟、あるいは政治形式と社会形式の間の遊離と呼んでいる。労働者国家としての政治的正義は、その憲法原則の中に集中的に体現されている。まさに上で引用した『中華人民共和国憲法』第一条、第二条が明らかに示しているように、この原則は、いくつかの基本的な概念のもとに集中的に体現されたものである。それはすなわち、指導階級としての労働者階級、統治の基礎としての労農同盟、国家政権組織形式としての人民民主専政、権力の源泉としての人民という基本設定、そしてこの一連の政治的代表としての労働者政党、といった概念である。政党、階級、階級連帯、人民、そしてそのために形成された国家形式、これらが説明しているのは、近代中国の政治的代表の関係である。ここで、一般的な代表関係ではなく、政治的な代表関係と言うのは、もしこの政治的プロセスがなければ、これらのカテゴリーは有機的な関係を構築しなかったわけで、また代表性の問題も存在しないからである。代表性の断裂を理解するための前提は、まさに、この政治プロセスの危機、停滞と中断、そしてそれによってつくりあげられた制度のレベルでの代表性の関係の解消を分析することである。その例の一つは、人民代表大会等の労働者国家における代表制機関のなかで、労働者そしてその政治的同盟相手である農民の代表の割合が大幅に低下していることである。これは決して代表性の断裂の症状の原因ではない。持続的な政治過程がなければ、労働者国家の回復の助けにはならない。つまり、より多くの労働者や農民の代表を増やすだけでは、意味がないのである。

ここでは、憲法原則のなかの階級概念の分析から始めたい。労働者国家の形成を説明するにしろ、労働者国家の失敗を分析するにしろ、階級を基礎とする代表性の政治と普遍利益との関係とは、いかに構成されたものなのかという問題に答える必要がある。したがって、この階級概念を、単純に財産権の角度からの定義ではなく、指導権や代表性といった政治的カテゴリーに接続することが必要であり、それによって初めて充分な理解を得ることができるのである。指導権と代表性の問題とは、資本主義に内在される矛盾とその極端な不均衡性への階級分析によって生み出されるものである。マルクスはこう言っている、「私について述べれば、近代社会の中にある階級の存在の発見にしても、あるいは各階級間の闘争の発見にしても、みな私の功績ではない。私のはるか前から、資産階級の歴史学者はすでにその階級闘争の歴史的発展を叙述している。資産階級の経済学者らも、すでに各階級に対して経済上の分析を行っている。私の新たな貢献とは、つまり以下のいくつかの点を証明したことである。（1）階級の存在は、生産発展の一定の段階とのみ連関を持つこと。（2）階級闘争は必然的にプロレタリアートの専政をもたらすこと。（3）この専政は一切の階級が消滅し無階級社会へと入るまでの過渡的なものに過ぎないこと……」[35]。ここで言われているプロレタリアート社会への転換のための〝プロレタリアート専

（34）『マルクス・エンゲルス全集』第八巻、二二七－二二八頁。
（35）マルクス「致約・魏徳邁（ワイデンマイヤーへの手紙）」、『マルクス・エンゲルス選集』第四巻、三三二－三三三頁。

政〟とは、つまり階級国家のことである。〝プロレタリアート専政〟の概念における〝プロレタリアート〟とは、資本主義生産によって規定されるところの階級であるだけでなく、それはある種の普遍的な階級でもある。この意味で、労働者国家における労働者というのも、ある政治的な概念なのだ。なぜならば、労働者国家とは、搾取する者を搾取する社会であって、したがってそれは、労働人民の共同体であり、つまり、以前の皇帝や資本家、戦犯などさえも、この労働者共同体のメンバーだからである。中華人民共和国憲法中の〝人民民主専政〟の概念とは、一つの過渡的な歴史的なカテゴリーであり、それは分業の意味のうえでの階級区分という概念を残しながら、また同時に、労働者階級の普遍的階級としての特質を強調しているのである。代表性あるいは指導権の問題は、この過渡的な形式としての国家形態のなかに内在されているのだ。

マルクスは資本主義生産の搾取的な性質を分析しながら、以下のことを発見している。それは、一生産形式は、すべての社会の二大階級への分化をまねき、それにより、資本主義時代の政治は不可避的に一種の階級対抗の政治とならざるをえないということである。しかし、もしも、階級の存在と階級の消滅に尽力する革命政治運動を相関させるような、一種の能動的な政治的エネルギーがなければ、革命の代表政治というものは生み出されない。階級の存在と階級分化自身が必然的に革命政治をもたらすわけではないのである。ここで二つの違った方向から問題提起をしてもかまわないだろうと思う。それは、なぜ労働者階級が相対的に弱小であった近代中国で、一種のプロレタリアートの階級政治が時代を席巻したのか？　そして、なぜ〝世界の工場〟としての中国では、労働者階級の人数はほとんど三億人に迫りながらも、一九世紀と二〇世紀での意味における労働者階級の政治がいまだに生まれていないのか？という問いである。

階級政治は、労働者階級というこの客観的な社会階層に頼りながらも、それは巨視的な理論分析に基づき生み出される政治闘争の方向を定めるのである。階級政治とは、階級が自らの利益を超越し普遍的利益を代表するという条件によってのみ生みだされる。それはつまり、階級とその格差を消滅させることこそが「階級」の使命であるということを意識した時にのみ、はじめて階級政治が成り立つということである。資本主義の生産過程とその矛盾に対する分析に基づきながら、労働者階級は政治的な階級として確立する。この階級の闘争は、階級を消滅させる未来を示すことで、人民の普遍的な利益と人類の最終的な解放を代表したのだ。まさにそのため、労働者階級の革命過程やその労働者国家のなかでの独特な地位というものは、労働者階級の人口や社会分層および政治機構のなかで実際に存在しているその状態や割合に還元できるわけではないのだ。理論から言えば、一度階級概念からその政治性を取り消してしまえば、階級概念は実証主義的なロジックに沿いながら構造的な階層の概念に滑りこんでしまい、労働者運動も労働組合を主な組織の形式としながらただ自分たちの階級利益の保衛のみを目的とした運動になってしまう。社会分層、そして中産階級や農民工などの概念によって構成された実証主義の枠組みのなかで、人々は社会の階層分化を強調するのだが、それは始められた途端に、「階級政治」を通り越してしまうのだ。

労働者国家の破産とは、ただ労働者階級の政治的代表性の衰微を物語るだけでなく、それは労農連盟という政治的基礎の瓦解をも集中的に体現している。中国革命とは、労働者階級の人数が比較的には少なく、資産階級もいまだに形を成していない農民を主体とした社会または国で発生したものである。実証主義の意味からは、中国近代革命は資産階級のいない資産階級革命、もしくはプロレタリアートのいない社会主義革命として叙述できるだろう。しかし、「政治」という角度について言えば、中国には成熟した資産階級またはプロレタリアートが存在していたのかどうかに関する論争が、直接的に資産階級革命あるいはプロレタリアート革命の歴史存在の否定を導き出せるわけではないのである。事実からして、革命政治と階級人口の間の関係はそもそも直接的なものでなく、また中国特有の現象でもない。一九世紀中期、マルクスは、ドイツのすべての問題とは、農民戦争の再版としてプロレタリアート革命が支持を得られるかどうかにかかっていると述べた。レーニンは後にこれを分析してこう述べている、「一八七一年、ヨーロッパ大陸のいかなる国家でもそのプロレタリアートは人民の多数を占めてはいなかった。当時、プロレタリアートと農民を含んだ革命のみが、多数を運動へと引き込んだ真の〝人民〟革命と成り得たのだ。当時の〝人民〟とはつまりこの二つの階級によって構成されたものであった」[36]と。プロレタリアートは人口の大多数を占めてはいなかったことから、〝人民革命〟を推し進めることによってのみ、階級革命のなかで普遍的利益もしくは〝未来〟の創造が実現できたのである。ここでの普遍的利益もしくは未来というのも、同じように二重性を含んでいる。それはつまり、一方ではプロレタリアートが直接に人民の普遍的利益を体現するということであり、もう一方では、階級と階級対立を消滅すること、そしてそれによって自らの未来をも消滅させるということを意味している。

労働者国家の代表性政治には、二つの主要命題がある。それはすなわち労農同盟と人民民主である。[37]この二つの概念は、どちらも周辺の資本主義のカテゴリーと密接な相関関係にある。先進資本主義国家の外縁、たとえば中国とロシアなどが直面したある基本的な問題は、社会主義の思想と運動の萌芽の時期にあたって、この地域はまだ農業と農民を主体とした社会であったということである。一九世紀末、ロシアのナロードニキにおいては、占有した土地の農民と西洋資本主義とを相対立させた。それはつまり、ロシアは〝農民による半自然経済〟に過ぎなかったということである。中国の思想家、たとえば梁漱溟とその追随者らも、農村建設こそが中国問題の難題であるとしたのと同時に、それこそ中国の憲政だとも考えた。社会主義者らは、巨大な歴史的存在として三農問題を確認する面で、民粋派あるいは農村建設派らの観点と非常に近接したものがあるが、しかし異なる点は、社会主義者らは、資本主義の不均衡な発展のなかで商品生産によって、すべての経済形態が資本支配のロジックへ従属していくだろうと考えたことであった。この従属はつねに商業資本と高利貸し資本から始まり、後には工業資本主義――その後は金融資本主義――を中心とした労働分業へと転換していく。[38] この一九世紀に端を発する過程のなかで、農業は工業または都市に従属し、農民は都市のために従事する農業耕作者と農民工集団へと分化したのだが、これは一種の普遍的な現象であった。しかしまさにこの従属関係こそが、農民問題を世界の範囲にまで広げ資産階級統治に反対する社会主義運動の有機的部分に基礎を提供したのである。

(36) レーニン「国家と革命」(一九一七年八月-九月)、『レーニン選集』第三巻、人民出版社、一九六〇年、二〇四頁。
(37) 一九五〇年代、社会主義改造労働改造の進行にともない、かつての新中国では、この政権の性質が、人民民主専政であるのかそれともプロレタリアート専政なのかという議論が起きたことがある。それが表しているのは、前者は新民主主義、つまり資産階級民主革命の任務を担ったもので、後者こそが社会主義革命の任務を担ったものだという認識であった。しかし、民主人士と資産階級による不必要な恐慌を避けるために、「五四憲法」での表現は、「労働者階級による指導、そして労農同盟を基礎とする人民民主主義国家」とされた。一方、七五年と七八年に形作られた憲法の中では、この部分は「労働者階級の指導による労農同盟を基礎とするプロレタリアート専制による社会主義国家」へと変わり、現行の「八二年憲法」ではふたたび「人民民主専政」へと改められた。「五四憲法」では、明確に、生産手段の所有制には、資本家所有制を含んだ五種類のものがあるということがはっきりと述べられている。一方、「八二年憲法」は改革解放の産物で、そこではあらためて資本主義経済の存在が許容されるに至っている。しかし、両者はともに労働者階級の指導と労農同盟の基礎を強調しているゆえに、私はこれらを総称して労働者国家と呼ぶのである。
(38) レーニン「対欧州和俄国的土地問題的馬克思観点」(一九〇三年二月)、『レーニン全集』第六巻、人民出版社、一九八四年、三〇七頁。

農民ではなく、労働者階級が人民の代表となったのは、労働者階級の階級解放が最終的には資本主義の生産体系そのものを指し示したがためである。

労働者階級が単独で革命の勝利を得ることは不可能で、必ず代表政治を通して人民の支持を得なければならなかった。労農連帯は一種の政治的連帯であって、それは特定の組織形式を通すことで完成された政治的同盟なのである。二〇世紀全体においては、中国革命の指導問題と農業改造、農民の動員は密接に関連しており、中国革命政党の指導権と農民運動の関係の緊密具合は、労働者運動との関係さえも超えていた。前述のごとく、労働者階級の指導作用が、労農同盟というこの基礎的カテゴリーと関係を持たねばならなかったのは、階級政治が一種の従属関係のなかで展開された実証的な階級構成へと還元できないものであったからである。労農同盟は、一種の政治的な同盟である。つまり、特定の組織形式をとおして完成された政治同盟という点からして、近代代表性政治の中心としての労働者階級政党は、労働者階級の先鋒隊としてだけでなく、労農同盟の政治的代表でもあるのだ。代表性政治が直接的に体現しているのは、国家中の指導的地位には、労働者階級がいるということであり、また労農同盟中での労働者階級の農民に対する相対的な指導的地位でもある。

これと対応したものとして、「人民」というカテゴリーも、階級概念を基礎としている。それは労働者と農民という二大階級の他に、プチブル階級や民族資産階級をも含んだものである。まさに階級概念と同様に、もし資本主義時代の敵‐味方関係に関する政治運動がなければ、「人民」は成立し得なかった。労働者階級とは、資本主義生産における一付属物であるだけでなく、資産階級とその政治代表の対立面として打ち立てられた政治的アイデンティティである。資本主義政治と経済関係との不断の闘争が、この「人民」という広範な主体を作り上げているのだ。政治代表性は、一方で労働者階級の政治と文化の主導権を体現し、また一方では人民の普遍的な利益を実現するエネルギーをも体現している。指導権の概念は、労農同盟もしくは「人民」といったものが、異なる階級の重なりあいではなく、闘争を通して生み出された新しい政治的主体だということを集中的に説明している。労農同盟の目的とは、つまり農民を資産階級の影響下から引き剥がし、革命的な力として組織することであった(39)。代表性と指導権が相互に協調関係にあることで、代表性というのも闘争における一概念となっている。いわゆる人民民主とは、つまり労農同盟を維持し、労働者階級が指導作用を持つ代表性政治の制度的形式なのである(40)。そのため、この代表関係には、明らかな対立と統一の関係が含まれている。すなわち、この代表性と指導権とは、単独の階級や集団の利益ではなく、必ず普遍利益を体現せねばならないということである。この普遍的利益というのもまた階級政治を通してのみ実現を得るものである。いわゆる労働者国家の挫折と代表性の断裂が必然的に集中して現れる二つの位相がある。それは第一に、指導権と階級基礎の断裂として、第二に、代表性政治と普遍的利益の乖離としてである。

(39) レーニンはこう述べている、「プロレタリアートと農民との同盟を、プロレタリアートと農民という異なる階級もしくは政党の合併というふうに理解することは、絶対に不可能である。」「プロレタリアートはただ革命先鋒隊の執行に対する絶対的に独立した自主的政策を有してのみ、はじめて農民と自由派の関係を断絶させ、自由派の影響のもとから抜け出し、また闘争の中で彼らを指導し、それによって真の〝聯盟〟を実現するのである。つまりこれは、農民の革命闘争の進行という条件のもとでの同盟である」。レーニン「談談対俄国革命的估计」(一九〇八年四月)、『レーニン全集』第一五巻、三九頁。

(40) 「専政の最高原則とはつまり、プロレタリアートと農民との同盟であり、それによってプロレタリアートは指導作用と国家権力を保持することができる。」レーニン「第三インターナショナル代表大会」(一九二一年六月二二日‐七月一二日)、『レーニン全集』第三二巻、四七七頁。

中国革命中における、代表性政治と階級政治との前述した関連性は、同時に民族解放と国家独立の問題を処理せざるをえなかった。これによって階級概念を中心とした代表性政治は明らかにより複雑な容貌を呈することにもなった。ヨーロッパ先進資本主義国家においては、民族問題はすでに解決され、政治闘争の主導形式は階級連帯と階級間の闘争をとおして展開されたものだった。しかし、植民地もしくは半植民地国家では、国家の分裂はプロレタリアート運動の障害であったために、各階級の連合による民族解放そして統一国家の建設さえもプロレタリアートの任務となったのである。毛沢東の言葉を借りれば、この時代の潮流とはまさに「国家は独立を」、「民族は解放を」、「人民は革命を」であった。革命が、その民族のそして国家としての目標を得たがために、階級解放を中心とする革命政治は、統一した一般的には単一制度での国家制度と関連を持つに至ったのである。国家の分裂と民族存亡の危機の状態のもと、分権制と連邦制に反対した中央集権制の国家形式は「中世の分散状態から未来の全世界の社会主義統一に向かう巨大な歴史的な順序であると見なされ、この国家（資本主義と密接な関係を持つ国家だが）の他には、社会主義へと向かう他の道は、なく、また不可能であったのだ[41]」。このため代表性政治と多民族統一国家の中央集権形式との間に歴史的な関連が生まれたのだ。まさにそのため、代表性の断裂した政治の一つの結果として、民族アイデンティティ・ポリティクスが統一国家内で生まれ広がり、政治領域では、この種のアイデンティティ・ポリティクスが、単一制国家という点に対して疑いの眼を向けている。「政治」の角度からすれば、現代中国民族の地域自治の危機はまさに代表性の断裂の結果としてでてきたものである。

労働者国家は、階級を中心として民族関係を再構築する必要があるということ以外に、労働者国家の代表性政治はインターナショナリズムという性質をも含んでいる。「労働の解放は、一地域の問題でもなければ、一民族の問題でもなく、近代社会における一切の国家の社会問題の存在に関係し、その解決は、これらの国家の実践上そして理論上での協力にかかっている」[42]。労働者運動の政治組織としての労働者階級政党は、一九世紀ヨーロッパの労働者協会まで遡ることができる。その最初期の目的は、労働者階級の自発的運動を同盟させ、協同の軌道へと引き入れることであった。しかし、一九三〇年代の民族運動の発展に伴い、この政治組織の「民族化」のプロセスは充分に明らかなものとなっていった。共産党は、もうふたたび、ただの単純な労働者階級とその普遍利益の代表ではなくなり、民族解放運動の代表へと変わろうとしていた。共産主義組織と国家の結合そして民族の代表という方向への発展は、二〇世紀全体の共産主義運動に重大な影響を与えたのである。一九四九年の後、共産党は、労働者階級もしくは労農同盟の政治代表のみではなく、国家主権の代表者ともなった。このことは、階級の代表が同時に現在の国家の代表でなければならず、そのため政党は政治運動と国家権力の相互が浸透したものとなったことをも意味している。政党と国家の高度な結合という条件のもとで、政党政治の内部闘争と国家権力内部の駆け引きとの間にも、密接な関連が生まれたのである。

代表性が含む国内性と国際性とは、資本主義発展の論理の中から生み出されたものである。社会主義国家間の連帯、第三世界の非同盟運動、もしくは国家間の〝革命の輸出〟（すなわち軍事、政治のイデオロギーの方式をもって、その他の国家内部の階級闘争との間に、ある種の関係もしくは呼応関係を打ち立てるといった）に

（41）　レーニンはこうも言っている、「異なる各民族が統一国家を構成しさえすれば、マルクス主義者は決していかなる連邦制の原則の、またいかなる分権政の実行をも主張することはないだろう」。「関於民族問題的批評意見」（一九一三年一〇月－一二月）、『レーニン全集』第二〇巻、二九頁。
（42）　マルクス「国際工人協会章程和条例」（一八六六年九月）、『マルクス・エンゲルス全集』第一六巻、五九九－六〇〇頁。

しても、それらはみな、社会主義時代の代表性政治を国際性を含む方向へと向けさせる。この代表性政治の国際的な方向性とは、相互に異なる二つの位相を含んだものである。一つは国家を跨いだ階級政治で、マルクスの言葉を借りれば、「一国範囲内の労働者階級組織は、他の国家の労働者階級のその虚弱な組織体質によってさえ、失敗し挫折をこうむる可能性がある。なぜならば、すべての国家はみな世界市場のうえで競争し、それによって互いに影響しあっているからである。労働者階級のインターナショナルな同盟によってのみ、労働者階級の最終的な勝利は保証されうるのだ」(43)。もう一つは、民族解放運動の延長であり、それはすなわち主権民族国家の間での連帯関係の形成である。この民族国家間の連帯は、社会主義国家間の同盟関係とは異なり、マルクスが言ったところの階級の連合というわけでなく、それは、不平等な国際労働分業という背景によって形成された国際統一戦線である。その政治論理も、まさに国内の階級連帯と相似したものなのだ。まさにそのため、国際的な連帯は、必然的に指導権を争奪する代表政治と緊密な相関関係にあるのである。

労働者国家の政治とはまさに、一種の階級概念を中心とする普遍正義であって、それは、労働者階級の指導的地位、労農連帯の政治基礎、民族国家の普遍的な代表性とある種の非圧迫階級と非圧迫民族を向くインターナショナリズムをも含んだものである。この枠組みのもとに、労働者階級の尊厳の問題は、階級解放と人類の普遍的解放の問題となったのだ。この〝解放運動〟を推し進めるのは、労働者階級政党である――それは労働運動、農民運動、労農同盟、統一戦線そして国際的な階級連帯を作り出すことをも促進した。まさにそのため、〝政党の国家化〟を標識とする政治の変容は、経済形態の転化を示すだけでなく、脱政治化の過程でもあり、労働者国家の失敗と階級を中心とする政治的正義観の瓦解をも意味しているのである。新たな階級の組み換えの中で、憲法が確定したところの労働者階級の指導的地位は非常にアイロニカルなものに変わり、三農危機と都市－農村の分化の中で労農連帯は完全に虚構となり、地域分化の中で経済と社会の分化は直接的に民族の衝突の容貌を呈し、国際関係の中では市場の論理がインターナショナリズムの連帯に取って代わることとなっている。これこそまさに、いわゆる代表性の断裂もしくは政治形式と社会形式の相互遊離の内容なのだ。

現代中国の労働者集団の命運を議論するにあたり、二〇世紀の政治遺産のどの面に我々が思考する価値が有るのか？　またその失敗はどの面で、私たちに新たな政治的正義の探求を迫るのか？　まさに我々はここから出発し〝代表性の断裂〟と新たな平等政治の分析へと向かわなければならないのだ。

（43）　マルクス「国際工人協会総委員会第四年度報告」（一八六八年九月）、『マルクス・エンゲルス全集』第一六巻、三六五頁。

第四章

毛沢東主義運動の亡霊(1)

丸川哲史　訳

亡霊は神秘的で見当のつけようのないものである。しかしマルクスは亡霊を用いて、生成的でありかつ現実的な運動を描いた。亡霊はどこにでもいそうなのだが、しかし同時に「光」には弱い。南アジアの「毛沢東主義運動」は実際にはありふれたものだが、語られて来なかったものである。しかし、その力は時に応じて、メディアの封鎖を突破し、破片のような消息により不穏なイメージを露呈する。ポスト革命〔革命が終わった〕の空気の中、では「毛主義者」とはいったい誰のことなのか。

王静の『インド共産党（毛主義者）の理論と実践の研究〔印度共产党（毛主义者）的理论与实践研究〕』は、それらの問題に系統的に答えてくれる。作者は深く歴史の脈絡に入り込み、また世界の変化を見通しつつ、インドと南アジアに対して「毛沢東」の旗のもとで断続的に遂行された、現実の共産主義運動に対して複数の角度から研究を押し進めた。それは、歴史への検討、理論的な分析、そして運動の戦略に対する評価が一体となった探求として結晶した。これまでのところ、この著書は中国語世界においては、この運動に対して最も深く全面的にかかわった研究である。実に得難い仕事である。

1　金融化資本主時代の「毛主義運動」

一九八九〜一九九一年、ソ連東欧の社会主義システムの崩壊は、一九世紀以降に徐々に形成されてきた社会主義国家建設をメルクマールとする二〇世紀における社会主義の衰退を示すこととなった。西洋と中国において、この転換点は「歴史の終焉」と名指された。これに匹敵しまた呼応するのはいわゆる「文明の衝突論」であり、これは歴史の変遷のモデルとして、イデオロギーの対立を「文明」間の衝突と解釈したのである。この歴史に対する二つのアプローチは、それぞれ別に、二〇世紀の政治の終焉を言い表したといえる。つまりは、民族解放、国家と革命、土地改革、階級闘争、そして社会主義の道など、もう流行らないというわけだ。この「終焉」のプロセスにおいて、資本の力は社会主義運動が構成していた「障害」を取り除き、さらにあらゆる社会形態と政治形態を再編し、支配した。目下の金融化資本主義の状況下、資本主義の最も突出した形態は、一切の政治形態の差異を壊し、新たに再構築された階級制とも言うべきグローバリゼーションという一大事業を推進している。二一世紀の資本主義からすると、一党、複数政党制、議会政治、そして冷戦時代に鋭く対立した「社会主義システム」「資本主義システム」などはどれも調和し難い政治形態であり、それらは全て同質的な資本主義の多様化した形態へと馴致されるべきだ、ということになった。国際社会において、冷戦の「終焉」とインターナショナリズムの衰退、また「第三世界」がその政治的意味を失っていく中、人々は南北問題というカテゴリーの内側だけで、異なった世界の間の政治的対立を端的に貧富の格差としてのみ解釈することに習慣化していった。もちろん「ウォールストリート占拠（オキュパイ）」運動をメルクマールとした反資本主義運動の声が出てきてはいるが、しかし極めて微力である。「第三世界」の間の政治のあり様も変化したことで、それら中心地域で始まった反抗運動がその他の地域にどのような政治的効果を与えているの

（1） 本論文は、王静著『インド共産党（毛主義者）の理論と実践の研究』のために書いた序文である。

か、非常に分かりにくい。そのため、それらは知らず知らずのうちに古い対立構造に留まって解釈されている。「歴史の終焉」の空気の中、それら反抗運動でも、前世紀にかかわる激烈な政治闘争との関連で省みられることもなく、メジャーなメディアからの包囲と浸透によって、進歩的と目される様々な言辞に長けたリーダーたちが嘘くさい「反抗者」へと仕立て上げられている。彼らはむしろ、前世期に遺されていた最後の「障害物」を金融化資本主義が取り除くのに資している、と言えるかもしれない。そういった意味で、この王静の著作はこういった流れに逆らおうとするものであり、そこで焦点化せんとしているのは、前述したような宣伝や運動とは全く別の歴史にかかわる実践なのだ。

ここまで述べてきた意義において、一九九〇年代以降の「毛主義運動」の南アメリカ、西アジア、東南アジア、そして南アジアにおける新たな勃興、また彼らが打ち出そうとしている「二一世紀の社会主義」の旗は確かに「奇観」ではあろう。これを「奇観」と言うのには、二つの意味がある。

まず一つ目。一九八九〜一九九一年の途轍もなく大きい二〇世紀の共産主義運動の挫折をメルクマールとして、各国の共産党が崩壊、また名称変更、あるいは弱小勢力へと落ち込んでいった。それらの国家にあっては、共産主義運動が推進してきた政治形態と資本の様々な形態が融合し、さらに資本主義の自己革新に資するものとなったり、また克服し難い危機を乗り越える主要な力や制度的保障になったりもしている。目下の「毛主義運動」は、新自由主義グローバル化への直接的な反応であるわけだが、それは先進国の反抗運動とは異なっている。「毛主義運動」は、彼らと二〇世紀の革命運動（特に中国）との継承関係を疑い得ないもの、と表明している。王静が言うように、彼らは精いっぱい「第三世界における農民の土地問題、民族解放問題、民主革命の問題、経済発展の問題を解決しようとしている」。「毛主義運動」からすると、カースト制、土地問題、民族独立などの問題は、やはり闘争を構成する中心課題であり、さらに反帝反封建など、二〇世紀の基本命題はそのまま有効な政治タームであり続けている。ペルー、コロンビア、フィリピン、トルコ、また南アジア全体の「毛主義政党」も、「持久的人民戦争」といった、人には驚かれそうな暴力革命を継承し推進しており、前世紀と同様にして、前述した運動の主要な特徴の一つとなっている。

二つ目。それらの地区、特に南アジアの「毛主義運動」がもたらす「奇観」とは、現在の思想や学術がグローバル化、台頭する中国、金融危機とその対応などに意識を集中していることの裏返しの表現である。つまり批判的な思想といえども、二〇世紀は既に終わった、革命のやり方で資本主義に勝利する可能性がもうない、と考えているだろう。そういうわけで、階級から民族、また独立自主からインターナショナリズムまで、すべて批判や脱構築の対象となる。そして私たちは現代思想の脈絡の中で、およそ「毛主義運動」の痕跡は見出せなくなっている。西洋においては、もしアルンダティ・ロイ（Arundhati Roy、インドの作家、活動家。処女作『小さきものたちの神』〔一九九七年〕でブッカー賞を受賞）の文章がなければ、「毛主義運動」はおよそテロリズムの代名詞以外のものではない。「毛主義運動」が「奇観」となるのは、それが稀であるとか規模が小さいということではなく、私たちが既に「歴史の終焉論」の視野から私たちが身を置く世界を見ているからだ。多くの「歴史の終焉論」を拒否している人もそうであったりする。実際のところ、「毛主義運動」の規模、持続性、闘争の激烈さは、様々な「占拠（オキュパイ）運動」の遥か上をいくのであり、その政治的創造性、成功と失敗は真剣に総括するに値する。「毛主義運動」と中心地区や周辺地区で発生した様々な「占拠運動」の間の差異とは、現代グローバル化時代における異なる地区の経済、政治、文化の条件があまりに不均衡であることの表現であるが、この不均衡は単に時間の尺度によっては把握できないものであり、共時的なグローバルな配置の中で分析されなければならない。まさに二〇世紀の革命と同様にして、「毛主義運動」は平和的抗争、武装闘争、また工農連帯を経験し、また実践と理論の弁証法による路線闘争を通じて、分裂と合流の過程に中で政治的連合を形成してきた。工農の結合が意味するのは、異なる社会階層や階級の間での革命運動における相互転化のことである。下層出身の被抑圧者であれ、上層のエリート（毛主義運動のリーダーは大半、バラモン出身であり、自らの階級に対する裏切り者）であれ、この運動の中で生まれ変わる苦しみを経験し、そして、そこからの転化を遂げるのである。分裂、団結、再分裂、再団結。これが意味するのは人と繋がることによる自己転化の苦痛のプロセスであり、新たな政治主体を鍛錬しなければならないというプロセスである。そういった全ては、都市中産階級が中心的となる様々な社会運動の中ではそれに相当するものが見出し難いということ――それら運動は常に、暫時的で断片的となるもので、直観的な利益とメジャーな価値に基づいているということ、主体を作り直すプロセス（自分が自分と対決して新たな自己が形成されるプロセス）が欠けているので、持久的な社会闘争が形成できなくなっている。そういうわけで、真の問題はこうである。なぜ「毛主義運動」は、「占拠運動」のようにメディアの注目を引かないのか、なぜそういった地区の生死をかけた闘争が自身の身を置く世界にかかわる参照枠にならないのか、なぜこのような運動に心を留め関心を示す人からしても、そのような本当に存在する運動がある種の「奇観」をやはり呈することになるのか、ということである。

私が南アジアの毛主義運動に注目し出したのは、幾人かのインドの友人の経験に端を発する。彼らの多くは著名な学者で、一九六〇～七〇年代に各自「毛派」の時期を経験していたが、出会った時には既にこの期間の経験についてあまり語ってはいなかった。二〇〇二年、私は初めてインドを訪問し、バンガロールでの会議の後、親友のパルサ・チャタルジーの招きで、コルカタの社会科学研究所（Center for

Studies in Social Sciences、通称CSSS）を訪問した。CSSSは有名な「サバルタン研究」の根拠地で、チャタルジーはラナジット・グーハの後のこの学派の第二世代の代表的人物であった。第一世代「サバルタン研究」はインドの農民運動の研究に集中し、ガンディー主義とは別の左翼文脈を開拓、そこでマルクス主義と毛沢東思想もその主要な思想資源なのであった。しかし、第二世代の台頭に伴って、典型的な問題として「サバルタンは語れるか」などの省察に向かうなど、農民運動の研究や戦略分析ではなくなった。第二世代「サバルタン研究」と米国アカデミーは一九九〇年代に生まれてきたポストコロニアリズムの潮流に呼応するところとなり、農民と先住民を主要メンバーとする現代毛沢東主義運動は既に彼らの視野には入らなくなった。ある日、私はCSSSのオフィスで本を読んでいたら、そこの先輩格が私を自身の研究室に連れていってくれ、そこで中国共産主義運動とインドとの関係について雑談した。彼は書棚から一揃えの報告パンフレットを取り出した。その作りや印刷様式は、中国の六〇〜七〇年代に発行されていた白書類と似ていたが、紙はかなり変色していた。それらは彼が保存していたもので、中ソ論争があった頃、インド共産党（マルクス主義派）内部で展開された政治論争にかかわる文献なのであった。いわば、その論争によってインド共産党は分裂し、そして毛派が生成するのであった。事実上、チャタルジーも含め、それらサバルタン研究のメンバーたちは若い頃、毛派の影響圏内の知識人であったが、一九八〇〜九〇年代の大転換があって（私がコルカタを訪問している時期）、大部分は既に自身の毛派思想について清算したそうである。私の話し相手となったその年長者は明らかに、サバルタン研究のこの転向に対して批判的であり、淋しさと懐かしさを抱え、慷慨しつつ、それらのパンフレットを全て私に譲ったのだった。

それらパンフレットとコルカタに居る期間に出会った問題を抱え、私はデリーでの懇談会で、再度中国革命とインドの関係について、中でも毛沢東とガンディーによるところの、アジアからの近代への応答についての二つの路線を比較し語った。議論の中で、私が驚いたのは、多くのインドの友人たちがスラスラと英語で毛語録を諳んじたことだった。彼らからすると、それは記憶の底に仕舞い込まれたものが瞬間的に発露したものであったろう。それらの記憶が蘇ったのは、私の講演があったからだけでなく、既に実際にインドのジャングルでの闘争があり、西ベンガルでの経済特区建設によって引き起こされた農民による土地保護闘争があり、そしてインド政府のそれら農民や原住民に対する暴力的鎮圧があるからであろう。その時、私はインドの毛主義運動にかかわる報道について既に知っていたので、自然に彼らの見方について聞きたくなっていた。インド毛主義運動は武装闘争路線を堅持しており、政府の暴力を批判する左翼知識人はどのようにこの運動を位置づけるのか、言いたいことはたくさんあったが言えなかった。またその機会に、私は発展途上国家研究中心（ＣＳＤＳ）で講演したが、『小さきものたちの神（*The God of Small Things*）』〔ブッカー賞受賞〕の著者、アルンダティ・ロイがいた。友人たちがインド毛主義運動に入り込んだ観察を彼女が本にしたことを紹介していたが、その時には話す機会はなかった。それからすぐに、ロイともう一人の友人で作家兼記者のパンカジ・ミシュラ（Pankaj Mishra）が北京を訪問した際に、万聖書園〔書店〕のコーヒーショップで、私たちは西ベンガルの農民暴動とインド毛主義運動について語り合った。ロイは、軍の倉庫の武器が既に農民によって掌握されているなど、状況の深刻さを憂慮していた。彼女から見ると、目下の「毛主義運動」は統一的で理論的に指導された運動ではなく、むしろ新自由主義の波及から傷ついた農民と先住民の集合体としてあり、彼らによって、既に衰微していた「毛主義」が気勢の上がる旗となった、ということである。彼女は、目下の「毛主義運動」と二〇世紀の共産主義運動とその内部分裂との間の関係には言及しなかった。そういったことが、私にとっての、初めてのインド毛主義運動に対する概観的な理解となった。

中国のメディアにおいて時々、幾つか短いニュースで、外電からの引用として毛派が警察の派出所を襲撃したとか、そういったことが報道される。しかしインド政府が軍隊を派遣して大規模な鎮圧を行い、少なくとも六〇〇〇人が殺害されたことなど、ほとんど触れられていなかった。そして二〇一〇年、再びインドを訪問した時には、ロイが書いた毛派ゲリラについての文章は既に読んでいた。そこで計画として、彼女といっしょにジャングルに入ってそれら反逆的な人々、知識人によっては命名し難い先住民とも農民ともゲリラ戦士とも言える人々にインタビューしようと考えた。しかしその計画を決行する寸前、彼女がカシミール問題の論争に巻き込まれ、インドナショナリストの攻撃を受けてしまい、「毛主義者」に会う計画は中止となってしまった。そして次に二〇一二年二月、私はデリーに赴き、国際社会学機構世界大会（IIS World Congress）に参加した折、彼女と毛主義運動の問題について議論することとなった。そこでいろいろ話した後、ロイは自身の毛主義運動に関する新しい本『同志とともに（*Walking with Comrades*, Penguin Books 2011）』を私に送ってくれた（日本では『ゲリラと森を行く』（粟飯原文子訳、以文社）として二〇一三年に翻訳されている）。その評論集には、長年にわたって彼女が毛主義運動に関連して書いた文章が収められており、その生き生きとした筆遣いによって、初めてそれら「同志たち」の闘いをあきらかにした。まさに彼女の叙述の中では、彼らは、インドのアカデミーの知識人によって書かれたものとは異なった存在だった。彼ら毛派の反逆者はマスメディアやインド政府、また米国ＣＩＡの書面の中の「テロリスト」でもなく、自身の感情世界と思想伝統を有する、現実にコミットする反抗者として彼女の筆致は感じられた。ロイの毛主義運動への着目、それと彼女の新自由主義への持久的な闘いには密接な関係がある。彼女が初めて中国に来て毛主義運動について語ったところから、最終的に彼女が発表に至った幾つかの文章まで、彼女の毛主義運動に対する観察はますます具体的でありかつ深くなっている。インドの文脈において、彼女のこの運動に対する調査と報告は、途轍もない勇気とエネルギーがなければ不可能なことであった。このきらめく思想の光、そしてエクリチュールの豊かさを湛えるこの著作から、私はアカデミー知識人が分かった顔をして、実際には逃げてばかりの「慎重」さ、これを反省するようになった。

2　プラチャンダとの対話——人民民主は可能か？

デリーで議論している最中、私はネパールでの毛派との交流についても議論していた。二〇〇八年四月、ネパールで挙行された憲法制定会議選挙で、ネパール共産党（毛主義者）が第一会派となった。そして同年八月、ネパール共産党（毛派）の首席、プラチャンダが首相に選ばれ、ネパール共産党（毛派）が主軸となる連合政府が発足した。ただ別のネパール共産党（統一マルクス・レーニン主義）やマデシ人権フォーラム〔親インド住民の政治組織〕など、方向性が異なる政党が連合して執政するところとなった。その年の一一月、私は民間の学術機構の招待で、ネパール各派の政治人物と面会、意見交換し、またネパール共産党（毛派）がコントロールする解放区を見学することとなった。ネパール共産党（毛派）とネパール共産党（統一マルクス・レーニン主義）の主要リーダー以外にも、私は右派のネパール会議派の顧問リーダーの前首相コイララ、また後にプラチャンダを退陣に追い込んだ核心人物、ヤーダブ大統領とも面会することとなった。ロイと話していた時、私たちはプラチャンダが退陣し、当選したばかりのバッタライ（毛派）のことにも説き及んでいた。私がネパールを訪問した時には、バッタライは財務大臣となっていたが、彼がオフィスに居たので話すことができた。「十年人民戦争」（一九九六〜二〇〇六年）の中、バッタライは過度に親インドの立場をとったため解職されていたが、議会路線になってまた起用されることとなった。事実上、バッタライとプラチャンダの路線の分岐は、私たちがネパールを訪問していた時、議論すべき話題の一つとなっていた。彼は元々、ネパール人民戦線（United People's Front）のリーダーの一人で、一九九四年にメンバーの数人と国政選挙に参加したが、その時は全く議席を獲ることができなかった。次に一九九六年二月、バッタライはシェール・デウバ首相に対して、「民族主義、民主と民生」に関する四〇項目の要求を行ったが、そこでキーポイントとなる君主制の廃止、共和国政体を創設することが首相筋から拒絶されてしまい、むしろプラチャンダ側と連合することとなり、共同して「持久人民戦争」を発動するところとなった。

ロイは私に、バッタライの妻はかつて同窓の友人だった、と語った。実際のところ、ネパール共産党（毛派）のリーダーたちはインドで高等教育を受けており、バッタライも、プラチャンダもそうなのであった。彼らはインド知識人と政治運動に関して、交錯する様々な繋がりがある、ということであった。王静は以下こう述べている。「ネパール毛沢東主義運動はインドの「ナクサライト運動」（西ベンガル・ナクサバリーで起きた武装土地革命運動）の影響下で生まれた。一九七一年、ネパール東部のタライ平原地区のジャパ県でネパール青年党員がネパール共産党区域委員会を成立させた（後にネパール全国革命委員会〔ML〕と称した）。一九七一年五月一六日、それらラディカルな青年たちがジャパ県のジミルガディ村で武装蜂起を起こしたのだが、残酷な鎮圧を受け、多くの党員が犠牲となる。これがネパール毛主義運動の前史である」と。少々補充すると、一方のインド共産党は一九六〇〜七〇年代に二度大きな分裂を経ている。一九六四年国民会議派への態度をめぐって分裂し、元のインド共産党とインド共産党（マルクス主義派）に別れ、前者は国民会議派を支持する側、後者は反対する側となった。また一九六九年、インド共産党（マルクス主義派）は再度分裂、マルクス主義派とレーニン主義派の二つとなり、後者が「ナクサライト運動」の「毛主義者」に当たる。インド共産党（マルクス主義派）の分裂と中ソ論争、また社会主義国家間の衝突には明らかに連動性がある。二〇〇八年一一月六日、プラチャンダと会見した後、私たちはネパール人民解放軍副総司令で、新政府国防大臣バンダリの一家と夕食を共にしていたが、彼は私の傍に坐っていた。バンダリは若い時、ソ連に留学し、専門は農業技術であったが、中ソの間が険悪になり、長期の論戦が留ソ学生の間に議論と省察を引き起こした。その議論の途中で、バンダリは毛主義に転向し、「北京派」の一人となったのだ。そして「十年人民戦争」において、この農業専門家は人民解放軍の高級指導者となった。

現在の「毛主義」の脈絡は一九六〇〜七〇年代、さらにそれより前まで遡れるが、この運動の再度の台頭は主に一九九〇年代からのものである。それは、二〇世紀末からの出来事として今も継続中であり、さらに言えば、南アジアにおける新自由主義の波及に対する応答でもある。そういうことで、現在のネパール共産党（毛派）の運動は二つの時期に分けられる。つまり一九九六年の蜂起から始まった「十年人民戦争」の段階と、二〇〇六年に複数政党制の競争へと参入した議会政治期である。二〇〇八年一一月六日午前、事前にアポイントを取り、私は数人の友人とともにプラチャンダを訪問した。元々は三〇分の約束であった。彼の官邸に入った後、私はまず先に四つの質問をした。プラチャンダは真面目に一つ一つの問題について詳しく説明し、結局のところ午後からの議論は三時間にも及んだ。

私が聞いた一番目の質問は、人民民主と議会民主の関係である。二〇世紀の範囲における社会主義運動から見て、人民民主と議会主義は二つの異なる政治ルートであり、人民民主は統一戦線の闘争方針を持つものの、政治と軍事と文化のヘゲモニーを奪うという基本戦略は変わらない。中国革命はかつてこれと似た問題を提出したことがあり、また中共と仏共、伊共の政治論争の中で何度かこの問題が惹起されていた。プラチャンダの政治論文を読んだところ、彼の人民民主の理念と毛沢東の「新民主主義論」で明らかにした思想には一脈通じるところがある。いわゆる「プラチャンダ路線」はネパール共産党（毛派）の人民戦争期に形成されたもので、その基本教義は人民民主であった。しかし二〇〇六～八年の期間、プラチャンダの指導の下、ネパール共産党（毛派）は「融合理論」と複数政党制の議会政治へと舵を切ったため、ネパール共産党（毛派）の党内分裂を招いただけでなく、南アジア共産主義運動と毛主義政党の間での鋭い理論闘争をも引き起こした。これは多かれ少なかれ、一九四五年の中国で、中国国民党と中国共産党が歩み寄っていた短い期間における「和平民主新段階」に関する議論に近いものである。私はプラチャンダにこう質問した。二〇世紀の政治経験から、人民民主と議会民主との間には明らかに調和できない点があるはずだが、どうして議会政治と人民民主とが融合できるのか。ネパール共産党（毛派）の転換は人民民主の教義を捨てたことになるのか。

プラチャンダは三つの側面から答えた。一つ目。まず人民戦争の実際のプロセス、特に首都カトマンズに対する包囲戦の不利。ここでの転換が議会政治に歩み寄る契機であった。二つ目。彼はまた同時にこう言った。人民解放軍は当時ネパールの国土の大部分、特に農村区を占領していた。軍事上はカトマンズを奪取することは可能であったのだが、そうであっても、武装闘争に頼って政権を奪取することはとても困難だった。その根本的な原因は、米国とインドがネパール共産党（毛派）による政権奪取を認めないことであった。ゆえに、帝国主義の干渉を受けざるを得ないだろう、ということであった。彼は米国とインドが人民戦争の期間、カトマンズ包囲戦期に政府軍を支持していたことや直接的な干渉があった事例などを挙げた。一方では米国とインドの覇権、もう一方では中国の高みの見物。この厳しい国際状況によって、ネパール共産党（毛派）は農村から都市を包囲し、最後には都市を奪取し全国政権を獲得する「中国路線」を反復するのが困難となった。こういった歴史条件の変化があったのだ。つまり二一世紀は二〇世紀とは異なっており、以前とは違った意味を持つこととなる。実際上、既に二〇〇三年、ネパール共産党（毛派）の中央全会で「全面発展二一世紀民主」という報告が出されており、「あらゆる党派は反帝反封建の枠組みの中で、複数政党の競争は平和の裡に存在し得る」ということが承認されている。ネパール共産党（毛派）からすると、複数政党制の前提として、「反帝国主義干渉と反封建主義を前提とした憲法の枠組み」なのであった。しかし、まさにインド共産党（毛派）はネパール共産党（毛派）との論争において、こう述べたのであった。曰く「両党の会議において、あなた方の党はかつてこう言っていました。平和競争はポスト革命期においてであり、その前に持ち出すものではない、と。しかし後に、労働者階級の政権奪取の前に複数政党制ができるかどうかが持ち出され、結局は問題を避け、曖昧にしてしまいました。また七党連合での一二項目コンセンサスが達成された後では、態度を一八〇度変えました。あなた方の党はその他の買弁封建政党と競争するというのですか。あなた方が望んでいるという政党間の競争とは一体どのような民主なのか。すべて私たちの理解の範疇を越えています」（インド共産党（毛派）からネパール共産党（毛派）に宛てた公開書簡、二〇〇九年七月二〇日）。プラチャンダは対話の中で、まだ公開されていないインド共産党（毛派）への反論には言及しなかったものの、明らかに南アジア共産主義運動内部の論戦に応答しようとしていた。これはまた、この問題に対するプラチャンダからの説明の三つ目の内容であった。すなわち、人民は選挙を通じて我々を選んでおり、我々は人民民主の教義と方針を推進する権利を得ている、と。言い換えると、彼から言えば、議会民主と選挙は人民戦争が継続できない条件下での人民民主の手段なのだ、と。しかし当時も、また現在から振り返ってみても、私はこれについて懐疑的である。歴史は両者の間の埋め難さを証明している。

私からの次の二つ目の質問は軍隊の改革についてであった。ネパール共産党（毛派）が政権を担当するようになった後、議会に参加している他の七つの党派が軍隊の国家化を提案したが、その要点は人民解放軍を政府軍に合併させず、先に人民解放軍を解散し、さらに個別の戦士の編入に関しても、それに応じた条例に従って行わせる、ということであった。右派のネパール会議派はこの観点を堅持し、またネパール共産党（統一マルクス・レーニン主義）は毛派が人民解放軍と革命根拠地を維持することに反対であった。コイララ〔元ネパール会議派総裁〕との会談、そしてネパール共産党（統一マルクス・レーニン主義）総書記ネパールとの会談の中で、彼らはそれぞれこの点について議論したが、これは混乱する議会政治において、左と右が連携してネパール共産党（毛派）を押さえつけんとする政局の始まりであった。ネパール共産党（毛派）が直面した問題は、一九四五年に中国国民党が中国共産党軍と根拠地を国家化することを主張したのとほとんど同じなのであった。これもまた、議会政治のロジックにおいは必然的に出て来る問題である。私は最後にプラチャンダに以下のことを話し、質問した。人民解放軍が経験した「十年人民戦争」は、広大な農村部で土地改革を行い、人々を集め教育することであった。人民戦争は単に軍事闘争だけでなく、「マニフェスト」のようなもので、人民戦争を経験した人民解放軍も単なる軍隊ではなく、革命の「種まき機」であり「宣伝隊」である。もし人民戦争が一つの政治プロセスであるなら、人民解放軍はこのプロセスでこそ力を発揮するものであり、またその力がなければ革命政党が衰亡するのは必然的となるのではないか。すなわち、議会路線を受け入れた後、議会各党派からの解放区の解消や人民解放軍の解散の要求にどう向かい合ったのか。プラチャンダは、これが途轍もないチャレンジであることを認め、人民解放軍を解散することは拒否していた。二〇〇六年の停戦後、国連の監視下にあって、人民解放軍は軍事進行を止めただけでなく、さらに現地で武器を収納し始めていた。ネパール共産党（毛派）とその軍隊のリーダーたちは、また戦争となったら、やはり武器を取り戻して、人民戦争路線に戻れるだろうと信じている。しかし後の推移から見ると、これも幻想なのではないか（たとえば、一九四五年日本の敗北以降のマレーシア共産党は人民軍を解散したが、また武器を持とうとした時、既に状況は変わり果てていた）。プラチャンダの憲法制定会議への期待と二一世紀の民主主義への理解から判断すると、彼は武装闘争路線に戻る準備も決心もないようであった。彼との会見の後、ネパール共産党（毛派）中央の差配により、私たちは人民解放軍第一師団がある山区の根拠地を訪問した。武装は解除していたが、人民解放軍はやはり軍事訓練を続けており、多くの貧しい農民、女性、少数民族の戦士の顔には青春の熱気が漲っており、態度はきわめて実直で、規律正しくあった。私はおおよそ、人民解放軍は解散しないという言葉を信じても良いと思ったが、帰る途中で、再び我に返った。あの軍隊はもうしばらくするとなくなるだろう、軍隊が社会を解放する主要なプロセスも挫折させられるだろう、と。この予感は間もなく当たった。総理の任にあった短い期間に、バッタライは速やかに人民解放軍を解散し、人民戦争期に「勝ち取られた」土地も返還されることとなった。インドを訪問していた時、ある新聞の一角に、バッタライが「インドのスパイ」と告発されたという記事を見た。それが本当のことかどうか分かるはずもないが、中国革命の一時期と同様にして、ネパール共産党（毛派）の政治路線の分岐と地政学的要素には密接な関係がある、ということである。

私が持ち出した三つ目の質問とは、農民と土地との関係についてであった。王静が著作の中で繰り返し注意を促しているように、南アジア問題の核心部分とは、極めて不平等な、一般農民を過酷に押さえつける土地制度とカースト制であり、インドと南アジア国家はまさに、本当の意味での土地改革、土地革命を経験しておらず、そういった経済システムと一体になったカースト制も本当の意味では手が付けられていない。中国革命と南アジアの独立運動との主たる差異というもの、毛沢東思想とガンディー主義という近代に対して応答する二つのルートの差異がここにある。インドの農村であれ、ネパールの農村であれ、どこでも多くの寄生地主と小作農を見かける。小作農は労働力を供出してかろうじて生きている。ネパール人口の六五%を占める貧農の耕作地は一〇%しかない。逆に、人口一〇%の地主や富農が六五%の耕地を占めている。貧富の格差とカースト制は相互に支え合っているものであり、また少数民族と女性は圧迫される位置にあらざるを得ない。土地制度とカースト制に対する闘いは、ネパール会議派ではなく、ネパール共産党（毛派）が推進した「十年人民戦争」によるものである。根拠地において、ネパール共産党（毛派）は人民戦争を通じて「耕す者が土地を得る」政策と、農民の債務を取り除く土地改革を推進し、子々孫々土地のなかった多くの農民が土地を得ることになった。その土地改革の間、ネパール共産党（毛派）はやはり力を尽くして、女性と少数民族の地位を高めた。人民解放軍の中で見かけた多くの女性戦士や女性指導員、また多くの少数民族戦士は下層出身で、カースト制と土地制度による搾取と圧迫を受けていたが、人民軍の中では平等の地位を獲得していた。しかし、ネパール共産党（毛派）は議会に入り、複数政党競争に入った後、「十年人民戦争」において獲得した土地改革の成果をどう処理するのか、これは議会闘争の中の一つの焦点である。憲法制定会議は妥協の産物であり、憲法において私有財産は認められている。ネパール共産党（毛派）以外、他の各党派はネパール共産党（毛派）が人民戦争の中で推進した土地改革とその成果を承認せず、法律と政治圧力によってネパール共産党（毛派）のメンバーによる土地改革期の「暴力」を追及せんとしている。だから私はプラチャンダにこう問うた。議会政治に転向した後、ネパール共産党（毛派）はいかにして、他の各党が提出している地主への土地返還に対処しているのか。ネパール共産党（毛派）はこのことによって自己の社会的基礎を失うのではないか、と。

プラチャンダは明らかに、この問題が彼の指導した革命運動の意義であることを理解していた。彼は談話の中で明確に、ネパール会議派、ネパール共産党（統一マルクス・レーニン主義）の土地返還にかかわる要求を拒絶している、と言明した。彼の差配によって、私たち一行は、回復再建委員会の三人のリーダーと会見することができた。彼らは人民解放軍の副総司令官、また高級指導員であった。彼らの見方では、土地改革の成果は逆戻りさせられないだけでなく、ネパール全体の土地改革をさらに進めなければならない、ということであった。しかし政治路線の変化と人民解放軍の解散にともなって、土地改革の成果は保障され得ないかもしれないのではないか。この点については、ネパール共産党（毛派）の下野を待つまでもなく、現在では明らかとなっている。

私から出した四つ目の質問とは、憲法と連邦制についてだった。二〇〇六年「十年人民戦争」が収束、二〇〇七年一月に『臨時憲法』が発布され、臨時議会が招集された。臨時議会はまず、国王の行政権を剥奪し、首相が臨時に国家元首の職務を代行して行政を掌握した。その二か月後、臨時議会は憲法に対する第一修正案を通過させ、憲法制定会議選挙を通じて連邦民主制が実行されることが規定された。そしてその一二月に通過した第三修正案において、ネパールが連邦民主共和国たることが宣言され、憲法制定会議を仲立ちとして、初めての会議が正式に批准された。今日ネパールは東部、西部、中西部、極西部の五つの経済発展区に分けられ、その下に一四の区域が設けられている。二〇〇八年に毛派の執政の後、どう連邦制を建設するかという選択に直面した。ネパールは民族識別を通じて、当初の段階で六二の民族を認めたが、後には五八となった。人民戦争期、多くの酷い圧迫を受けていた少数民族が人民解放軍に参加し、ネパール共産党（毛派）は少数民族に対して多くの自治権を与えていた。それと同時に、ネパール社会はインドと国境を接しているマデシ地区の地位問題が大きな争点となっている。それインドは独立後、周辺国家との関連で、イギリス植民地主義のいくつかのやり方を継承した。たとえば、それは「インド・ネパール友好条約」で、インドは国境を開放したため、多くのインド人がネパール領内に住むことになった。マデシ地区はつまり、印僑とインド人が集まっている地区であり、そこは土地も豊かなのである。マデシ人権フォーラムは議会八大党派の一つで、彼らはマデシ地区が全体として連邦に入ることを主張している。私がプラチャンダに提出した第四の質問とはつまり、連邦制はネパールの国情に合っているかどうか、またどのように連邦制を実行するのか（地区に依るのか、エスニシティに依るのか）、また各邦の規模はどのくらいになるのか、マデシ地区の地位はどう確定するのか（全体としてまとまりをつけるのか、幾つかの区域に分けるのか）、ということであった。

プラチャンダは、大変重要な問題だと言った。ネパールは単一制を採れないのであり、連邦制を採ったが、それは歴史と現実の要因による、とも述べた。彼はネパールの民族状況を説明したが、特に少数民族が人民解放戦争の中での役割や地理区域の条件などについて語った。そして最後に、マデシ地区の問題に集中して回答した。マデシ地区はネパールで最も豊かな平原区で、多くの印僑とインド人が住んでいる。だが国境が開かれたので、インドの影響がこの地区を通じて国家全体に入り込むことになった。マデシ人権フォーラムはマデシ地区全体を保全して連邦に入る意図を堅持しており、これは、ネパールの独立と統一性、安定性に潜在的な脅威となっている、と述べた。少なくとも当時、ネパール共産党

（毛派）はオルタナティブな方法でマデシ問題に当たろうともしていた。ただ事実上、この問題はインドのネパールに対する影響力と浸透に繋がっている。そこで毛派は、中国の支持を得て、インドからの干渉を牽制しようとした。が、ネパールにおいて、これは極めて敏感な問題となり、インドの逆鱗に触れてしまうことなのであった。おそらく、そういった要因があって、後に外交学会が行っている活動の中に組み込む形で、プラチャンダはテレビ局を差配し、私にインタビューを申し込んだ。そこでの第一の問題とは、ネパールは覇権国家の干渉を受けており、中国はネパールの自主的発展を支持するのかどうか、ということであった。

プラチャンダとの会見が終わろうとした時、彼はまだまだ言い尽くせないと言った後、この問題はネパール共産党（毛派）が直面しているキーポイントに繋がっている、と述べた。そして訝る様子で、どうしてそんなにネパールの問題を理解できているのか、と私に問うた。実際のところ、私のネパールへの理解はかなり不十分なものである。提出された問題は、すべて中国革命にとって類似するポイントを基礎にした理解である。そういうわけで私はこう思った。インド、ネパールから南米国家の社会闘争の視点、また中国の転換期にかかわる視野から、二〇世紀の中国（特に中国革命）の歴史を振り返ること、これもまた掘り返されるべき課題だ、ということである。世界各地の毛主義運動は「毛主義」の旗の下で展開されているが、彼らは否応なく、中国の転換と二〇世紀社会主義運動の挫折がもたらした結果に直面せざるを得ないだろう。プラチャンダの執務室を離れる時、私は既に毛派による執政の前途の不明さを予感した。しかし私は同時に信じている。ネパール共産党（毛派）の選択について同意するにせよしないにせよ、彼らの時代の変化と運動の影響にかかわる感覚にはリアルなものがある、ということを。単純に過去の道を反復するだけなら、やはり未来はないということを。変化する条件の中で、原則的な価値を守りつつ、可能なる戦略と戦術を模索する、ということであろう。たとえば、南アジア毛主義運動における「議会路線」と「武装闘争路線」の間の論争は、元より二〇世紀の共産主義運動における理論と政治路線論争の延長にあるものであり、現代資本主義とその覇権形態の力は、このような論争が出てくる無視できない外的条件である。それだから、新たな歴史条件の下（二一世紀に属する）での、絶対多数の人々の利益を守る政治形態を模索する必要があるのだ。この模索はネパールや南アジア地区だけでなく、普遍的な政治危機にある現代世界にとって重大な意義を有している。

3　「低強度戦争」下の政治の模索

王静はその著作の中で、インドの拡張主義と各国の支配階級の毛主義運動への残酷な鎮圧について詳細に紹介している。一九八六年七月、二〇名余りの専門家によって組織された軍事シンクタンクがパナマで秘密裡に「低強度戦争」理論を研究していたが、それが実行に移された。それは「第三世界国家の「ゲリラ戦」と「人民持久戦争」に対して大きな作用を発揮し、またその実行のプロセスにおいて不断に改良が為された。この戦略には以下の三つにわたる特徴がある。一つは、軍事、社会、政治、経済、心理などの手段を総合的に併用したところの、全面的で、長期的で、消耗的な戦争であるということ。二つ目は、「心理戦」が戦略のキーポイントであり、その目的は「人民の思想をコントロールする」ということ。三つ目は、経済上の封鎖を行い、革命運動にとっての経済的な支えと戦争への供給を断つこと。四つ目は「情報」が重要な武器となること。五つ目が革命運動のリーダーに「斬首行動」を採り、革命運動のリーダーシップを奪い四分五裂へと導くこと」であった。この中で挙げられた思想をコントロールすることについて言えば、「低強度戦争」は南米や南アジアに限られたことではなく、むしろグローバルな思想改造運動だということである。そしてその中でメディアと世論のコントロールは重要なポイントとなる。このメディアと世論に関して、王静が提示した「独占資本階級による情報技術戦略」はさらにこの「低強度戦争」を恐ろしいものとする。すなわち、王静はこう述べている。「ロシア革命と中国革命のプロセスにおいて、独占資本階級と労働者の間の技術的な差異は一定程度縮められ得た。様々な方法で、無産階級と労働人民の武装力が持つ軍事技術の力は、戦争のプロセスにおいて敵対階級との間で一定程度の平衡を見ていた。しかし二一世紀の今日、二つの階級の間の技術の落差はもっと拡大している。情報技術の特徴は、投資の規模の莫大さと集積密度の濃さ、また特に膨大なテクノクラート層を抱えているということである。たとえば、「森の中のゲリラ行動」において、インド政府は米国の助けを借りつつ、情報技術の優勢を利用して、インド共産党（毛派）リーダー層の通信暗号に監視を行い、斬首行動を採っている。情報産業全体とインターネットの核心技術が米国によりコントロールされている中、中国やロシアなどの大国でさえ、米国によるネット戦争と情報戦争の非対称的な脅威に直面している。南アジア各国の毛主義者政党は目下の不利な局面を打開せんとしても、その困難は途轍もない」と王静は述べている。言い換えると、現代世界を席巻している技術革命の浪によって、圧迫と収奪の基礎構造がむしろ固定化されるということ、また技術革新を自分たちのものにできない辺境区域から言えば、覇権国家と統治階級が推し進める技術コントロールの力は、ますます厳しいものとなっている。

グローバル資本主義の発展と統治階級の「低強度戦争」が毛主義運動に対する外側からの挑戦である

ならば、そこで成熟したリーダーシップが可能かどうか、これが毛主義運動の内部からのチャレンジとなるのだろう。一九世紀共産主義運動の誕生から、理論闘争、路線闘争と政治分裂はこの運動の特徴の一つであったし、中国革命もそうであった。二〇世紀、多くの革命リーダーと革命政党はまさに理論闘争と路線闘争を通じて成熟していったと言える。革命運動の内部分裂は常々、外部条件の悪化とともに引き起こされるが、中国革命の中で発生した内部粛清や分裂もそうであり、多くの取り返しのつかない悲劇もあった。南アジア毛主義運動も元々は、中ソ論争や社会主義陣営の内部分化の産物であり、そのプラスの意義としては理論闘争と路線分岐が政治性を高めた一方、マイナスの結果として、理論闘争と路線分岐が長期化することで、次々に政治的な分裂が引き起こされた。統合と分裂はこのようにして、毛主義運動に伴う現象であると言える。すなわち、ネパール共産党（毛派）は元々、一連の政治的な分離現象の産物であり、分離と統合を繰り返してきた結果である。目下の党はネパール共産党（マシャル派）の幾つかのセクトが統合されたもので、そのマシャル派は元々ネパール共産党（マサル派）から分離したものであった。一九八九年、プラチャンダがマシャル派の総書記となった後、その党は三つのセクトに分裂していた。次に一九九一年、ネパール共産党（統一センターマシャル派）が核心部分となって、他の三派の毛派政治グループが、マルクス・レーニン主義、毛沢東思想を指導思想として、新民主主義革命を実践するネパール共産党（統一センター派）を設立した。そして一九九二年、ゼネストを主軸とする都市大衆運動の失敗の後で、プラチャンダの指導の下、ネパール共産党（統一センター派）は農村に移転することを決定、農村から都市を包囲する人民戦争を推進するところとなった。その結果、ネパール共産党（統一マルクス・レーニン主義派）との路線の違いにより、長期的な政治競争が発生する。ネパール共産党（統一マルクス・レーニン主義派）は一九九一年に成立したグループだが、一九九五年成立のネパール共産党（毛派）とも様々な縁を有していて、また両者ともそれぞれ母体の分化の産物として出てきたものである。こういった左翼党の間の分岐と同時に、ネパール共産党（統一センター派）内部で「非暴力非協力」の和平路線と「人民戦争」の暴力闘争をめぐって展開された二つの路線闘争に伴って、結果として和平路線のセクト（つまり「四派連合」派）が党から退出することになった。こういった準備期間を通じて、一九九六年から人民戦争がついに始められることになったのである。

真の政治統合は、実践の検証を通じた現実に対する理論的分析の上で為される必要がある。この理論的分析こそ、成熟した戦略と戦術を支えるのである。中国革命の中で、その最も典型的な例は「持久戦を論ず」と「矛盾論」と「新民主主義論」など、一連の著作の出現と毛沢東を核心とするリーダー群の誕生である。ネパール共産党（毛派）は、「十年人民戦争」において、激烈な理論闘争と政治闘争が経て、最後にはプラチャンダを核心としたリーダー群が形成され、政党・軍・大衆が有機的な政治力となった。しかし議会政治に向かう中で、理論闘争と路線闘争は政治的な失敗により、政治統合が有効に形成されないだけでなく、政治的変化がある度に新たな政治分裂が引き起こされることとなった。ただネパール共産党（毛派）は人民戦争と土地革命を推進する政党として、その成熟のあり様は南アジア、南米その他の毛主義運動には為し得ないような水準までいった。そのネパール共産党（毛派）の政治的挫折は、しかし大なり小なり、真の戦略眼を有する政治リーダーとその指導体制の欠如によるものと言うべきであろう。

ネパールを訪問した数ケ月後、シンポジウムへの参加のためベネズエラを訪問していたが、そこで農村調査に入る機会を得た。その旅の途中、私は無意識のうちに、左翼が執政する二つの国家とその政治運動について、比較することとなった。ネパール共産党（毛派）は一〇年の人民戦争の経験があり、比較的成熟した政党であるが、チャベスのベネズエラはそうではない。チャベスの党は選挙に合わせて、急いで作った組織であり、そこには様々な人間が出入りしている。前政府での官僚の立場を維持した人物、また投機的な意図で入ってきた人物もいる。しかしその党と較べるなら、チャベスは理論的視野、戦略と戦術を有する魅力的なリーダーであった。彼は民衆との積極的なコミュニケーションを通じ、官僚的政党を飛び越え、石油の国有化と土地改革の方向でその政治的ラディルさを維持した。彼の政治的弱点は、政党の脆弱さと文化的リーダーシップの弱さにあり、それらの弱さは直接に魅力的リーダーへの過度の依存を招来した。それとの比較として、議会闘争に入った時期のネパール共産党（毛派）は「十年人民戦争」の鍛錬を経た政治組織であって、分厚い民衆的基礎、豊富な幹部、組織力と軍事力を有していた。しかしその成熟した政党であっても、未来の洞察に富み、立脚点のしっかりした、戦術に長けたリーダーたちが登場していないし、現代世界とネパールの現実に成熟した理論と戦略を発展させられないでいる。議会政治の枠組みの中で、ラディカルな政党はその大衆的基礎を失い、そのリーダーたちも民衆とのコミュニケーションの中で人民制度を打ち立てられなくなり、政治闘争の失敗に帰着している、もちろん、ネパールとベネズエラの歴史条件は異なっている。前者は南アジアにあって、インドの影響を強く受け、カースト制度と地主制度が国家全体の発展に限界を生じさせている。後者は南米にあって、植民地経済とその遺制からの制約を受け、石油産業のコントロールは買弁階級の手中にあり、また地主農場が大部分の土地を占め、モノカルチャーがコーヒー生産に集中し、本当の意味での農業が育たない。ここでは、二つの左翼政府の政治‐経済綱領の比較はしないが、一つの視野として、成熟した政治指導権の形成条件とは何かを考えてみた。ネパールとベネズエラの異なった経験を通して、私はリーダー、政党、人民の三者の関係から、一九六〇〜七〇年代の中国の政治危機の幾つかの徴候を見出すこともできると思う。

王静の著作に収められた独立した論文「二一世紀南アジア毛主語運動――現実の情景、理論的ポイント、未来への挑戦」の末尾で、王静は予想外にも、中国の「一帯一路（二つシルクロード構想）」の提唱に説き及んでいる。曰く「中国の「一帯一路」戦略は南アジアにおいて順調に実施されるのだろうが、戦略的な計画の中で、どうすれば南アジアの下層貧困人口が直接的に政治経済を代表し得るのかを考慮しなければならない。つまり、南アジアの毛主義政党も含めて、共産主義政党はこの戦略の動力となるのであり、障害としてはならない」と述べている。中国はアジア・アフリカ・ラテンアメリカとの間で多くの挑戦に直面している。第一に、米国は様々な地域で中国を圧迫し、アジア地区においては冷戦の枠組みを再建せんとしている。第二に、欧米において徐々に攻勢を強めている「中国新植民地主義」という言説である。第二に、中国の発展ルートと西洋の発展ルートの折り重なるところでの歴史記憶の問題である。アジア、ラテンアメリカにおいて、中国革命の歴史は貴重な記憶であるだけでなく、中国が新たな展開を見せる場合に参照が必要となる政治価値である。そういった政治価値は、現在の実践の参考となるだけでなく、二〇世紀中国革命の悲劇に関しても、キーポイントとなる意義というもの――革命に対する思考と批判には革命に内在する視野が必要である――を持つだろう。「一帯一路」が成功するには、異なる地域の下層貧民の人口、及びその政治運動を思考の内部に置く理論的視野と戦略が必要になる。しかしそういった国際戦略を行う前提として、国内の発展（開発）モデルに対する新たな調整と再定義がなければならない。中国は明確に欧米植民地主義のルートを拒絶すること、史的資本主義〔ウォーラーステイン〕とは別の道を歩むことで、各国人民の普遍的なアイデンティファイと支持を得ることができるし、そうして覇権国家の政治、軍事、経済的圧迫から抜け出し、また階級制を再構築することを使命とする金融資本主義の運命を突破し、積極的な貢献ができるだろう。これはグローバルな平和の必要条件の一つである。

（二〇一五年一二月八日）

第五章

記念碑を越える、あるいは真知の始まり

河村昌子　訳

青空と雪山の間で

一九二九年の春、ダートマスの雪山と青空のあいだで、ポーランド生まれのユダヤ人哲学者エルンスト・カッシーラーとマルティン・ハイデガーが、深遠な影響を与えることになる論争を行った。カントの『純粋理性批判』をめぐるこの哲学対談で、ハイデガーは神話、技術と知識の関係などの問題について、啓蒙主義に基づいたカッシーラーの文化哲学の立場に挑戦した。この論争の中心的な問いは、何が人間の限度か?、客観性はどこにあるか?、何が文化か?、何が真理となるか? だった。ある学者に言わせれば、この論争は二〇世紀ヨーロッパ大陸の哲学に修復不可能な根本的な亀裂を生じさせたという。だがそうだとしても、二人の哲学者の思想はいずれも、生の哲学、新カント主義、現象学、実存主義といった、二回の世界大戦のあいだに興った哲学思潮に属しており、双方共通の出発点から離れて、この激烈な哲学的断裂を把握することはできない[1]。若きユダヤ神学者、哲学者エマニュエル・レヴィナス(Emmanuel Levinas)はこの論争を目撃し、その場にいた大多数の学生と同様、ハイデガーの才気と哲学に傾倒し、懊悩の種を宿すことになった。戦後、自己省察と自己批判を完成させるために、レヴィナスはハイデガーの反人道主義の立場から撤退してユダヤ神学に戻り、改めて「他者」を人道主義の基本テーマとして確立することに力を注いだ。この大文字の「他者」はここから、倫理学の命題から形而上学の命題へと昇格した。

二〇世紀には、哲学と政治の関係が一貫して時代の重大問題であり、ひとつひとつの理論上、哲学上の変移は、歴史の方向を大きく変化させる可能性があった。「観念は結果をもたらす（Ideas Have Consequences）」とは、一九四八年に出版された古い本の題名である。(2) だが、経済中心の現在の世界で、カッシーラーとハイデガーの真相が露わになっても、彼らの形而上学的論争がなお現実の世界に大きな影響を与えることなどできるだろうか？　観念は本当に結果をもたらすのか？　という疑いが沸いてくる。

二〇一四年冬、一九二九年の哲学論争の舞台からほど近いところで、「革命的知性（Revolutionary Learning）」をめぐる討論が行われた。会議はコペルニクスの「我々は我々が知るところのものを知っていることを知り、我々が知らざるところのものは知らないと知る、これが真の知性だ。（To know that we know what we know, and to know that we do not know what we do not know, that is true knowledge）」という言葉を引いてこのテーマの注釈としていた。私は招待状を受け取った時、これは科学技術革命と知識の変遷についての会合だろうと思ったが、よく見ると下に「歴史知識からよりよい未来を構築するには？（How can knowledge of history create a better future?）」とあり、会議の議題が歴史叙述の問題であることを理解した。

コペルニクスのこの言葉は、実は太史公の名言「天と人の際を究め、古今の違いに通じれば、一家の言を成す」と同工異曲である。彼らは「我々」とは誰か？　を直接問うてはいないが、いずれも知識の

（1）この論争についての詳細な研究に Peter E. Gordon の新著 *Continental Divide: Heidegger, Cassirer, Davos* (MA. Cambridge: Harvard University Press, 2010) がある。

（2）作者はアメリカの新保守主義の基礎を固めたリチャード・ウェイバー（Richard Weaver）。今日の状況を目にして、個人の財産権を「最後の形而上学的権利」にまで切り下げたこの人は、喜びと憂いなかばであろう。一方では、彼の拒絶した物化の所有権が、かつてない力で世界を征服しつつあるが、その反面において、彼が主張したコミュニティ的な個人主義は、信仰の名において再び蓄積されつつある。

境界を問い質している。というのも「我々」が誰であろうと「知識」の境界と「我々」の位置は自我認知と密接に関わっているからである。おそらく太史公はこの点を認識していたので「天と人を究め」「古今に通じる」学問を謙虚に「一家の言」と言ったのだろう。「一家の言」という言い方は自負や専横から出てきたものではなく、「我々の知らざるところのものは知らない」という意識から生まれている。真の知識がこの境界への認識からスタートするのだとすれば、コペルニクスの「早口言葉」も一種の身分的なるものの制約に対する追及だと解釈できるのではないだろうか？　人類の未来を探求することは、探求者自身を問いただすことと切り離せない。人類の歴史認識は偏見を積み重ねて形作られてきたし、悲劇の大半は人々が普遍という幻想でこの偏見を覆い隠そうとした時に起こった。科学者は宇宙の奥義を探索していれば自分の身分と役柄を忘れられるかもしれない。だが歴史家が「これは誰の歴史知識か、誰の未来のために創られたのか」を忘却するのは不可能だ。前者は別の宇宙からの下問に必ずしも直面しなくてよいが、後者は他者の注視のもとに生きることを運命づけられている。

ヨーロッパの啓蒙運動は一種の普遍的知識を追い求め、人権運動は普遍的権利のために力を注いだ。だが啓蒙して、人権思想が発明された後も、人類の悲劇が減らなかったのはなぜだろう？　一九世紀と二〇世紀、啓蒙あるいはポスト啓蒙時代の欧米における戦争と殺戮の規模は古代をはるかに上回り、人権さえ戦争の理由となった。マイケル・マンが『民主の暗黒面』で論証したように、古代社会にも野蛮な屠殺は存在したが、種族を絶滅させるとか、民族身分を徹底的に抹殺するという事件は、むしろ現代的な現象である。マンは大量の例を証拠に、さらに一歩進めて、民族ホロコーストはネーション・ステートの政治民主化の潮流の中で頻繁に起きていると断言した。現代の民族民主国家誕生のプロセスは、自由、寛容、平等とは正反対の民族浄化から始まっているのだ(3)。近代普遍主義の名のもとに産み出された暴力は、キリスト教世界で神の名のもとに行われた十字軍東征をはるかにしのぐものとなった。小ブッシュがイラク戦争を十字軍東征になぞらえた時、多くの欧米人は驚愕した。だがマンの研究に従えば、むしろ当たり障りのない言い方である。人々が小ブッシュの「失言」に驚愕したことは、普遍性、全人類の歴史知識に力を注いだところで、人は歴史身分とその視野の境界から逃れられないことを証明しているにすぎない。

窓外の山には細かな雪が舞っていた。討論が始まった。

横向きの時間

講演者と聴衆は円卓を囲んで入り交じって席に着き、私は二つの物語を語った。ひとつめの物語は、参加者の一人である芸術史家、ニューヨークのメトロポリタン美術館館長トーマス・キャンベル（Thomas Campbell）博士との対談についてである。キャンベルはシンガポール生まれで、オックスフォードとロンドンで育った。痩せぎすで、金縁メガネをかけており、若いころは長年目を向けられることのなかったタペストリーのヨーロッパ芸術とメディアにおける作用について精力的に研究した。一九八七年から一九九四年の間に、彼はロンドンで Franses Tapestray Archive というタペストリーのアーカイブを設立し、一二件のタペストリーの図案を収集した。キャンベルは一九九五年にメトロポリタン美術館に入り、二〇〇八年に館長に昇格した。二〇一一年七月から二〇一二年六月までに、メトロポリタン美術館の来館者数は創設以来最高の六二八万人に達した。彼の発案で、メトロポリタン美術館はイスラム芸術とア

（3） Michael Mann: *The Dark Side of Democracy: Explaining Ethnic Cleansing*, Cambridge: Cambridge University Press, 2005.

メリカ芸術の展示室を設け、大量の来館者を引きつけただけでなく、年間クリック数が四四〇〇万人に達すると言われる、オンライン鑑賞という奇跡まで生み出した。二年前、ニューヨークの友人のところで、メトロポリタン美術館が新たに展示したイスラム芸術の画録を目にした。このうえなく精巧で美しく、画録を閉じると、思わずその足で美術館に向かった。ペルシャ芸術のコーナーで、私はまずペルシャ陶器芸術が三彩技術を独特に運用しているのに魅せられた。次いで、ペルシャ芸術の人物画や花鳥が中国の窑画にとても似ていることに驚いた。三彩とペルシャ芸術、いったいどちらがどちらに影響を与えたのだろう?

三彩技術の起源は唐代にまでさかのぼるが、ペルシャ陶器は三彩技術をまったく異なる構図と風格にまで運用した。逆に、唐三彩の構図、形、構造、装飾はササン朝銀器の影響を強く受けている。私の故郷揚州には「bo xi xian bao」という方言があり、ひけらかしという意味だ。私は小さいころからこの言葉を使っていたが、「波斯献宝」と書き、晩唐、北宋時期に中央アジアから中国へやって来た商人やアホンたちが携帯していたペルシャ宝物の精巧な美しさが語源だとは知らなかった。揚州語には、精緻でうるわしいことを形容する、少しセクシーなニュアンスのある言葉があり、「bo qiao」と言い、「波俏」と書く。やはりペルシャ宝物が粋で魅惑的なことと関わりがあるのではないだろうか。ササン朝ペルシャは三世紀に建国された。それ以来、イラン高原の伝統工芸は長足の進歩を遂げ、王朝の権威と威容を象徴する金属工芸はその代表だった。イラン高原の技術者は蝋型鋳金法と銀板鋳造法で銀器を加工し、器の表面の浮き彫りに精緻な彫刻の模様をつけ、さらに部分的に金を施し、鮮やかな彩りにした。隋唐陶磁器の造形はペルシャの風格を模倣しており、装飾面でもササン朝銀器の完璧な工芸技巧を手本とし、三彩釉はこのような風格に新たな色彩を加えた。唐三彩の鳳頭瓶は明らかにササン朝ペルシャの銀器の影響を受けている。三彩という名称は釉薬の色、すなわち銅の緑色、鉄の赤褐色、コバルトの藍色から来ており、三種の釉薬が混ざると変化してたくさんの新しい色が生まれる。唐三彩は、東漢以降の緑釉と黄釉の陶器を基礎として、ペルシャの藍釉の技術を取り入れ、焼いて作られる。藍色のコバルトはペルシャから輸入し、俗に「三彩貴藍」と称されるのは輸入ものの稀少さと関係しているのだろう（元代の青花の〝青〟もそもそもペルシャからもたらされたため、〝回青〟と称するのだと言われている。ただし明清時代には、主な原産地は雲南などに移っていた）。だから、三彩とペルシャ芸術のどちらがどちらに影響を与えたかは簡単に言えない。彩色と図案の間にも何回もの転換があり、相互に影響しあっている。唐三彩が後代の陶磁器に与えた影響は極めて大きく、遼三彩、宋三彩、明三彩、清三彩はもちろんこれを継承しているし、ペルシャ三彩、イスラム三彩、新羅三彩、奈良三彩もその影響を受けている。

日本の京都学派の代表的人物である宮崎市定は、中国絵画、ペルシャ密画とルネッサンスの関係について言及し、その関係の鍵はモンゴルの征服史にあるとした。宮崎は「モンゴルの大征服によって、中国の絵画は西アジアのイスラム世界に編入され、殊にペルシャを領有したる蒙古伊児汗国において密画美術の空前なる発達を見た。元来イスラム教は偶像崇拝を極度に排斥するので、西アジアにおいては人物はもとより、動物の類を絵画彫刻に現すことすら憚られていたのである。それが蒙古の征服により、一時イスラム教の重圧が取除かれ、これを契機として中国画法が輸入され、極彩色の密画となってペルシャ文学書を飾ったのであった。さすがに長年月の宗教的伝統は、壁画や額絵を鑑賞するのを躊躇させたが、さまで人目につかざる写本の挿絵ミニアチュアとして出現した。この新美術は後にイスラム教の復興に遇っても黙認され、西アジア、インドのイスラム圏内に特殊な芸術として長く繁栄した[4]」と述べている。ペルシャの密画（miniature）は当初『コーラン』の縁飾りの図案に使われ、しだいに書籍の挿絵、表紙、扉絵の図案などに援用されるようになった。密画は相前後して羊皮、紙、象牙板や木版を材料とし、顔料には鉱物、時には真珠やサファイアを研磨して用い、ギリシャ、ローマで広く流行した。だが宮崎市定の説に従えば、ルネッサンス時代の絵画と密画の関係は、ギリシャ、ローマからもたらされたのではなく、ティムール王朝の拡張に源があるという。中国の芸術がモンゴルの勃興に深い影響を受けた時代だった。宮崎は、「伊児汗国における密画芸術の最盛期の直後、イタリアにルネッサンス絵画の第一期が現れ、ついで西アジアにおいて帖木児王朝下の密画隆盛期の直後に、イタリア・ルネッサンス絵画の第二期黄金時代を現出したのを見ると、西アジア美術とイタリア絵画との間に文化波動の因果関係が認められるようである。最も個性を尊ぶ絵画のような芸術の部門において、題材や筆法の点で両者の連絡を証明するのは甚だ困難であるが、西洋のルネッサンス絵画の衣服に少なからぬ西アジア起源の模様が見出されることなどから推して、相当に密接に両者の間の芸術の関連を想像してよく、その西アジアの絵画が東洋の影響下に成立したものであるとすれば、西洋のルネッサンス絵画も、実は東洋絵画の西方伝播の一つの波の上に位置するものと考えて差支えないであろう(5)」と述べている。

私は、三彩とペルシャ銀器、中国密画とペルシャの人物花鳥画、西アジアの芸術とルネッサンスの複雑な関係について語るための知識をこれ以上持ち合わせていない。だがこれは「我々が知らざるところのものを知らないことを意識する」瞬間で、あるいはひとつの契機かもしれない。まさにこの瞬間、歴史知識を支える二つの基本カテゴリー、すなわち起源と時間が、突如問題になってくる。起源の概念は歴史の変遷を、過去から現在、ここからそこまでという時間の脈絡の中に組み入れ、時間の概念は変化の方向を規定する。起源をさかのぼるという方法を取ったところで、我々の歴史理解は上から下への縦向きの流れであらざるをえない。だが、我々を形作っているのは父母、祖先だけでなく、多くの場合友人、同僚、閲読行為を通してもたらされる他者の知識と経験、さらに未知の世界が、我々の内部に深く浸透しているのであり、我々が「彼らの内部」に浸透しているのとまさに同じように、起源という概念では言い表せない。このなかなか人に察知されない瞬間は、歴史の変遷がより豊かなつながりであることを示しており、縦向きの単線的な時間とは異なる別の時間概念、すなわち「横向きの時間」でこそ叙述できる。横向きの時間はこれとそれの関係を排斥するものではない。だがこのような関係には可逆性があって、これとあれは位置を変えることができ、相互に絡み合っている。時間の中でこそ他者は出現する、あるいは他者との関係こそ真の時間性の現れである。これこそ若き日にハイデガーに追随して後悔したレヴィナスの哲学が発見したことではないか？　私に言わせれば、「他者としての主体」にはさらにひとつの哲学的前提が必要であり、それは横向きの時間である。

およそ一〇年前、私はボローニャで、イタリアの歴史学者カルロ・ポーニ（Carlo Poni）教授と知り合った。ポーニはアナール学派の大家ブローデルの弟子だが、カルロ・ギンズブルグ（Carlo Ginzburg）教授とともにミクロ歴史学（Microhistory）の代表者と見なされている。八〇歳過ぎの、大柄で、優しい親しみやすい人だ。ブローデルの怒りっぽさは彼の学問と同じぐらいスケールが大きく、学生たちはブローデルを敬いつつも畏れていた。だがブローデルは若いポーニを自宅に住まわせ、跡継ぎと見なしていた。私たちはアナール学派からミクロ歴史学まで、マルコ・ポーロからシルクロードまで語り合った。彼は私

（4）　宮崎市定「東洋的近世」。『日本学者研究中国史論著選訳』（一）、中華書局、一九九二年、二三七頁。原著は、『宮崎市定全集2　東洋史』、岩波書店、一九九二年所収。引用部分は二三六頁。
（5）　同前、二三七－二三八頁。原著：二三六－二三七頁。

を当地の技術博物館、特に紡績機器のコーナーを見るようにと誘ってくれたが、その日はちょうどストライキのデモ行進があって交通が規制されており、実現しなかった。ポーニ教授の名著 *La seta in Italia: una grande industria prima della rivoluzione industrial* は、シルクロードに関する研究だが、シルクロード貿易を中国から中央アジアを経由してヴェニスに致るという単方向の伝播と見なさず、シルクロード貿易の沿道で、どのような具体的条件下で紡績技術が不断に革新され、しだいに成熟していったかを研究したものである。これはイギリスの産業革命以前の紡績技術革命である。これも宮崎市定の観点を別の角度から裏付けるものではないか。「ヨーロッパの産業革命は決してヨーロッパ単独の歴史ではあり得ない。それは単なる機械の問題ではなくして、社会機構全体の問題だからである。……東洋との交通なくしては産業革命は遂行されなかったであろう(6)」。だが翻って言えば、もしアジアと中国の歴史しかなかったならば、一九世紀と二〇世紀の歴史はどう叙述すべきか、ということになる。このような方法で三彩、密画の材料と技術と構図の伝播と形成を観察すればきっと面白いだろう。それを産業革命の起源の研究に応用すれば、思いがけない成果が生み出される可能性さえある。これは一種の反起源論の研究、横向きの関係から技術革新とそれに伴って起こる社会文化の変遷を探索する方法である。ポーニの研究で、方法とされているのは、中国でもイタリアでもなく、不確定で、変動し続け、新たな事物を生み出す歴史である。流行の言い回しで命名するなら、『易経』の「生生これを易と謂う」から取って、「方法としての生生」とでも称することができようか。「生生」の歴史観は身分とその境界への問いを取り消すものではない。一回ごとの生成の独特の過程を抹殺することはできず、むしろ逆に、誰が、いつ、どこで、どのような条件で、なぜ、何者との関係において、ある出来事が起こるのかは、まさにミクロ歴史学の関心の核心的環節となっている。「生生」史観あるいは「ミクロ歴史学」はいずれも実証主義への回帰ではなく、身分と境界への問いを「我々が知らざるところのものを知らないと知る」ことへの探求に変えたものだと言った方がいい。

私がこの早口言葉を繰り返すのを聞いて、みなが笑った。キャンベル先生は円卓の脇でグラスを掲げて私にあいさつしてくれた。そこで私は次の話題に移った。それは「私」とは誰か、という問いに関わる物語である。「私」は独特だ。なぜなら「私」は関係の中に位置しているだけでなく、関係から構成されるからである。「私」の独自性とは錯綜した関係から構成される一種の状態（relation of）である。関係の状態としての「私」は同時に独特である。なぜならある事物（人も含む）との関係（relation of）によって境界を定められるものではないからだ。「私」は流動的で、歴史性の生成と再生成の過程であるが、この歴史性の生成過程は「私」の能動性によって実現する。

ヘルムート・シュテルン

これはユダヤ人問題とホロコーストに関する物語だ。テーブルの向かい側に黒髭をたくわえたユダヤの歴史家が座っていた。彼は藍色の帽子をかぶり、物静かな表情をしていた。私は彼を見つめ、話し始めた。

戦後の欧米で、「ホロコースト」はあらゆる歴史叙述の政治的、倫理的座標だ。一九五五年、アドルノ（Theodor Ludwig Wiesengrund Adorno）は、ある作品の冒頭でこう語った。

（6）同前、二二三八頁。原著、二二三八頁。

芸術にかんすることで自明なことは、もはや何一つないことが自明になった。芸術のうちにおいても、芸術と全体との関係においても、もはや何一つ自明でないばかりか、芸術の生存権すらも自明ではないことが。(7)

アウシュヴィッツは歴史の座標であり、ここからスタートして、すべてを再評価する必要がある。つまりすべての歴史知識はすでに無効だということに他ならない。言い換えれば、すべての歴史知識が失効してはじめて、ホロコーストは理解可能となる。歴史知識の失効が意味するのは、これまでの経験でその事件の独自性を評価できないということだ。この言い方はしばしば誤解され、この座標を唯一の座標としてその後のすべての歴史事件を評価すべきだとされる。これは独自性についての思想が一般性のある見解にいかに変じていくかの一つの例である。たとえば、現代中国の映像において、「南京大虐殺」は必ず「ホロコースト」の系譜の中で描写される。南京はもうひとつのアウシュヴィッツという隠喩であり、ラーベはシンドラーの別名である。アウシュヴィッツという記念碑と対比させなければ、「南京大虐殺」を確認することはできない。この記念碑の歴史において、南京はアウシュヴィッツを序列の筆頭とする物語に属している。

「ホロコースト」という座標の意義は戦時の南京にとどまらない。現代中国の歴史叙述において、その面影は見え隠れしている。私はこの転変を「歴史座標の延伸」と呼んでいる。「延伸」は自然発生するものではない。アウシュヴィッツ、ヨーロッパ、第二次世界大戦から他の世界への延伸というより、一九八九年の事変から半世紀前の歴史への回帰だと言った方がいい。「延伸」は別の歴史時間に従属しており、過去の形式で再び立ち現れたにすぎない。それ以前には、中国の歴史記憶の典範となる作品は人民英雄記念碑とその碑文だった。一九八九年以降、突然、我々の歴史意識と倫理感覚——正確に言えば、エリート層の歴史意識と倫理感覚——は、はるかかなたポーランドの「アウシュヴィッツ」と呼ばれる記念碑に焦点を合わせることになった。アドルノが一九五五年に発表した名言——「アウシュヴィッツ以後に詩を書くことは野蛮である。これこそが今日詩を書くことがすでに不可能であることの理由だ」——に照らして言えば、現代中国の知識人は中国のすべてを一種の先鋭な道徳審判のもとに置く。審判は必要だ。だが視野にはいささか疑わしいところがある。アウシュヴィッツと人民英雄記念碑が指し示す歴史は異なるが、必ずしも対立しておらず、いずれも帝国主義時代の暴力に対する拒絶である。しかしある時から互いに脱構築しあう、対立する歴史記号になった。それはなぜか？

ある偶然のきっかけから、私の疑いはついにますますはっきりしてきた。二人のそれぞれ知り合いではない友人が、私に改めて思考する下地を作ってくれた。私は二〇〇一年にベルリンで、縁あってベルリンフィルハーモニー交響楽団コンサートマスターのヘルムート・シュテルン（Hellmut Stern）と知り合った。シュテルンは小柄で、口ひげを蓄え、七〇歳を越えてなお舌鋒鋭い。楽しいことを語るときにはハハハと笑い、子供のようだ。シュテルンは、一九二八年五月二一日ベルリンで生まれた。それは選挙の翌日で、ドイツ社会民主党が一九一九年以来最もよい選挙結果を勝ちとった時である。比較的自由な時代の最後の時で、選挙の勝利は黒雲の危険な集積にエネルギーを与えたものの、真の暴風雨までにはまだ距離があり、幻覚を生むに十分なプロセスがあった。一九三八年、ナチスのユダヤ人排斥がます

（7）王柯平訳『美学理論』、四川人民出版社、一九九八年、一頁（邦訳は、大久保健治訳『美の理論』、河出書房新社、一九八五年、七頁）。

ます激しくなり、最終的にシュテルン一家も亡命することになった。彼らはイタリア、インド、セイロン、シンガポール、フィリピンを転々とした末に中国にたどり着いた。イギリス統治下の香港と日本統治下の上海に短期間滞在した後、ジャランドンを経由して満州里に行き、最終的にハルビンに腰を落ち着けた。シュテルンは亡命中に音楽家の道を歩みはじめた。彼の母親の親族二十数人は、母親本人以外全員ポーランドの収容所で亡くなった。(8)

ベルリンのカフェ・アインシュタインは人文系の精鋭が集まる場所である。北島、楊錬、翟永明らがベルリンに来て、ここで詩を朗読した。北島の声は穏やかで、言葉は含蓄に富んでいる。楊錬は要所を誇張する言葉づかいで、声も起伏に富んでいる。翟永明の声は河の流れのようで、曲がり角や何かにぶつかった時に自然に波打つ。店内はいつも満席で、人々は詩人の口から流れ出る知らない言語の響きに耳を傾けた。静けさあるいは激しさが、コーヒーとビールの香りの中をめぐっていた。シュテルンはカフェ・アインシュタインで待ち合わせて酒を飲み、持参した葉巻を吸うのが好きだった。私はこうしてしだいに彼の物語に詳しくなったのである。ナチスのユダヤ人排斥の当初、多くのユダヤ人は——彼の父親を含めて——アメリカ、スイスなどに移民申請したが、拒否された。ドイツのユダヤ人の身分証にある最初のユダヤというマークは、ユダヤ人が中立国の税関で送還されたり入国を拒否されたりして押されたものである。これらの国々は、援助を提供する力を持ちながら、火急の時に救いの手を差し伸べることを拒んだ。

ドイツのユダヤ人の亡命はその他のヨーロッパのユダヤ人とは含意が異なる。一九世紀に解放されたユダヤ人には、ドイツ語話者が他の言語より多く、ピーター・パルザーは『ユダヤ人とドイツ国家：マイノリティーの政治史、一八四八－一九三三（Jews and the German State: The Political History of a Minority, 1848-1933

(Jewish Society and Culture)』で「すべてのユダヤ人の中でドイツのユダヤ人は知的に主導的地位にあり、統治階級にさえ入り込んでいた」と断言している。ホブズボームは「ドイツに住むユダヤ人は熱心にドイツ人になろうとした。もっとも、パルザーが鋭く観察しているように、彼らは「ドイツ国家とではなくドイツの中流階級と同化したがった」のであった。しかしながら、同化に対するもっともありきたりな非難、すなわち社会的流動性という一九世紀の偉大な夢は、彼らにはまったく当てはまらなかったのだ。同化は、非常に稀な改宗のケースですら、ユダヤ人のアイデンティティの否定を意味するものではなかった」と述べている。だがまさにそのためにこそ、彼らの運命は二重の悲劇となり、「彼らは破滅しただけでなく、彼らの運命を予見していなかった[9]」。「ドイツ人になる」はモーゼス・メンデルスゾーン(Moses Mendelssohn)の啓蒙主題でもある。モーゼス・メンデルスゾーンは作曲家のメンデルスゾーンの祖父で、「ユダヤ人のルター」と呼ばれている。カント(Immanuel Kant)と同時代人で、ドイツの最も重要な啓蒙思想家の一人である。メンデルスゾーンは『聖書』をドイツ語に翻訳したため一部のユダヤ教徒から攻撃された。「啓蒙とは何か」に関する一七八三年『ベルリン月刊』に発表された文章は、カント

(8) シュテルンは一九九〇年に回想録を出版し、一九九四年に日本語に翻訳された。『ベルリンへの長い旅——戦乱の極東を生き延びたユダヤ人音楽家の記録』(真鍋圭子訳、朝日新聞社、一九九九年)。二〇〇〇年から二〇〇一年に私がベルリンでシュテルンと交流したころ、『世界文学』編集長の李士勲先生がこの回想録の翻訳に着手しておられたが、出版社の同意が得られなかった。二〇〇一年夏に帰国して、人民文学出版社の王培元兄にこの本を推薦したところ、強い支持をもらった。中国語訳は『弦裂』というタイトルで二〇〇二年に出版された。クラシック音楽に精通している李欧梵先生にお願いして雑誌『読書』に書評を書いていただいた。

(9) 『断裂的年代』第七章、林華訳、中信出版社、二〇一四年(邦訳は、『破断の時代』第七章「ユダヤ人とドイツ」、木畑洋一・後藤春美・菅靖子・原田真見訳、慶應義塾大学出版会、二〇一五年、一一〇-一一一頁)。

と相前後して書かれ、啓蒙思想の経典的テキストとなった。メンデルスゾーンは啓蒙と文化を人間の教養を促進させる二つのカテゴリーとし、「人となるための啓蒙」と「市民となるための啓蒙」を区別する観点を提出し、前者を普遍的で階級区分のないもの、後者を地位や職責の違いによって変化するものとした。[10]つまり啓蒙は普遍的、文化は歴史的で、人は普遍的理性によって人になるが、市民となるのは教化の結果である。メンデルスゾーンの文化、教化、市民になるための啓蒙という思想は、ドイツのユダヤ人に対する一種の呼びかけであり、ドイツのユダヤ人を文化、教化を通してドイツの市民たらしめんとするものだった。だが戦後、一部のユダヤ人がこの啓蒙思想家に彼らの悲劇の運命の原因があると責めるようになったのはなぜだろう?

二〇年前、朱偉籌から新しい雑誌を創刊するのでと原稿を求められた。私は当時コペンハーゲンにいて、窓外には雪が舞い、室内にはコーヒーの香りが漂っていた。私はフーコーの有名な論文「啓蒙とは何か」を翻訳することにし、そのためにカントとメンデルスゾーンの同名の文章を読んだ。朱偉籌の雑誌創刊は頓挫したため、訳文は『天涯』に発表した。翻訳しながら、ドイツの Aufklarung（啓蒙）とユダヤの Haskala を中国語でどう表記すればいいかわからず、やむをえず原語をそのまま残したことを今でも覚えている。実はフーコーもそうしているのだが、当時の私はカントが理性の運用にだけ注目するのに対して、メンデルスゾーンはなぜ文化、教化と啓蒙を区分するのか理解できなかった。また、そのような違いがあるにもかかわらず、なぜ両者の精神は一致していると一般に考えられているのかも理解できなかった。この二篇の文章について、フーコーはごく簡単に次のように論評している。

ドイツの哲学運動と、ユダヤ文化の新しい展開との出会いは、この時期に始まったわけではない。

レッシングと共に、メンデルスゾーンがその二つの運動の交差する地点を占めてすでに三十年が経っていた。しかし、これまでは、ユダヤ文化にドイツ思想のなかの市民権を与えること――それこそ、レッシングが『ユダヤ人たち（Die Juden）』のなかで試みたことなのだが――か、あるいはまた、ユダヤ思想とドイツ哲学に共通した問題を取り出すこと――それこそ、メンデルスゾーンが、『魂の不死についての対話』で行ったことだ――が問題であった。「ベルリン月刊」に発表された二つの論文によって、ドイツの〈啓蒙（Aufklärung）〉とユダヤの〈ハスカラー（Haskala＝ユダヤ啓蒙運動）〉とは、自分達が同じ歴史に属することを認めることになる。両者ともに、どのような共通のプロセスに自分達が拠り処をもつものなのかを知ろうとするようになる。おそらくそれは、ひとつの共同の運命の受け入れの表明だったのだ。そして、それがどのようなドラマへと導くものであったかは、ひとびとの知るとおりだ。[11]

何年も経ってから、私はフーコーの「ひとつの共同の運命の受け入れの表明」という言葉の適確さを理解した。ドイツ啓蒙運動のリードのもと、ドイツのユダヤ人はドイツ化のプロセスを歩み始めた。彼らは努力して自分たちはユダヤの末裔でありかつドイツ人であると自らに信じ込ませた。たとえば青年ヘーゲル

（10） Moses Mendelssohn, Philosophical Writings, Translated and edited by Daniel O. Dahlstrom, New York: Cambridge University Press, 1997, p.315.

（11）『什麼是啓蒙』、汪暉訳、『文化与公共性』、汪暉・陳燕谷主編、三聯書店、一九九八年、四二三頁（邦訳は、「啓蒙とは何か」、石田英敬訳、『ミシェル・フーコー思考集成X』、筑摩書房、二〇〇二年、四－五頁）。

派の重要人物であるブルーノ・バウアーは『ユダヤ人問題』でキリスト教国家とユダヤ人との間の尖鋭な矛盾を解決する啓蒙主義的方案を提出し、ユダヤ人は特殊な解放を求めるべきではなく、ドイツ人としてドイツの政治解放のために、人間の解放のために闘うべきだと主張した。一八四三年「ヘーゲル法哲学批判序説」で若きマルクスはこう述べた。「ドイツにとって宗教の批判は本質的にはもう果されているのであり、そして宗教の批判はあらゆる批判の前提なのである」。「真理の彼岸が消えうせた以上、さらに此岸の真理を確立することが、歴史の課題である。人間の自己疎外の聖像が仮面をはがされた以上、さらに聖ならざる形姿における自己疎外の仮面をはぐことが、何よりもまず、歴史に奉仕する哲学の課題である。こうして、天国の批判は地上の批判と化し、宗教への批判は法への批判に、神学への批判は政治への批判に変化する」[12]。マルクスは、このような思考回路に沿って翌年発表された「ユダヤ人問題によせて」で、ユダヤ人に代表される「市民社会」と宗教を超越した「政治国家」の双方に批判を加え、事実上、啓蒙思想家たちが展開した宗教批判と政治批判を資本主義批判へと転化させた。

ドイツの状況とは異なり、ロシアと東ヨーロッパのユダヤ人は、ドイツのような同化のプロセスはたどらなかった。彼らは依然として自分たちを自分たちの国家に異端として暮らすものと見なし、彼らが居住する国家の方でも彼らを別の人種と見なしていた。まさにそのために、ドイツのユダヤ人とロシアのユダヤ人、あるいはその他の東ヨーロッパのユダヤ人はなかなか通じあうことができない。第一次世界大戦でシュテルンの父親はドイツ軍の一兵卒としてロシア攻撃に参戦した。父親は、作戦に参加し、捕虜になる過程で、東ヨーロッパのユダヤ人と接触し、東ヨーロッパユダヤ人に対する優越感を強めたという。ナチスドイツが反ユダヤの宣伝を始めても、多くのドイツユダヤ人は、彼の父親と同様、天真爛漫に、この動きは東ヨーロッパのユダヤ人に対するもので、自分たちのようなドイツ人になったドイツユダヤ人には及んでこないと考えていた。

気づくのが遅すぎた！

アメリカ、スウェーデンなどの中立国がユダヤ人へのさらなる援助と保護を拒否したのは、ちょうど中国が侵略にさらされていた頃だ。ナチスの同盟国に蹂躙されていた国家が多くのユダヤ人や東ヨーロッパの移民を受け入れていたとは想像しがたいことである。シュテルンは、自分の中国での経験とヨーロッパでのユダヤ人の不遇を引き比べ、中国人に対してあふれんばかりの好感を抱いていた。彼のこのような好感は日本にも及んでいた。というのも、日本はナチスの同盟国ではあったが、ユダヤ人問題ではドイツと歩調を合わせず、戦時中、数万人のユダヤ人が遠路はるばる日本統治下の上海、満州へやってきたからである。これはどういうことか？ ある日本の友人によれば、日本人には反ユダヤ意識がなく、ナチスほど人種問題を重視していないのだという。私はシュテルンをとても尊敬しているし、この友人のことも非常に信頼しているのだが、シュテルンが感激の面持ちで日本のユダヤ人政策や態度について語るのを聞くたびに、いささか違和感を覚え、困惑した。一人の中国人としては、当然こういう疑問が湧いてくる。ユダヤ人には寛容だった日本が、南京では非人道的な虐殺を行ったのはなぜか？南京市民と上海あるいはハルビンのユダヤ人とのどういう違いが、戦時の日本にこれほど異なる態度を取らせたのだろう？ 戦後の日本では、多数の有識者が戦争と近代日本が歩んだ道筋について深く反省した。だが現在に至るまで、日本の一部の政治エリートはこの虐殺の存在を認めることを拒否し、数字

（12）『「黒格而法哲学批判」導言』、『馬克思恩格斯選集』第一巻、人民出版社、一九七二年、一－二頁（邦訳は、「ヘーゲル法哲学批判序説」、城塚登訳、岩波書店、一九七四年、七一頁・七三頁）。

についての争議で問題の焦点を曖昧にしている。靖国神社、遊就館に展示されている歴史はいったいどう位置づければ理解できるのだろうか？

ここにはまだ解けていない謎がある。シュテルンの物語は私の心に深い疑問を残した。

極東の「ふぐ」

二〇一三年一一月九日、ベルリンの秋はすでに寒さが身にしみるようになっていた。私は会議に参加するついでに十数年ぶりにシュテルンを訪問した。シュテルンは八六歳になっており、大病が癒えたばかりで、顔色は青白くところどころ赤くほてり、頭髪は真っ白だったが、表情は変わっていなかった。映画会社のカメラマンがひとり同行した。私はシュテルンの一生を映画にするよう提案し、友人がくれた「満洲国」時期のハルビンが舞台のテレビドラマ『断崖（中文：懸崖）』のＤＶＤをシュテルンに贈った。陽の光が窓から差し込み、絨毯とテーブルと私たちの顔に落ちていた。私たちは十数年前と同じようにテーブルを囲んで腰を下ろし、コーヒーを飲んだ。葉巻だけがなかった。私は上海と満洲のユダヤ人についての彼の話を思い出していた。中国人だけでなく、彼は日本人のユダヤ人に対する態度についても言及していた。再びあの疑問が湧いてきた。南京で虐殺をした日本占領軍がなぜ満洲と上海のユダヤ人には寛容だったのか？

これはシュテルンの問題ではない。彼の思考はユダヤ人の運命に集中しており、その運命は記念碑のようにそびえ立ち、彼の世界を弁別分析する視覚を覆い尽くしており、南京大虐殺はその記念碑の影の中に存在しているにすぎない。実際には、日本のユダヤ人に対する態度には、彼が指摘していない要素が隠されている。深く分け入って探求しなければ、似て非なる錯覚を起こさせる。日本が東北三省を占領してから、日本のハルビン、瀋陽、大連などのユダヤ人に対する制御、破壊はすでに始まっていた。一九三三年、モデルン・ホテルのユダヤ人経営者ヨセフ・カスペの息子シモン・カスペ（Simon Kaspe）が誘拐、殺害され、大規模な抗議が起こった。一九三四年、日本の占領当局は操作して「白系露人事務局」を成立させ、東北のユダヤ人を監視統制下においた。そのために、一九三〇年代半ばごろまでに、ハルビンのユダヤ人の七〇パーセントが南方に移動させられたのである。[13] だがほぼ時を同じくして、まず一九三〇年、「九一八」事変前に、満洲の日本人「ユダヤ専門家」犬塚惟重大佐と安江仙弘大佐、実業家鮎川義介と関東軍の将校たちは野心勃勃で、極東でユダヤ人の力を借りて「東亜新秩序」を打ち立てるという方策を共同して制定した。一九三四年から一九四〇年の間、「満洲国」の域内にユダヤ居住区を作ることは、日本のトップの秘密政策になっていた。その目的は三つあり、まずアメリカのユダヤ人を通してアメリカの国家政策に影響を与え、アメリカと日本との戦争を回避すること、次に日本の大東亜帝国計画のためにユダヤ人を通して資金を集めること、第三に対ユダヤ人政策によって英米などの国家に満洲を承認させることだった。

シュテルンのハルビンと北京での経歴は、こういう歴史的脈絡の余響なのである。当時シュテルン一家はこの計画の恩恵を被って喜んでいたため、中に陰謀が潜んでいることには渾然として気づかなかった。一九七九年、マービン・トケイヤー（Marvin Tokayer）とメアリ・シュオーーツ（Mary Swartz）が出版した『河豚計画（The Fugu Plan: The Untold Story of the Japanese and the Jews during World War Two）』で、日本政府と関東軍

（13） 托克耶・斯沃茨『河豚魚計画：第二次世界大戦期間日本人与犹太人的秘密交往史』龔方震・張楽天・盧海生訳、潘光校正、上海三聯書店、一九九二年、三七頁。

がユダヤ人を利用して東方ユダヤ国を建設しようとしていた「河豚計画」という名前の陰謀が暴露された。中国語訳は一九九二年に上海三聯書店から出版され、少なからぬ大衆が興味を持って読んだ。ちまたには「抗日神劇」と呼ばれる抗日を描いたドラマがあふれているが、これほど真実の物語に誰も手をつけようとしておらず、考えさせられる。シュテルンの物語の後をたどる以外に、私がこの本を読んだ理由は、訳者の一人龔方震がユダヤ史専門家で、彼の「シルクロード上のユダヤ人」という論文がシルクロード貿易におけるユダヤ問題の多くに触れていて、その中の二つのディテールが、私が先ほど述べた「横向きの時間」と非常に関係があったからである。一つめ。三世紀、ユダヤ商人はシルク貿易を営み、「ペルシャ中部で中国の生糸を購入し、自前で紡績、染色してから地中海沿岸の他の都市で販売していた」という。この観察はポーニのシルクロード上の紡績技術のイノベーションという観点とぴったり符合している。二つめ。シルクロード貿易において、「西方から輸出された物品としてまず挙げられるのは去勢された人で、一種の奴隷だった。当時、スラヴ人、ヴェネツィア人、アラブ人、ユダヤ人が奴隷売買を手広く行っていた」。奴隷には黒人奴隷、白人奴隷の二種があり、後者にはスラヴ人、ギリシャ人、ハザール人が含まれ、「主にユダヤ人が扱っていた。当時ユダヤ人はスペインに「去勢手術所」を設け、連れてきた奴隷をスペインに送って去勢してから売りに出していた」[14]という。

トケイヤーの著作は、東京のある古本屋で見つかり、後にユダヤ居民ミハエル・コーガン（Michael Kogan）の所有になったため「コーガン文書」と呼ばれる、日本の外務省の書類の合訂本、計一〇巻に依拠している。この文書は現在ではその他の文書といっしょに日本政府が大規模に公開している。二〇一三年、私は、秘密、機密、極秘などの文字のついた日本外務省『民族問題関係雑件　ユダヤ人問題』第七、八、九、一〇、一一、一二、一三巻をダウンロードした。どの巻にも大量の公文書、電報、情報が入っており、これまでの研究を充実させ、修訂できるものだった。十月革命以後、海軍将校犬塚惟重と安江仙弘陸軍大尉はロシアを助けて共産党軍と闘うためにシベリアに派遣された。犬塚は海軍将校で、ウラジオストックに駐在したことがある。安江は白ロシアの武装勢力のトップであったグリゴリー・セミョーノフ（Gregorii Semonov）の参謀だった。彼らは極東でジェイコブ・シフ（Jacob Hirsch Schiff）と接触し、ロシアの反ユダヤのうねりに影響を受けながら、秘密計画を練り上げていった。ジェイコブ・シフはドイツ生まれのウォール街の銀行家で、アメリカのユダヤ人の領袖の一人である。シティバンク、ユニオン・パシフィック鉄道などを主管し、ニコライ二世時代のロシアのユダヤ人問題や、アメリカやその他の地域での反ユダヤ主義と貧困ユダヤ人問題、シオニズムの興隆など、当時のユダヤ人の重大問題に関わることほとんどすべてに関わっていた。一九〇三年、『シオン賢者の議定書』（The Protocols of the Elders of Zion）と題された文書がロシアで発表され、またたくまに様々な言語に翻訳された。この議定書は、一九世紀のユダヤ人指導者たちの会議の記録とされ、メディアと経済をコントロールしてユダヤ人が全世界を支配するという計画だった。シフ一族はロスチャイルド（Rothschild）家、ワールブルク（Warburgs）家、オッペンハイマー（Oppenheimer）家とともに、この陰謀の中核人物と見なされた。一九三〇年、ヒ

（14）龔方震「絲綢之路上的犹太人」、『九〇年代中国犹太学研究総匯』所収、上海三聯書店、一九九二年。沙博理（Sidney Shapiro）はこの点について評論してこう言った。「奴隷制は、ユダヤ教、キリスト教、ムスリム社会の初期段階においていずれも黙認されていた。『旧約聖書・レビ記』第二五章によると、シナイ山で神はモーゼに「あなたの男女の奴隷が、周辺の国々から得た者である場合は、それを奴隷として買うことができる」、「しかし、あなたたちの同胞であるイスラエルの人々を、互いに過酷に踏みにじってはならない」と言ったという」。沙博理編著『中国古代犹太人：中国学者研究文集点評』、新世界出版社、二〇〇八年、二一〇－二一三頁。

トラーは、ユダヤ人の世界支配の陰謀を吹聴する宣伝材料として、この文書を大量に印刷した。

一九〇四年二月、日本は日露戦争を起こしたが、勝利の確信はなかった。同年四月、日本銀行副総裁高橋是清はロンドンを訪れ、戦争のためにイギリスから経済援助を得ようとしたが、収穫は少なく、戦争資金には足りなかった。ある宴会で、彼は偶然、隣に座っていたジェイコブ・シフがロシアのユダヤ人排斥を激しく憎んでいることを知った。その後五ヶ月間で、シフは、クーン・ローブ商会（Kuhn Loeb & Co.）を通じて日本に五回貸し付けを行い、総額は二億米ドルに達し[15]、日本の日露戦争勝利のために金融面での基礎を築いた。クーン・ローブ商会は、「第二次世界大戦」前、アメリカの経済、社会、政治等各方面を支配していた八大財閥のひとつで、ペンシルバニア鉄道、サザン・パシフィック鉄道等の五大鉄道会社、さらに他の財閥とともにユニオン・パシフィック鉄道等のいくつかの鉄道会社も支配していた。クーン・ローブ商会は、鉄鋼、銅、電気等の産業には投資していなかったが、資金力は強大だった。日露戦争後、『シオン賢者の議定書』はロシア人の憂さ晴らしの導火線となった。日本がシフ一族を通してユダヤ人から大量の経済援助を得たことも、おそらく原因のひとつだろう。

一九〇四年の経験から、満州系の日本の若い将校は、この寄せ集めの議定書に利用可能な情報を読み取った。一九三二年、日産の経営者鮎川義介は、南満州鉄道株式会社の招きで満州を訪れた。彼は訪問前に高橋是清と相談し、満州に着いたら実地調査を行い、『シオン賢者の議定書』の訳者安江仙弘らと接触することにした。一九三四年、鮎川が『ドイツ系ユダヤ人五万人の満洲移住計画について』を発表すると、しだいに影響が現れてきた。一九三七年、ユダヤ人コミュニティは、カウフマン医師をトップとする極東ユダヤ人評議会（Far Eastern Jewish Council）という議会を設立し、モデルン・ホテルで大会を開催した。七〇〇人あまりのユダヤ人が会議に参加し、安江仙弘大尉、樋口喜一郎将軍等、「ユダヤ専門家」たちも列席した。一九三八年、首相近衛文麿、外相有田八郎、陸軍大臣板垣征四郎、海軍大臣米内光政、通産大臣池田成彬はこの件について討議し、ドイツとの関係を損なわないという前提で、この計画を実施することにした。一九三九年六月、これら「ユダヤ専門家」たちは「在支有力ユダヤ人の利用により米大統領およびその側近の極東政策を帝国に有利に転換させる具体的方策について」を作成し、七月に「ユダヤ資本導入に関する研究と分析」と改題して、在中国日本政府に提出し、批准された。計画の核心はユダヤ人を満州か上海に住まわせ、ユダヤ人（とりわけアメリカのユダヤ人）から日本への投資と支持を取り付けることだった。ヨーロッパとりわけドイツが大挙してユダヤ人排斥を進めている状況で、故郷を追われたユダヤ人は中国の東北地方に安息の地を見いだした。彼らは当地の軍事産業、民間産業に大量に投資し、日本の東北開発に経済的な資源を提供した。一時期、シュテルンがかつて身を寄せたハルビンのユダヤ人口は三万人に達し、ユダヤ教会があちらこちらにできた。日本人は東北のユダヤ人に国を作る空間を提供し、英米のユダヤ金融資本を吸収し、ユダヤ人の協力を得て、英米にいわゆる「満州国」建国の事実を受け入れさせようとさえ計画していた。

アメリカ政府とアメリカユダヤ人組織は日本のたくらみに注意を払い、中国東北での建国計画を放棄するようユダヤ人に迫った。アメリカユダヤ社会の重要人物の一人で、世界ユダヤ人会議主席スティーブン・ワイズ（Stephan Wise）は、日本に協力するユダヤ人はアメリカの日本に対する経済制裁に叛いており、売国分子と見なすことができると声明を発表した。トケイヤーは日本のユダヤ計画がアメリカで

（15）『河豚計画』の筆者は二〇〇〇万ドルとしているが、他の統計によれば、シフが集めた資金は二億米ドルに達するという。実際、二〇〇〇万ドルであったとしても、一九〇四年としては驚くべき数字である。

挫折した原因を、日本の「ユダヤ専門家」の二つの誤りに帰している。まず彼らがいわゆる『シオン賢者の議定書』をユダヤ人理解の入口とし、ユダヤ民族の本質を大いに誤解したこと、次に、欧米社会における経済的要素、政策設計者としてのユダヤ人の重要性を誤解したことである。「そのうち最も重要なのは、アメリカのユダヤ人コミュニティが、彼らと政治家ファミリーとのつながりを、少なくともヨーロッパの宗教ファミリーとのつながりと同様強固なものだと見なしていたことである。河豚計画を進めようとした人々はこの点を理解していなかった。それゆえ、一九三九年冬、ラビ・スティーブン・ワイズに建議を行った際、彼らは自分たちが会っているのが、単なるアメリカのユダヤ人の中心的な領袖であるばかりでなく、アメリカへの忠誠と熱愛を神聖視しているユダヤ人だということを理解していなかった(16)」。

アメリカのユダヤ人から支持を得られなかったことだけなく、「河豚計画」が挫折したのにはさらに二つの理由がある。独ソ不可侵条約によって、ユダヤ人がシベリア経由で極東に移ってくる経路が基本的に断たれたこと、日独伊三国同盟が結ばれ、ドイツの意志に逆らって「河豚計画」を実行することができなくなったことである。しかし、日本のユダヤ物語はこれで終わったわけではなかった。一九四〇年六月一日、ソ連はリトアニアに侵攻し、八月四日に正式にソ連への併合を宣言、すべての駐リトアニア領事館の八月中旬までの閉鎖を強制執行した。日本の駐リトアニアカウナス領事杉原千畝は東京の命令を無視し、大勢のユダヤ人にビザを発給した。杉原が日本の外務省に提出した名簿は二一三九人だが、夫人の回想録では五、六〇〇〇人とされている。事実上、「河豚計画」の始まりは、まるで映画の冒頭場面のようで、中心人物はこのユダヤ人の日本人救世主である。杉原千畝がユダヤ人を救った行動は尊敬に値する。だが彼はどのようにこのプロセスに巻き込まれたのだろうか?

杉原千畝は一九三九年八月二八日、ヘルシンキから移り、駐カウナス日本領事館領事代理として着任した。目的は対ソ情報工作を強化することであった。一九三九年五月一一日から九月一六日まで、日本とソ連は中国モンゴル国境（当時は満州国とモンゴルの国境）のノモンハンで四ヶ月にわたる大戦を繰り広げ、ソ連の圧倒的な勝利で終わっていた。八月二三日に独ソ不可侵条約が締結された結果、平沼騏一郎内閣は杉原がカウナスに到着した日に総辞職した。日本は独ソ関係に敏感になっており、ドイツへの情報収集も強化する必要があった。そのため杉原はポーランドの情報機関と協力し、ドイツ軍、ソ連軍双方の情報を探った。杉原は九月にプラハ、ケーニヒスベルクに転任し、情報工作を続け、ドイツ側にマークされるようになった。まずドイツ側で「歓迎されざる人」と称され、次いで、ソ連大使館の二等翻訳官として派遣された際、ソ連側からビザ発給を拒否された。一九四五年、ブカレストで任官していたところソ連軍の捕虜となり、翌年送還され、一九四七年外務省を退職した。一九八五年にイスラエルより「諸国民の中の正義の人（Righteous Among the Nations）」を授与された。

一九九三年、スピルバーグの映画『シンドラーのリスト』が公開された。この映画の影響で、中国の駐ウィーン総領事何鳳山（一九〇一～一九九七）の物語も次第に人々に知られるようになった。ドイツで反ユダヤ主義が高潮していた一九三八～一九四〇年、何鳳山は中国駐ウィーン総領事の職にあった。ナチス当局の規定では、外国のビザとその他の書類を所持しているユダヤ人は、オーストリアを離れることができた。しかし英米など大多数の西側諸国は援助の手をさしのべることを拒否し、ウィーンのユダヤ人は中国領事館に助けを求めざるをえなかった。何鳳山は圧力を顧みず、ユダヤ人のために二〇〇〇

(16)　托克耶・斯沃茨『河豚魚計画：第二次世界大戦期間日本人与犹太人的秘密交往史』、二頁。

件のビザを発給し、彼らを災難から救い出した。二〇〇〇年になって、イスラエルより「諸国民の中の正義の人」が何鳳山に授与された。五年後の二〇〇五年、国連は何鳳山に「中国のシンドラー」の称号を与えたが、すでに没後八年になっていた。杉原千畝、何鳳山は戦時中敵対していた国家の外交官だが、彼らの名前はそれぞれの歴史的文脈を超えて、アウシュヴィッツを座標とする歴史記念碑に刻まれ、共にユダヤ人から栄誉を与えられることになった。

事実上、何鳳山の行為は単独のものではなかった。早くも一九三三年五月一三日、中国民権保障同盟はドイツ駐上海総領事館に代表団を派遣し、ナチスの反ユダヤ主義の暴行に抗議している。代表団員には、宋慶齢、楊杏佛、蔡元培、魯迅、林語堂、スメドレー、アイザックスらがいた。一九三九年二月一七日、ヨーロッパ、特にドイツの反ユダヤ主義の潮流に対して、中華民国立法院院長・国防最高委員会委員の孫科が議案を提出し、西南地区にユダヤ人居住区を建設することを建議した。この政策が孫中山の被圧迫民族を救うという思想と完全に符合しており、英米との同盟関係を強化できると考えたからである。孫はこの議案で、国籍のあるユダヤ人、無国籍のユダヤ人の入境、居留および就業について、詳細に建議した。同年五月二日、国防最高委員会で審議し、行政院の実施計画が通り、国際連盟に通知して、世界のユダヤ人の積極的な賛同を得た[17]。国民政府のユダヤ計画と日本人のユダヤ計画の間に直接的な競争関係があったかどうかは知る由もないが、国共双方とも、反ユダヤ主義を批判する立場、ユダヤ人への同情と支持は終始一貫していた。一九四一年一〇月、延安で行われた東方の各民族の反ファシズム代表大会には、ユダヤ民族代表も東方の被圧迫民族として出席している。

これは、戦争と革命の波濤の中に埋没する、支流、波しぶきであり、意識して尋ね求めなければ、水中に落ちた水滴のように、とうに消失して形を失っていただろう。人類史上、ユダヤ人、インディアン、ポーランド人のような運命を幸いにして逃れた民族はたくさんあるが、歴史の循環から逃れられた民族はない。アウシュヴィッツ以降に詩は存在しないというアドルノの名言は、循環に対する拒絶である。しかし現在にいたるまで、このような循環を断ち切ることのできる倫理的決定打は出ていない。歴史知識がひとつの歴史記念碑のもとにこり固まったら、未来を創造することはできない——循環について言えば、未来は過去の形式にすぎない。我々は、人民英雄記念碑が指し示す人民闘争の歴史と受難者の記念碑としてのアウシュヴィッツの間の、関連と区別を探らねばならない。杉原千畝と何鳳山の救助行為の間にも、共通点と違いの契機を探らねばならない。その間の差異と独自性を理解して初めて、何が「共通点」なのかより深く理解することができるのである。

シュテルンを再訪した秋の日の午後、明るい陽光が黄金色に変わり、厳しくなってきた寒さが窓外の木の葉に痕跡を残し、梢はまだらもようになっていた。私たちはいっしょに腰を下ろし、共通の友人であるシュプラッツェルの話になった。私が彼の近況を尋ねると、シュテルンはしばらく沈黙し、悲しみをたたえた表情で、「いい人だった、だがもう行ってしまった」と言った。それは懐旧の時間であり、一四年前に取り残した問題でこれ以上老人の気持ちを邪魔するわけにはいかなかった。

クルシェフスキー

二〇〇一年初春、天地も凍るほど寒いころ、私はある会議に参加するためにベルリンからコペンハー

(17) 中国第二歴史档案館「重慶国民政府安置逃亡犹太人計画籌議始末」、『民国档案』一九九三年第三期、一九頁。潘光『犹太人与中国』、二〇八－二一一頁。

ゲンに行った。冷たい陽光の下、人魚はあいかわらず優雅な姿で海辺にたたずみ、恥ずかしそうな視線で、身をこわばらせながら、だがその目は見物の人々を見つめていた。会議のテーマが何だったか、自分がどういう発言をしたか、もうまったく覚えていない。脳裏に蘇ったのは窓外の空を埋め尽くしていた雪である。発言を終えた夜、私はクルシェフスキー（Wojciech Kruszewski）というポーランドの社会学者とバーで語り合った。中背で、目の光はやわらかく、議論では単刀直入を好み、好奇心に満ちていて、内に秘めたエネルギーが感じられた。ヨーロッパの知識人の中で数少ない、中国問題に関心を寄せる一人である。ほろ酔い気分になってきたころ、彼は費孝通の郷村研究の話を始め、共通の話題が増えていった。彼は熱心に私にワルシャワ大学で講演をするよう招いてくれた。ほどなくして、彼から招待を受け取り、私はビザの手続きをして、汽車でベルリンからワルシャワに向かうことにした。出発の前日、シュテルン先生から電話があり、アインシュタイン・カフェへ行こうと誘われたが、ポーランドへ行くので戻ってからお目にかかりますと答えるしかなかった。

ワルシャワで私は、クルシェフスキーがかつて「連帯」に関わり、「連帯」憲章の起草者の一人であったことを知った。連帯の指導者ワレサ（Lech Wałęsa）は、グダニスク造船所の電気工で、一九七〇年の流血のストライキに参与して一年間入獄した。一九八〇年、レーニン造船所のストライキ指導者となり、ポーランド各地の支持を得て、連帯が誕生した。一九八一年、ワレサは、アメリカの『タイム』誌の「今年の人」に選ばれ、一九八三年にノーベル平和賞を受賞し、我々はこの四角い顔の、ふくよかな、口髭の濃い、労働者の領袖を知るようになった。一九八九年、連帯を中心とする連合政権が発足し、ワレサは翌年初代の民選の大統領になった。彼の目には勝利の光が輝いていた。その年クルシェフスキーは政界に入り、議員になった。だがわずか一期で、ワレサと連帯は一九九五年の選挙に敗れた。大統領選挙を制したのは、左派の指導者、前共産党員アレクサンデル・クファシニェフスキ（Aleksander Kwaśniewski）だった。二〇〇〇年、ワレサは捲土重来をはかり、再出馬したが、わずか一パーセントしか得票できなかった。

ワレサが一回目に落選してから、クルシェフスキーは議会を離れ、ワルシャワ大学に戻って教鞭を執った。ワルシャワ大学はロシア、プロイセン、オーストリアがポーランドを分割統治していたころ、アレクサンドル一世の命で一八一六年に設立された。一八三〇年の十一月蜂起後、大学はロシア皇帝によって二六年間閉鎖された。「第二次世界大戦」中は、ドイツ軍の兵営になり、六割の校舎が破壊された。一九四五年以降、ここはスターリン改革の中心だった。一九八九年以降は、自治大学になった。ワルシャワ大学はさながらポーランドの縮図であり、傷跡が累々で、転変を経験し尽くした。私がワルシャワ大学で行った講演は、書き上げたばかりの『中国の新秩序』（*China's New Order*）を底本にしたものだった。聴衆は中国について限られた知識しか持っていなかったが、熱い議論が行われた。一九八九年、中国とポーランドは、同じ潮流に属していたように思われる。私は、連帯の運動が中国知識人の心に与えた感動を今でも覚えている。だが一〇年後、中国と東ヨーロッパは異なる道を歩み、世界全体の構造と未来に影響を与える「大分流」となった。この「大分流」をどう解釈すればいいのだろうか？

クルシェフスキーは誠意ある自由主義者で、優れた学術訓練を受けており、教養豊かだ。バーで、彼はグラスを掲げ、この激変以前は、バーやホテルその他の公共の場で自由に語り合うことなどできなかった、思想警察がいて、夜に面会の約束をとりつけられることになりがちだったから、と言った。彼の解釈によれば、一九八九年の最も重要な意義は、ソ連の支配から逃れたことだという。その意味で彼は、中国と東ヨーロッパ社会主義国の間の文化的、歴史的、政治的差異を認めており、東ヨーロッパの経験で中国の発展を分析することには同意しないが、連帯運動全体と同様に、一九九〇年代に新自由主義に転向した。講演後、一九八九年の転変をめぐって、私とクルシェフスキーは論争になったが、友好的で誠意ある率直な雰囲気だったことを覚えている。

講演の翌日、クルシェフスキーは私をワルシャワロータリークラブ（Rotary Club）で接待してくれた。ロータリークラブの正式名称は国際ロータリー（Rotary International）で、国際的な規則に基づいて組織されている地域性の社会団体である。最初のロータリークラブは、一九〇五年にシカゴで設立され、二〇〇八年三月までに一六八の機構が世界各地に存在し、会員は一〇〇万人をはるかに超えている。ロータリークラブの趣旨は、事業交流を促進し、社会サービスを提供することで、初期に参加者の事業所を輪番で会合場所としたことから、ロータリーという名前がつけられた。ロータリークラブの最初のロゴはシカゴロータリークラブのメンバーだったモンタギュー・ベアー（Montague Bear）が設計した。シンプルな車輪と車輪が回転して埃が巻き起こる様を象徴した数本の線からなる図形だった。一九二三年にロゴは変更され、その後広く用いられるようになる二四の歯車、六本の輪軸、真ん中に穴の空いた徽章が作られ、藍色と金色が正式なロータリーの色となった。ロータリークラブには、真理、公平、友誼、慈善の原則を遵守することを誓う、などの儀式がある。会員の紹介がなければメンバーにはなれない。メンバーは定例会議にゲストを連れて行くことができ、すべてのメンバーにゲストを紹介する義務がある。

ワルシャワロータリークラブは一九世紀の古典的なスタイルの建物にあり、装飾には一種の低調な貴族臭があり、きらびやかなシャンデリアが優美なホールにかかっていた。儀式が始まってから、私はクルシェフスキーがワルシャワロータリークラブの主席であることを知った。彼は礼服を身にまとい、記章を斜めにかけ、手に呼び鈴を持ち、痩せぎすの青白い顔をしていた。灯火と銀の鈴と記章がきらびやかに光り、目には光芒が宿り、一九世紀の貴族のようだった。開会の儀式の後、クルシェフスキーは私に簡単な発言をさせ、出席していた優秀な人士たちを一人ずつ紹介した。クラブのメンバーは、一人の例外もなく、ポーランドの新しい高官、郝郝たる企業家、著名な医師、弁護士、メディアのトップや有名な記者、クルシェフスキーのような知識エリートなどで、当然ながら、アメリカから来た投資家、活動家も入っていた。それは東ヨーロッパの「市民社会」の記号のひとつなのだ。クルシェフスキーは、ワルシャワロータリークラブは「市民社会（Civil Society）」の理論に基づいて設立されたもので、民主の地盤であり、このような「市民社会」をよりどころとして、社会ネットワークを形成し、公共の事業に参与していくことを目的としていると紹介した。

私と同じテーブルに座っていた中にアメリカ人が二人いた。そのうちのごま塩頭の人が、興味津々で私に中国にはロータリークラブはあるかと尋ねてきた。私が答えないうちに、自問自答するように、あるわけないな、だが一〇年後はあるかもしれんね？　いや、五年だ！　と言った。中国の最初のロータリークラブは上海で成立しており、それは一九一九年のことで、五年後の一九二四年には北京ロータリークラブができている。一九九六年、外国籍ロータリークラブ会員聯誼会が改めて中国に入り、ちょうど私がワルシャワを訪問していた時に、国際ロータリークラブが聯誼会の会員資格を認めたところだった。だがその時には、質問をしたごま塩頭のアメリカ人だけでなく、まだ髪に白いものが混じっていなかった私も、丸々五年後の二〇〇六年、聯誼会が国際ロータリークラブの正式メンバーになるとは、思いも寄らなかった。だがロータリークラブの活動を調べてみても、ワルシャワロータリークラブのような「市民社会」の実験という痕跡は見当たらなかった。私は周囲を見回しながら、クルシェフスキーはどのように連帯からロータリークラブのような市民運動に転じたのだろうと考えずにはいられなかった。一九八〇年代、とりわけ一九八九年以降、西方メディアとノーベル平和賞の宣伝によって、私たちはワレサと連帯に好感を抱いていた。だがワレサはなぜそそくさと舞台から下り、二度の選挙で惨敗したのだろう？

ロータリークラブでの集会の後で、私はこのことについてクルシェフスキーの意見を求めた。彼は苦笑しながらワレサのやり方と能力を批判したが、掘り下げて説明しようとはしなかった。だが私は、もし政権獲得後の連帯が自らの政治基盤をロータリークラブのような「市民社会」の上に打ち立てたとしたら、それまでの社会基盤とのつながりを失うことは避けられなかっただろうと信じている。連帯が政権を取る前、クルシェフスキーら知識人は労働者と密に協力しあっていた。彼らが起草した連帯の憲章は西方の「市民社会」の理論を参照してはいるが、完全にそのロジックを真似ていた訳ではなかった。彼らの分析によれば、ポーランドなどの社会主義国では、労働者階級というのは資本主義社会のプロレタリア階級あるいは労働者とは異なり、経済的地位が社会構造の中間層に位置しているだけでなく、社会主義公有制によって生産資料の共同の所有者でもあった。官僚制および「新階級」に対する闘争は、事実上これを前提としていた。だが一九八一年、ポーランドでは軍事政変が起こり、連帯の運動は厳しく鎮圧された。内外のパワーに導かれ、連帯の運動は急速に右傾化した。一九八九年、連帯は政権を取ると、労働者階級への評価、誓約を徹底的に放棄しただけでなく、ＩＭＦの影響下で大規模なショック療法と私有化のプロセスを推し進め、（全労働人口の二二パーセントを占める）二二〇万人の労働者を失業させ、国民経済システムを壊滅させた。これら転向した労働者の指導者、知識人たちは、国際領域においては西方と連携し、国内領域においては新生の資産階級と同盟を結んだ。裏切られた労働者階級は自分たちの「代表」への反逆を選択するしかなく、次の選挙で、彼らのもとの仲間、指導者を棄て、路線変更して、むしろ元共産党人を新しい国家の指導者に選んだのである。

このような経験から現代中国の「市民運動」を観察すれば、その運命は推して知るべしである。「市民運動」は財力と利益ネットワークでメディアを動員し、多くの不動産業者と大資本をバックに持つ公衆人物を民意代表に祭り上げ、労働者、農民、大多数の普通の労働者の普遍的な支持のないまま、弾性を備えた社会的基礎を形成し得ないばかりか、逆に新たな階級制の護符となるのである。このような「市民社会」は大資本の代弁者でなければ、資本集団に高度に依存するグループであり、その領袖は西方モデルを盲信し、ノーベル平和賞といった名目に夢中になっているばかりでなく、彼らが提出するいわゆる「再認識」というテーマは、その経済的、政治的利益に属するがゆえにたえず値下がりしている。これは、近視眼的な、深遠な社会目標を提出できない階層であり、始まる前に失敗すると決まっている運動である。

遅延された「解放」

ワルシャワにいた間、クルシェフスキーは私を重要な建築物や歴史遺跡に連れて行ってくれた。通りや広場に、シェンキェヴィチ（Henryk Adam Aleksander Pius Sienkiewicz）、ミツキェヴィチ（Adam Mickiewicz）やその他のポーランドの歴史人物の彫像が静かにたたずんでいた。私たちは思わずポーランド文学とその中国への伝播について話し始めた。一九〇八年、『摩羅詩力説』で、若き魯迅は一八三〇年から一八三一年にポーランド軍がロシア皇帝の命に叛き、ベルギーに革命を鎮圧しにいくことを拒否した物語を記している。このロシア皇帝の統治に反対する闘争において、プーシキンは皇帝を弁護する詩歌「ロシアを中傷するものへ」「ボロジノ記念日」を発表したため、ポーランド人の友人ミツキェヴィチと疎遠になった。弱国の民として、魯迅はポーランドの民族運動を我がことのように喜び、ブランデス（G. Brandes）の「武力にのみ頼って人の自由を踏みにじるのは、愛国とはいっても、獣愛にすぎぬ[18]」という言葉を引いてプーシキンを批判し、ミツキェヴィチ、スウォヴァツキ（J. Slowacki）、クラシンスキ（S. Krasinski）らの反抗精神を、「まさに、ミツキェヴィッチの詩に、今昔のポーランド人の声が託されているごとくである。これら詩中の声は、澄み徹《とお》り響きわたり、万感こもごも至って、ポーランドの天の涯《はて》まで歌声に満ち満ち、今日に至るも、無限の力をもってポーランド人の心に影響を与えている[19]」と賞賛した。魯迅はまた、ミツキェヴィチの『父祖の祭』第三部の囚人の歌で、「自分は服役中せっせと働き、こう言おう、願わくはこの鈍《にび》色の鉄が、いつの日かツァーリの首を掻《か》く斧《おの》とならんことを」と誓っているように、ポーランドの詩人が「牢獄や流刑地や処刑の事を多く描いて」、「復讐の声がきこえる」ことに気づいた[20]。魯迅はこのようにポーランド文学にあふれる血を求める復讐の調子を説明した。民族への抑圧、征服が存在する限り、プーシキンとミツキェヴィチのような物語は必ずまた現れる運命にある。我々はこの運命に従うのか、抗うのか？　抗うならば、どうやって？

同じ十一月蜂起に対して、マルクスは異なる分析をした。一八四七年、ヨーロッパは経済危機のただ中にあり、フランスの二月革命は、ドイツ、オーストリア、イタリア、ハンガリー等の地にあいついで新たな運動を呼び起こし、ヨーロッパ革命はもう目と鼻の先だった。マルクスは、「古いポーランドはたしかに没落した。そして、われわれはその再建を願う最後の人々であろう。しかし古いポーランドだけが没落したのではない。古いドイツ、古いフランス、古いイギリス、全部の古い社会が没落したのだ。……旧社会において失うべきものを持たない人々にとっては……彼らはむしろ旧社会の没落によっていっさいを得ることができる。旧社会の没落は、もはや階級対立にもとづかない新社会の形成を必然的に結果するから」と述べた。マルクスはこの判断から出発して「すべての国のうちで、イギリスこそは、プロレタリアートとブルジョアジーの対立がもっともすすんだ国である。だから、イギリスのプロレタリアートのイギリスのブルジョアジーにたいする勝利は、全被圧迫者の、その圧迫者にたいする勝利にとって決定的である」、「彼らの利害が共通でありうるためには、現在の所有関係が廃止されねばならない。そのわけは現在の所有関係は諸国民相互間の搾取を必然的に結果するものだからである[21]」と断言している。

マルクスは仲間と共にイギリスの憲章運動に投じたことがあり、そこから、一八四八年の革命前夜、「ポーランドはポーランドで解放されるのでなく、イギリスで解放される[22]」という、ポーランド問題の解決の方向性を見いだした。だが、一八四八年の革命は失敗し、ポーランド問題はイギリスで解決を見ることはなかった。一八九二年、マルクスが世を去って一〇年、『共産党宣言』のポーランド語版が出

(18) 魯迅「摩羅詩力説」、『魯迅全集』第一巻、九一頁(邦訳は、北岡正子訳、『魯迅全集』第一巻、学習研究社、一九八四年、一三二頁)。
(19) 同右、九五頁(邦訳は一三八頁)。
(20) 同右、九七頁(邦訳は一四〇-一四一頁)。
(21) 「一八四七年一一月二九日在倫敦挙行的紀念一八三〇年波蘭起義十七周年的国際大会上的演説」、『馬克思恩格斯選集』第一巻、中共中央馬克思、恩格斯、列寧、斯大林著作編訳局編、人民出版社、一九九五年、二八八頁。邦訳は、マルクス「ポーランドについての演説　一八四七年一一月二九日、一八三〇年ポーランド蜂起一七周年記念日のロンドンにおける国際的集会での」、中原稔生訳、『マルクス＝エンゲルス全集』第四巻、大月書店、一九六〇年、四三〇頁。
(22) 同右、二八七頁(邦訳、四三〇頁)。

版された。老いたエンゲルスはロンドン西区の公園近くの寓居で昔の話題を持ち出し、「一八四八年の革命は、プロレタリアの旗をかかげながら、結局、プロレタリアの戦士にブルジョアジーの仕事をさせただけであったが、それはまた、その遺言執行人であるルイ・ボナパルトとビスマルクの手で、イタリア、ドイツ、ハンガリーの独立をなしとげた。ところが、一七九二年このかた、この三国を全部合わせた以上に革命のためにつくしてきたポーランド、このポーランドは、一八六三年に一〇倍も優勢なロシアの力に屈したとき、見すてられてしまった。貴族は、ポーランドの独立を維持することも奪還することもできなかった。ブルジョアジーにとっては、独立は、今日ではすくなくともどうでもよい問題である。けれども、ポーランドの独立は、ヨーロッパ諸国民のむつまじい協力のために必要である」、「というのは、ポーランドの独立は、ポーランドの労働者自身にとって必要であるのと同じように、ポーランド以外の全ヨーロッパの労働者にとっても必要だからである[23]」と述べた。エンゲルスにとっては、ポーランドの独立は延び延びになっているが、理論のロジックは変わっていないのである。死に瀕して、エンゲルスは失望してこう語っている。「歴史は、これを一八四八年いらい全大陸をまきこんだ経済革命によって証明した。この経済革命によって、フランス、オーストリア、ハンガリー、ポーランド、また最近ではロシアにも、ようやくほんとうの大工業が根をおろし、そしてドイツはまさに第一級の工業国になったのである……」、「当時は地域と民族によって区別されていて、共通の苦しみの感情だけで結びついている、未発達な、感激と絶望のあいだを途方にくれてさまよっている大衆がいたが」、一九世紀末期になっても「この強力なプロレタリアート軍さえも、いまだにその目標を達成していない……とすれば、そのことは、一八四八年にたんなる奇襲によって社会改造に成功することがいかに不可能であったかを、決定的に証明するものである[24]」。

一世紀半経って、「所有関係」の顚倒が顚倒した時、私はワルシャワにいた。そこではすでに、マルクスが熱烈に呼びかけた労働者階級の闘争とその勝利は一種の「誤った歴史」と見なされていた。エンゲルスの修辞で眼前の現実を描写すれば、私がワレサとクルシェフスキーに見たものはまさにもう一回の顚倒ではないか？　一九八九年、ポーランドの労働運動は、自身の階級の利益に叛くことで、資産階級革命の遺言執行人になった。社会主義の基盤の上で、昔日の連帯の指導者たちは、自分たちの新自由主義経済綱領をソ連の支配から脱する政治綱領と見なした。私の講演を聴いてから、クルシェフスキーはわざわざ一篇の文章を送ってきてくれた。私は今でもその「解放としての転換（Transition as Emancipation）」というきっぱりとした標題を覚えている。「転換」はすなわち社会主義経済体制から資本主義経済体制への転換、「解放」はすなわちソ連の支配からの解放である。ひと晩論争してから、彼は私に、たとえひとつめの転換が失敗だったとしても、二つめの「解放」の意義は否定できないと言った。二つめの「解放」とは民族解放ではないか？　それゆえ、彼と彼の同志たちにとっては、一九八九年の転変は一八三〇年の蜂起で確定された使命の完成であり、ポーランドの労働者階級はポーランド貴族とポーランド資産階級の共同の遺言執行人になるのである。では、この転変に介入し、影響を与えたカトリックはどうだろう？

（23）『共産党宣言』一八九二年波蘭文版序言」、二六七頁（邦訳は、エンゲルス「『共産党宣言』一八九二年ポーランド語版序文」、村田陽一訳、前掲『マルクス＝エンゲルス全集』第四巻、六〇五－六〇六頁）。

（24）「卡爾・馬克思〈一八四八年至一八五〇年的法蘭西階級闘争〉導言」、『馬克思恩格斯選集』第四巻、五一二－五一三頁（邦訳は、エンゲルス「カール・マルクス『フランスにおける階級闘争、一八四八年から一八五〇年まで』（一八九五年版）への序文」、中原稔生訳、『マルクス＝エンゲルス全集』第七巻、大月書店、一九六一年、五二四－五二五頁）。

これは一世紀半の時を隔てたくり返しである。

ワルシャワの通りや横町で、マルクスが批判した民族問題が、幽霊のように、様々な歴史遺跡に姿を現し、さらに私たちの脳裏をも駆けめぐって、影が形に添うように、ぬぐい去れなかった。ワルシャワ郊外のある場所で、クルシェフスキーは私にショパン（F. F. Chopin）の話をした。一八三〇年一一月、ショパンの師ユゼフ・エルスネル（Józef Elsner）はそこでショパンのために送別曲「君が異郷にいるとしても」を作曲し、彼にポーランドの泥の入った銀杯を贈った。一八一〇年にショパンが生まれた時、ポーランドはロシア、プロイセン、オーストリアに分割され、主権国家ではなくなっていた。父親はフランス系ポーランド人で、一七九二年のポーランド・ロシア戦争、ポーランドの英雄コシチュシュコ（Tadeusz Kościuszko）の名を冠する一七九四年の「コシチュシュコの蜂起」に参戦している。ショパンが作曲したポロネーズ「軍隊」「英雄」、エチュード「革命」「別れの曲」には、深い郷愁の中で歴史の音調がこだましている。彼の天才ぶり、パリでの生活、ジョルジュ・サンドとの恋についてはよく語られるが、ミツキェヴィチとの友情や、一八三〇年の十一月蜂起の時に亡命を余儀なくされ、晩年に「母から遠く離れた孤児」を自認したことと、一八三七年に「ロシア皇帝陛下の主席ピアニスト」の肩書きを拒否したこととの関係に言及されることは少ない。

その晩、私たちはいっしょに演奏会を聴きに行った。ホールの片隅の展示ケースに、ユンディ・リ演奏のショパンのＣＤがあった。クルシェフスキーはすぐに私に一枚買ってくれ、ユンディ・リがショパンコンクールで優勝して多くの人が驚いた、――少年の才能にではなく、この少年の先生を誰も知らないことに驚いた、と解説してくれた。ヨーロッパでは、このような天才少年を育てられる教師は、誉れ高く、レッスン料も高く、指を折って名前を挙げられるぐらいしかいないのである。中国の無名の教師がユンディ・リのような天才少年を育てられるのだとしたら、中国にはいったい何人のユンディ・リがいるのだろう？　私はシュテルンの評論を思い出した。規模から言えば、中国は将来ピアノの第一の大国になるだろうが、中国の天才少年たちの成長後の成果はそれほど期待できないだろう。「音楽は単なる技術じゃない、まるごと文化だ。中国の子供は演繹の仕方をわかっていない！」。

そうだ。演繹。演繹はその都度原作に対する「重複」であり、毎回の「重複」は一回ごとの創作過程である。古典名曲の誕生は偉大なる事件だが、この「事件」は演繹を通して完成されるのである。演繹が新たな事件を創造する。演繹は作曲者が必ずしも意識していない内包を発掘できるばかりでなく、どこまでも展開させる可能性がある。演繹を理解しなければ、創造性は停滞すると言ってよい。だから、シュテルンの声には、惜しい、という響きがあったのだ。

〝どうしてわざわざアウシュヴィッツへ？〟

クルシェフスキーは講談師のように、一箇所一箇所、中世から啓蒙時代まで、第二次世界大戦から社会主義時代まで、この街の曲折の物語を詳しく解説してくれた。ワルシャワの旧市街の中心にある教会の前で、クルシェフスキーは立ち止まり、私にどこを見に行きたいかと尋ねた。ポーランドで、クラクフは古い町並みを最もよく残しており、旅行者はたいがいそこを選ぶ。だが私は考えて、アウシュヴィッツに行きたいと提案した。クルシェフスキーは驚いて、両眼でじっと私を見つめて尋ねた。

「どうしてわざわざアウシュヴィッツへ？」

思いがけない質問だった。そうだ、どうして？　私は呆然とした。アウシュヴィッツ訪問は何度も考えた末の選択のようだが、私は自分の理由をどう説明したらいいのだろう？　アドルノの「アウシュヴィッツ以降に詩は存在しない」という名言を繰り返すのか？　その無言の瞬間、なすすべなく、私は沈黙した。クルシェフスキーはそれ以上尋ねず、向かいの建物を指して、そこが有名なワルシャワのユダヤ人のゲットー（Ghetto）だ、戦争中は焼き払われた、と言った。彼は手で円を描くと、ゲットーの方向から別の一方に向き直った。空の果てに、夕日が照り、戦後再建された旧式の建築物の間に、崩れた塀と広いとは言えない空き地があって、青い石と煉瓦が散らばっていた。そこはワルシャワ蜂起の戦場で、無数のポーランド兵士と平民がこの狭い空間で死んだ。ドイツの占領下、大勢のポーランド医師、将校、その他の人々とユダヤ人が強制収容所に収容され、最終的に殺害された。「第二次世界大戦」中、ポーランド人はユダヤ人と同じように巨大な犠牲を払ったのである。

記念碑は政治決断から生まれ、歴史の叙述を通して、過去のすべてがここに至って未曾有の変化を起こしたのだと注意を喚起する。歴史叙述の凝集として、記念碑は常に自身の歴史を覆い、普遍的真理という性質をはっきりと見せる。誰が、どういう目的で、誰のために、どういう条件のもとで、誰を、あるいは何をクローズアップし、なぜクローズアップするのか、誰を、あるいは何を覆い隠し、なぜ覆い隠すのか……一旦これらの問題を追及し始めたら、記念碑はもはや記念碑ではなく、むしろ歴史の「痕跡」である。長いこと問い詰めなければ、記念碑と歴史の複雑な関係をはかりしることはできない。しかしまただからこそ、記念碑の歴史を探究すること自体、一種の政治的行為となる。

クルシェフスキーの声は低く、はっきりしており、波打つ川の流れのように激しく続き、ミツキェヴィチの『父祖の祭』の最後の「我が心はすでに黙し、歌は墓の中にある。ただ、我が霊は血の匂《にお》いを嗅《か》ぎ、鋭く一声、吸血鬼（Vampire）のごとく人の血を求めて起き上がった[25]」というコンラッドの歌を思い起こさせた。ヴァンパイアは吸血鬼とも訳され、ヨーロッパの民間伝説に源がある。罪人あるいは悪事を働いた者の死後の魂が夜間に蝙蝠となって墓地を離れ生者の鮮血を吸うという。

一九三九年九月のワルシャワ防衛戦は「ドイツ・ポーランド戦争」とも言われる。西方では通常「第二次世界大戦」の始まりと見なされている。だが他の戦場では敵味方の戦線の漸進が明らかであるのとは異なり、「ドイツ・ポーランド戦争」にはソ連とポーランドの矛盾も絡んでいた。これまでのところ、イェール大学教授ティモシー・スナイダー（Timothy Snyder）の『ブラッドランド　ヒトラーとスターリン大虐殺の真実』（Bloodlands: Europe between Hitler and Stalin）は、この戦争とそれがもたらした影響についての最も広範な研究書である。この著作は歴史叙述の方式で戦後の欧米の理論界の重要な努力をなぞっている。つまりナチスドイツとソ連、ヒトラーとスターリンを同じ範疇（全体主義、民族ホロコースト、暴政等々）に置いて解釈している。この解釈方式は、「文革」が終わってから、毛沢東と中国革命に対する分析として広く用いられた。このような還元主義的方式が右から左までの各種の論述に浸透し、強大な力を孕んでいた。その原因はそれが大量の暴力と流血の事実を抜き出し、全体主義の探求に取り入れたからである。たとえただ経験レベルで事実を修訂するだけでも、暴力と全体主義を弁護しているという嫌疑をかけられがちだった。ひとつの簡単な問題は、マルクスとエンゲルスが一九世紀に議論したポーランドの独立と解放は、もはや第一次世界大戦後、帝国主義の「ヴェルサイユ体制」で確定されたポーランド問題とは異なるということだ。ヴェルサイユ体制における、ポーランドの地縁政治的地位と拡張の野心は、一九世紀の被圧迫民族の独立運動の範疇で解釈することはもはやできない。第二次世界大戦後のポーランド・ソ連関係も、第一次世界大戦後のそれと完全に同じではない。それゆえ「解放」とい

（25）　魯迅「摩羅詩力説」、『魯迅全集』第一巻、九七頁（邦訳は一四一頁）。

う命題はそれぞれの異なる歴史文脈の中で検討されねばならない。(26) この問題と非常によく似ているのが、日本が南京とハルビンで行った行為の差異をどう解釈するかという問題である。中国国内のユダヤ人の運命が他の地域と異なっていたことをどう説明するか？　ポーランド問題が一様でないように、「ユダヤ人問題」も一様ではない。

ポーランド戦争は「第一次世界大戦」後の帝国体制の解体およびそこから生まれた「ヴェルサイユ体制」とその崩壊にまで遡ることができる。この体制の特徴は帝国解体のプロセスにおいてドイツ帝国、オーストリア＝ハンガリー帝国内の一部の少数民族が、漸次独立して国民国家になったことである。これらの新興国の中で、チェコスロバキア、バルト三国、フィンランド、南スラヴと比べ、ポーランドの領土面積は最大で、ヨーロッパで第六位、勢いに乗じて拡張し、より大きな勢力範囲を獲得しようとしていた。だが戦後、ドイツとソ連の関係がしだいに修復されると、ポーランドは両国の圧力のもとでイギリス、フランスと同盟を結んで両国の圧力への対抗を試みざるをえなくなり、大国すごろくの前線基地になった。ポーランドと周辺国家の関係は良好ではなかった。ポーランド・チェコ、ポーランド・ウクライナの関係はしばしば衝突と危機のうちにあった。「第一次世界大戦」以来、世界的範囲で、民族独立運動は常に少数民族および越境民族の排斥を伴った。ポーランド独立後のポーランド・ウクライナ関係、ポーランド・チェコ関係はいずれもその例証である。一九一九年、ロシア帝国とオーストリア＝ハンガリー帝国が「第一次世界大戦」時期に崩壊したことに伴って、ポーランドは改めて独立を獲得し、その指導者ピウスツキは、新生のロシア共和国（ソ連は一九二四年にようやく成立する）の脆弱な状態とポーランドのヴェルサイユ体制における反ソの地縁位置を利用して、ウクライナ、白ロシアとリトアニアで「東方連邦」建設を進め、ポーランドを加えてポーランドをトップとする集団を作ろうとした。

ポーランド地主のウクライナでの土地利益を守るため、ウクライナの分離運動を支持した。ウクライナ勢力の反対にあうと、一九一九年二月、ポーランドはウクライナに攻め入り、西部地区を占領した。このような背景のもと、ソ連はウクライナ民族軍と東北部で激戦を繰り広げ、最終的に長距離を一気に進軍してキエフを占領し、ワルシャワに迫った。一九一九年九月、ウクライナはソ連侵攻の圧力のもと、ポーランドにガリツィアを割譲することに同意し、引き換えにポーランドと同盟を結び、同年一一月のパリ講和会議で承認された。一九二〇年四月、ポーランド・ウクライナ連合軍はソ連に対して攻勢に出た。条約締結国とローマ教皇庁の支持のもと、ポーランドはワルシャワ戦役でソ連共産党軍に勝ち、東に拡大し戦果を得た。この戦争について、レーニンはかつて次のように解釈している。「ヴェルサイユ講和条約は、カイゼルが勝利者であったころにやりかねなかったあらゆる残虐行為を上まわるものであることが、わかった。経済生活へのイギリスやフランスの将校の干渉は、すべての戦敗国にとって、ドイツにとって、オーストリア＝ハンガリア帝国に所属していたすべての国々にとって、こういう条件のもとでは生きていけないということを証明している。この奇怪な講和条約が存続している原因の一つは、ポーランドがドイツを二つの部分にわけていることである。というのは、ポーランドの領土は海への出口をもっているからである。……ポーランド人がドイツ人の住民を圧迫するときには、協商国の軍隊と将校がポーランド人を支持している。ヴェルサイユ講和条約はポーランドを緩衝国につくりあげた。これは、ドイツをソヴェト共産主義との接触からへだてるはずのものであり、協商国はこれをボリシェ

(26) 一九三九年にソ連軍がポーランドに侵攻した際、毛沢東はこう言った。「ポーランドの問題は、ドイツの側面、英仏の側面、ポーランド政府の側面、ポーランド人民の側面、ソ連の側面のように、いくつかに分けて考えなくてはならない」。「蘇聯利益和人類利益的一致」、『毛沢東選集』第二巻、人民出版社、一九九一年、五九七頁。

ヴィキに向けられた武器とみなしている。フランス人は、ツァーリ政府が手にいれた何百億もの借款を、ポーランドといっしょに、またポーランドの助けをえて、取りもどそうとのぞんでいる。だからこそ、われわれが、大きな譲歩を代償としてでも、あれほど避けようとしたポーランドとの戦争が、燃えあがったとき、このポーランドとの戦争は、これまでのいくつかの戦争にくらべて、いっそう直接に協商国にたいする戦争となった」[27]。一九二一年三月一八日にポーランド・ソビエト・リガ平和条約（The Treaty of Riga）が締結され、ポーランドは白ロシア西部とウクライナの国土四分の一に相当する西部のガリツィアなどの地区を手に入れ、ポーランド・ソ連間に再度の衝突の種を蒔いたばかりでなく、後のポーランド・ウクライナの矛盾の伏線をも敷いた。一九三八年、ソ連はフランス、イギリス、ポーランドと相互不可侵条約を結んで、ドイツの脅威を抑え込もうとしたが、唯一統一戦線の維持に積極的だったイギリス、そしてフランスが翻ってドイツと相互不可侵条約、すなわちこの年の九月三〇日に締結された、チェコスロバキアを分割する「ミュンヘン協定」（Munich Agreement）を結んだ。ポーランドはこの条約に参与し、チェコスロバキアのチェシン（Cieszyn）地区の一部の土地を占領した。この行動こそが一九三九年八月の、モロトフ＝リッベントロップ協定（the Molotov-Ribbentrop Pact）とも呼ばれる、独ソ不可侵条約（the Treaty of Non-aggression between Germany and the Union of Soviet Socialist Republics）の締結を招いたのである。

当時人々は、この条約に秘密の付則があることを知らなかった。付則では、ドイツ・ソ連両国のポーランドにおける勢力範囲が確定されていた。条約締結から一週間後、すなわち九月一日、ドイツはスロバキア軍とともに北、南、西の三方向からポーランドに攻め入った。ドイツ軍は九月中旬までにワルシャワ城下まで攻め込み、ポーランド政府と総参謀部は中立国のルーマニアに逃げて、政府機能を失った。九月一七日、ソ連は新局面に対応して、ポーランド・ソ連不可侵条約はドイツに占領されたために失効していると宣言し、ポーランド領内の白ロシア西部、西ウクライナのロシア居民を保護する名目でポーランドに侵攻し、一〇月中旬にポーランド全域が陥落した。戦略面から言えば、ソ連の行動は理解できなくはない。ドイツはポーランド領内の前ドイツ帝国の領土を併呑し、ポーランド総督府はポーランドに対して「ドイツ化」政策を実施した。ポーランド領内のソ連の勢力下にあった区域にソ連が侵攻しなければ、ドイツ軍は何の障害もなくソ連国境まで突き進んだだろう。だが戦後、この行動はソ連とドイツがポーランドで友軍として合流し、ドイツに抵抗した最も主要な国家さえドイツの同盟国であるかのように語られている。ソ連軍は結局のところ、自身の安全圏に入ったのか、それとも別の主権国家に侵入したのか、異なる表現は必然的に尖鋭な政治倫理問題を構成することになる。(28)

ナチスは、ポーランド領内に、多くのユダヤ人とその他のポーランド人士を拘禁する強制収容所を設立した。またソ連占領区では、ロシアとポーランドの歴史の蓄積が新しい枠組みの中で再び発酵し、大勢のポーランド将校が殺害される「カティンの森事件」が起こった。これは「第二次世界大戦」中のポーランドとソ連の衝突の産物である。アウシュヴィッツ強制収容所以外に、カティンももうひとつの被害者の記念碑だが、両者はそれぞれ異なる歴史的脈略を持っている。カティンの虐殺は疑う余地がな

(27)「在制革職工代表大会上的講話」(一九二〇年一〇月二日)、『列寧全集』第三九巻、三一六–三一八頁(邦訳は、「皮革製造業労働者・職員大会での演説　一九二〇年一〇月二日」、『レーニン全集』第三一巻、大月書店、一九五九年、三〇一–三〇三頁)。

(28) Grover Furr: Blood Lies: The Evidence that Every Accusation against Joseph Stalin and the Soviet Union in Timothy Snyder's Bloodland is False, New York: Red Star Publisher, 2014.

い。だが虐殺の被害者数と虐殺が起こった原因については、ポーランド・ソ連双方の言い分が異なる。ポーランドは約二万人余りが被害に遭ったと言い、ソ連の検察院は二〇〇〇に届かないと判定し、これが民族ホロコーストであるとは認めていない。一九九〇年、ソ連解体前夜、関係する公文書が解読されたが、この賞賛に値する行動それ自体の政治性もまた疑う余地がない。これらの公文書によれば、一九四〇年四月三日から五月一九日までに、二万一八五七人のポーランド捕虜が異なる場所で殺された。そのうち一万四五五二人はロシアの三つの主要な戦争捕虜収容所から、七三〇五人は白ロシアとウクライナ西部から連れてこられた。[29] 一九九八年六月、エリツィンとクファシニェフスキが協議し、カティンとメドノエなどロシア領内の二箇所の内部人民委員部が虐殺を行った現場に複合記念碑を建てることに同意した。だが同年九月ロシアはポーランド・ソビエト戦争で二万人近い兵士がポーランドの戦争捕虜収容所で死亡した問題を持ち出し、さらに数字が変化し続けて一番多い時には八万前後にまでなった。[30] その他、一部のロシアの学者は、カティンの森の虐殺を認める一方で、「第二次世界大戦」中にソ連に侵入したドイツ軍にはハンガリー、ルーマニア、イタリア、チェコ、ポーランド出身者が二〇〇万人含まれていたことを指摘している。ソ連総司令部はポーランド将校を釈放するとドイツ軍に参加してソ連軍と戦うことになるのを恐れたというのである。この解釈は一部のロシアの学者が唱えるいわゆる「歴史のバランス」である。

シュテルンはナチスのユダヤ人排斥が進んだ過程でスイス、アメリカが果たした役割を問題にするが、カティンの森事件に対するアメリカの姿勢も無辜ではない。ニュルンベルク裁判前のロンドン会議で、ソ連代表はカティンの虐殺をドイツが行ったとして訴えるよう要求し、「困惑しつつ」同意した。[31] 一九四五年、マーシャル将軍（General George Marshall）の主席情報補佐官ビッセル少将（Major General Clayton

Bissell）は、ファン・フリート将軍（General Van Vliet）が提出したカティンの虐殺はドイツではなくソ連に責任があるとする報告書を握りつぶした。朝鮮戦争が勃発してから、アメリカは中国軍と相見えただけでなく、ソ連とも冷戦状態になり、カティンの森事件が改めてアジェンダにのぼった。一九五一年から一九五二年、アメリカ議会は下院議員レイ・ジョン・マッデンを主席とする「マッデン委員会」を組織してカティンの森事件の調査を行い、ビッセル将軍は尋問を受けた。ビッセル将軍は、報告を握りつぶしたのは、アメリカと統一戦線を組んだソ連を困らせないためで、アメリカの国家の利益を守る行為だったと弁明した。(32) そして、今では、米ソ関係には変化が生じたので、「事実」も改めて掘り起こさね

（29）アレクサンドル・シェレーピン（Aleksandr Shelepin）がフルシチョフ（Khrushchev）にあてた一九五九年三月三日の秘密書簡に、二万一八五七人のポーランド人を処刑したこと、および彼らに関連する文書を焼却するようにという建議が書かれている。ロシア語公文書は以下を参照。http://rusarchives.ru/publication/katyn/05.shtml。また英訳は以下を参照。http://law.case.edu/lectures/files/2010-2011/2011020_KarynSiberia_docs.pdf。

（30）ポーランド側は、一万六〇〇〇から一万七〇〇〇人のソ連兵捕虜が、病気のため戦争捕虜収容所で死亡したと述べている（全部で八万から八万五〇〇〇人の捕虜を収容していた）。二〇〇四年、ロシア連邦公文書館とポーランド国立中央文書館が協力して、ロシア語で約一〇〇〇頁の資料集を出版した（"Krasnoarmieitsy v polskom plenu v 1919–1922 g. Sbornik dokumentov i materialov", Federal Agency for Russian Archives, Moscow 2004）。三八八の文書が収録され、ニコラウス・コペルニクス大学（ポーランド、トルン市にある）のレツマー教授（Waldemar Rezmer）、カルプス教授（Zbigniew Karpus）と、モスクワ国立大学のマトヴェエフ教授（Gennadij Matvejev）が共編した。マトヴェエフ教授は赤軍捕虜の死亡者数は一万八〇〇〇から二万人の間だと考えている。

（31）S.S. Alderman, "egotiating the uremberg Trial Agreements, 19 5", in Raymond Dennett and Joseph E. Johnson, ed., egotiating Withthe Russians (oston, MA: World Peace Foundation, 1951), p.96。

（32）Benjamin B. Fischer, "The Katyn Controversy: Stalin's Killing Field, Studies in Intelligence" を参照。二〇一四年三月二四日にネット上で閲覧。作者はＣＩＡ情報研究センターの歴史スタッフ。https://www.cia.gov/library/center-for-the-study-of-intelligence/kent-csi/vol43no3/pdf/v43i3a06p.pdf。

ばならない、結果は予想できるものだ、ソ連は虐殺を行った、国際法廷で裁かねばならない、と述べた。[33]

実はアメリカだけがこうだったのではない。ドイツ・ポーランド戦争でポーランドと同盟関係にあったイギリス、フランスも、傍観を決め込んだ。一九四二年、ポーランドの鉄道労働者が最初にカティンに大量の遺骨があることを発見し、地下政府に報告したが、重視されなかった。「カティンの森事件」を最初に世に知らしめたのは、ナチス占領軍だった。一九四三年四月一三日、ベルリンテレビが、カティンで三〇〇〇人のポーランド将校の遺骸が発見されたと伝えた。ナチスドイツはベルギー、ブルガリア、デンマーク、フィンランド、フランス、イタリア、クロアチア、オランダ、ルーマニア、スウェーデン、スロバキア、ハンガリーの外国人専門家からなる調査委員会を作って調査を行い、結論を公表した。ソ連とロンドンのポーランド亡命政府を隔てることが目的だった。ゲッベルス（Joseph Goebbels）の一九四三年四月一四日の日記に、「ソ連国家政治保安部（GPU）がポーランド将校一万二〇〇〇人を殺害したという発見を利用して、厳粛な態度で反ボリシェヴィキの宣伝を行う。中立国の新聞記者、ポーランドの知識人を現場見学に招いたところ、彼らがもたらした情報は恐るべきものだった。元首は我々がこの重大ニュースをドイツメディアに知らせ、報道することを特に許可された。私はこれらの宣伝材料を最大限利用するよう命じた。今後数週間、効果があるだろう」[34]。だが時が移り事情が変わって、一九四三年、ドイツ軍がカティンを放棄する決定をした時、ゲッベルスは日記でこう預言した。「ボリシェヴィキは間違いなく、我々が一万二〇〇〇人のポーランドの将校を銃殺したことをまたたく間に〝発見〟し……我々に罪を着せるだろう」[35]。予想通り、ソ連は一九四四年にドイツがポーランド人を殺害したという調査を発表した。

アメリカ同様、イギリスのカティンの森事件に対する態度も曖昧である。一九四三年四月二四日、カティンの森事件はソ連が起こしたと密かに確信したチャーチル（Winston Churchill）は、ソ連に対して、「我々は赤十字国際委員会やその他の組織がドイツ統治区でいかなる〝調査活動〟を行うことにも絶対に反対しなければならない。そのような調査は一種の欺瞞となり、その結論は恐怖統治によってもたらされるものだ」と述べた。[36] これは戦争中の敵味方関係による新たな「事実」作りである。チャーチルは回想録で憚ることなく「どの言い方を信じるかは、何を信仰しているかによって決まるようだ」と述べている。[37]

一九八一年、連帯がカティンに「カティン、一九四〇」という記念碑を建てたところ、警察が取り締まり、当局は碑文を「ポーランド兵に捧ぐ――ヒトラーのファシズムの被害者――カティンの沃土に眠る」と改めた。一九八九年一〇月三〇日、ゴルバチョフの同意のもと、ブレジンスキーを含むカティンの被害者の親族団がカティンを訪れた際、ある追悼者は碑文の〝NAZIS〟の文字をNKVDつまり内部人民委員部の略称に改めた。ドイツ・ポーランド戦争の死傷者の数は大ざっぱなものだが、確実な数値についてはなお議論がある。一般に約六、七万人が死亡し、一三～一六万人が負傷し、五〇～七〇万人が捕虜になったとされているが、ポーランドの政府機関「国家記銘院」（IPN）の推計によれ

（33）同前、参照。
（34）Joseph Goebbels, *The Goebbels Diaries (1942-1943)*, Translated by Louis P. Lochner, Doubleday & Company, 1948.
（35）同前。
（36）Correspondence between the Chairman of the Council of Ministers of the USSR and the Presidents of the USA and the Prime Ministers of Great Britain during the Great Patriotic War of 1941–1945, Publisher : Progress Publishers, Moscow, USSR. 二〇一四年一一月一八日にネット上で閲覧。http://www.marxists.org/reference/archive/stalin/works/correspondence/01/43.htm。
（37）The Hinge of Fate (Boston: Houghton Mifflin Company, 1950), pp. 678-681.

ば、ソ連で放逐されたポーランド人は三二万人という多さにのぼるという。ポーランド戦争は典型的な「総力戦」であったため、平民の死傷は極めて多く、正確に統計を取るのは難しい。ドイツ軍はワルシャワを攻め落としてから、全市を焼き尽くした。確かに、いかなる選択的な記念碑もポーランド人が被った犠牲と苦難を現すには足りない。

ポーランド・ソ連関係とカティンの森事件に関する文献を読むのは、愉快なことではなかった。虐殺は起こった。だが虐殺の暴露であれ、事件に対する解釈であれ、どの観点も特定の歴史条件、位置から離れることはできず、政治利益が考慮されていない観点も存在しない。あるいはそうだからこそ、人々は拒絶できない、退却することのない道徳律を切実に求め、悲劇の責任者に審判を下そうとするのかもしれない。だが、ユダヤ人問題をめぐる哲学論議で、ハンナ・アーレントは政治正義の審判における意義を特に指摘し、彼女の全体主義解釈もまた一種の「政治的」正義感を解釈しようとするものだった。歴史上の暴力は「全体主義政府」の行為であるばかりでなく、政治領域には複雑な要素がはびこっており、いわゆる「悪の凡庸さ」は政府という条件がないとむしろ容易に爆発するという。ルワンダ虐殺を解釈する際、インド系ウガンダ籍の政治理論家マムフード・マムダニ（Mamhood Mamdani）は、正義感を、倫理正義、法律正義、政治正義の三種に区分している。彼によれば、ルワンダ虐殺の多くの加害者は被害者でもあり、彼らは権利を握る政治家ではなく、往々にして普通の市民だった。これらの人々は衝突のうねりの中で、ぐるぐると加害者、被害者の役割を循環して演じ、両者の間でどちらが正義か判断しようとしても、少なくとも倫理的に非常に困難である。両者の間の循環ゆえ、ニュルンベルク裁判のような法律正義は真の正義の結果を出すことができない。マムダニは、清華大学での講演で、「イスラエルはニュルンベルグ裁判のロジック（時間ではない）の結果であり、今我々はパレスチナ・イスラエルの血なまぐさい衝突に、この裁判の深刻な無効性を目にしている。それゆえ、政治解決を探り、虐殺の政治的根元を取り除かねば、真の民族和解は実現しない」と冷ややかに述べた。[38] ポーランド・ソ連間の歴史的もつれに関しても、彼の観点を考慮する価値があるのではないだろうか？

ワルシャワを去る前の晩、私はクルシェフスキーと一軒の酒屋で飲んだ。彼はソ連のポーランド支配について語り、ドイツがポーランドに与えた打撃についても語ったが、ナチスドイツに勝利するために、ソ連が何ものにも代えがたい貢献をしたこと、戦争中に大きな犠牲を払ったことは語らなかった。彼はグラスを挙げ、残った酒を飲み干し、ポーランドの不幸は二大帝国にはさまれていることだ、我々はチェコ人ともうまくいかない、と自嘲的に言った。ポーランド国内でかつて起こったポーランドとウクライナ（ポーランド人とウクライナ人）の衝突を連想して、私はいささか暗い気持ちになった。数日間にわたって長時間語り合い、私はしだいにクルシェフスキーのスタイルに迫っていた。彼はひとつの問題を提出しながら、別の問題でそれを分析する。彼にとって、分析は認めることではないが、否認でもない。分析はむしろ我々を歴史のもつれという道に引き込む。「どこがアウシュヴィッツかだって？　どこもアウシュヴィッツだよ」。

クルシェフスキーのちょっとかすれた声が耳のあたりにこだまし、私は暗黒の歴史に沈み込んだようだった。たが彼は突然話をやめ、黙り込んだ。私は身を翻して彼を見つめた。クルシェフスキーの顔に深い悲しみの表情は残っていたが、眼中には落ち着かない光芒が宿っていた。彼はつぶやくように言っ

（38）加害者と被害者の関係のさらに深い分析については以下を参照。Mamhood Mamdani: When ictims ecome Kilers: Colonialism, ativism, andthe Genocidein Rwanda, Princeton: Princeton University Press, 2001。

た。

「やめなければ。続けてはいけない。ここで、君にポーランドの大きな犠牲について語るのは、誰が被害者かを競うようなものだ……」。

彼の中断と沈黙はあまりに唐突だったので、私は透明な空気が切り裂かれて、目に見えない暗黒が露出したかのように感じた。どこに記念碑を建てるかは、どこから歴史を叙述するかを意味している。アウシュヴィッツにもカティンにもそれぞれの使命がある。だが「被害者競争」で罪の責任を軽減する歴史のバランスなど不可能だ。初めてアドルノの名言を読んだときの感覚と比べて、この唐突な中断は私にとってさらに釈然としないものだった。空気の透明ささえまぼろしなのか？　沈黙が私たちの単調な足取りを覆い、私の胸の中では何かが旋回していたが、やがて静まった。だが私は、これから考え直さねばならない、と確信した。複雑な被害と加害の関係において、政治正義は倫理正義、法律正義に比べてずっと実際的な解決の道であるし、無条件に広い道ではないけれども和解に近づくことにより近い。だが決して倫理正義と法律正義を放棄する口実ではない。正反対に、政治正義の探求を、倫理正義を実現する歴史条件の分析に集中させれば、あるひとつの方面に罪を集中させたがために他の方面が疎かになることを避けられる。二〇世紀の歴史編纂学において、ユダヤ問題の中心的地位とナチスの罪はその他の覇権や帝国主義政策の免罪符になってはならない。いわゆる政治審判の正義の原則は歴史の脈絡をさかのぼり正義を実現する条件を探索することと密接に関わっている。

クルシェフスキーは話をやめた瞬間、窓を開けてくれた。ワルシャワの中心のゲットーとユダヤ人問題は、その時から私の思想の秘密の場所に潜り込んだ。クルシェフスキーが足を止めたのはまさしくそこ、沈黙が降臨したのもそこだった。

わたしはもうアウシュヴィッツの話をしなかった。夕闇が迫り、周囲を包んでいった。記念碑のもとで、叙述も止まった……

ユダヤ人の中国物語

ベルリンへ戻る汽車で、私はシュテルンのことを思った。この互いに知り合いではない私の友人たちは、この時から私の心の奥深くで対話を始めた（あるいはまだ始めていないかもしれない）。ベルリンに着いた翌日、青空のもと、私とシュテルンはまたアインシュタイン・カフェの外の樹の下で会った。私はモルトの香りが漂う白ビールを注文し、彼が差し出してくれた葉巻を受け取り、端を切って、火を付け、青い煙を静かにくゆらせた。シュテルンは横を向いていたが、目は私をじっと見つめて、明らかに知っていることをわざと聞いてきた。

「ポーランドへ行ったのか？　何しに行ったんだ？」

「講演です。ワルシャワも見てみたかったですし」

彼はしばらく沈黙してから「知ってるだろ、ポーランド人は……」と言って言葉を切り、首を振った。

「ワルシャワの中心地に大きなゲットーがありました。でも今はもうユダヤ人居住区ではありません」

と私はシュテルンに告げた。

シュテルンは手に持った葉巻にもう一度火を付け、皮肉っぽい微笑を口の端にたたえていた。彼は私を直視し、眼中に光芒を輝かせ、わきぜりふを言うかのように、「私は若いころ上海のゲットーに住んでいた。それからハルビンに移った。上海やハルビンのユダヤ人居住区はヨーロッパのゲットーとはかなり違う。ユダヤ人は徒党を組む、グループアイデンティティが強烈だと言われるが、中国ではユダヤ人のコミュニティ意識は弱かったし、ゲットーの境界もはっきりしなかった。ユダヤ人は中国人の大海原に消えてしまったのさ」。一九世紀以降、ユダヤ人の中国入りには三度の高潮期があった。まず一八四〇年のアヘン戦争後、英領の中東、南アジア、東南アジアから中国に商売にやってきたセファルディム（Sephardim）で、彼らの大多数はオスマン帝国統治下のバグダッドで迫害に遭い、亡命を余儀なくされた者たちであり、他の一部はイギリス資本主義の力を借りて英領インドから東に発展してきたユダヤ人だった。これら二タイプの人々は上海と香港に集まり、当地のユダヤコミュニティを形成した。次は、一九世紀末から、ロシア帝国のユダヤ排斥の波を避けてきたロシア系ユダヤ人で、シベリアを横切って中国にやってきた。東北とりわけハルビンと上海、天津などの地が彼らの生きる場所となった。一九〇五年と一九一七年の二回のロシア革命の時期には、ユダヤ人のロシアでの状況はいっそう険悪かつ困難になった。彼らの大部分はヨーロッパの他の国に逃げたが、一定数の人々が転々と中国までやってきた[39]。三回目の高潮期は一九三〇年代で、シュテルン一家が中国に亡命してきた時期でもある。数千人のドイツ、オーストリア出身のユダヤ人が上海、ハルビンにやってきて、この二つの都市の新しいユダヤ難民になった。

　唐宋時期に陸路、海路双方から洛陽、西安、開封、敦煌、杭州、揚州、北京、南京、寧夏にやってきたユダヤ人と比べて、一九世紀から二〇世紀に上海、ハルビンに居住したユダヤ人とその運命はまったく異なる。中国で最も早く中国のユダヤ人問題に言及したのは洪鈞である。洪鈞は一八八七年に清朝から駐ドイツ使臣に任命され、ロシア、オーストリア、オランダの事務を兼担した。洪鈞は元史に精通しており、没後出版された『元史訳文証補』第二九巻は『元世各教名考』と題され、元代の若干の諭旨で言及されている「斡脱」とは「ユダヤ教のことである。字音を査定すると、Yehuda あるいは Judia となり、その地をJudia Yehudaと言う。……斡脱という字の由来と事績から、それをユダヤ人と証明するのは、まったく意義がない」と論証している。[40] 一九三〇年、張星烺が大著『中西交通史料彙編』を出版し、第五巻『古代中国與猶太之交通』で、斡脱はユダヤ人という洪鈞の観点を取り上げ、斡脱はモンゴル語のortoqの音訳とするペリオの説に異を唱えた。[41] だがモンゴル史専門家の翁独建は、張の説に疑義を呈し、モンゴル語の古語におけるortoqは突厥語に由来し、ペリオが言う「イスラム人の各種の商業組織」という意味にあたると述べた。[42]

現代中国のユダヤ研究に真の意味で基礎を打ち立てたのは陳垣である。一九二〇年春、『東方雑誌』第一七巻五、六、七号に陳垣の「開封一賜楽業教考」が連載された。冒頭は「重建清真寺記」（弘治碑）、「尊崇道経寺記」（正徳碑）、「重建清真寺記」（康熙碑）と碑の背面の文章の題名で、ひとつひとつ考証し、近代中国ユダヤ人研究の経典となっている。私が陳垣の著作で一番興奮したのは、私の故郷揚州にかつてユダヤ人が集住していたことについての考証である。正徳碑の記述に基づいて、彼は「撰者、書者、篆額者はいずれも維揚の人で、お経を拝領した者、およびお寺の修理に出資した者もまた維揚の人だった」と断言し、「碑と維揚人には密接な関わりがある」、「維揚に一賜楽業（ユダヤ）が居たことは幸いにも碑文が証明している」と推断した。[43] 揚州の東関街の東端は大運河沿いの集散埠頭と市場である。対岸

(39) 潘光『猶太人與中国』第二、三、四章、時勢出版社、二〇一〇年、一六頁－一八二頁。
(40) 洪鈞『元世各教名考』。沙博理編著『中国古代猶太人　中国学者研究文集点評』三頁。
(41) 張星烺『中西交通史料彙編　古代中国與猶太之交通』、中華書局、一九七八年。沙博理前掲『中国古代猶太人　中国学者研究文集点評』九頁を参照。
(42) 翁独建「斡脱雑考」、沙博理前掲書一〇－一一頁。
(43) 陳垣「開封一賜楽業教考」、『陳垣全集』第二冊、安徽大学出版社、二〇〇九年、八〇頁。

の遠くないところが普哈丁墓で、その南側に大きなムスリム墓地がある。普哈丁墓園は江南花園に似ていて、園内の石橋の石猿などの彫刻はイスラム教の中国化あるいは江南化の特徴をはっきりと示している。「碑には一賜楽業教の規範儀礼が書かれている。儒家の用語を多く用いているが、贖罪という節があり、他の二つの碑と異なり独特である」[44]。その状態はイスラム教を彷彿とさせ、自らの独自性を保持しながら、本土文化を完全に理解しようとしている。潘光旦はさらに踏み込んで、「正徳七年、廟宇再建に際し、維揚の金溥と開封の地の俺、李、高の三姓の教徒が、「お経を一部拝領し、大門ひとつを建てた」。揚州に一賜楽業教人がいたことはこれで十分に証明されている。揚州にはおそらく他にも高という姓の教徒がいたらしく、正徳七年の碑文にある高涛（一説には高涝の誤り）はおそらく教徒である」[45]と分析している。揚州の学者朱江は潘光旦の説を引き継いで、ユダヤ人が揚州へ来た経路を分析し、「海のシルクロードの北部終点、陸のシルクロードの東南端のひとつとして、揚州は名の知れた海港都市になった」「中国と日本、東南アジア、西アジア、北アフリカ、地中海沿岸国家との貿易活動に広範に参与した」と述べている。揚州のユダヤ人は大部分が漢人、回民の中に入り込み、今では見分けがつかない。ただ「揚州新城缺口街（今の江都路）西首北沿いの鍛冶屋の隣の張子祥家」には先祖伝来の古い青色の布、深い青色の緞子で作った六つの尖端がある帽子、やわらかいかぶと帽があり、「揚州新城東営頭巷東首の米霞林家」には先祖伝来の青地に黒地をはめこんだ緞子の六つの尖端がある帽子などの物件があり、あるいはユダヤ人遺蹟の証拠品かもしれない[46]。沙博理（Sidney Shapiro）編著の文集で、私は朱江が撮影した写真を見た。一群のムスリムたちが跪いて祈祷しているのだが、青い帽子をかぶった張子祥は頭を上げて後ろに座っていた。

ユダヤ人がいつ中国に入ったのか、学術界の見解は統一されていない。弘治碑に従えば宋代に、正徳碑に従えば漢代に、康熙碑に従えば周代にまでさかのぼる。明の万暦時期、マテオ・リッチらは開封でユダヤ教が隆盛していることをすでに知っていたが、西洋人がユダヤ教の漢文経典を救ったのは、清の咸豊元年〔一八五一年〕の後のことであった。清の道光二九年〔一八四九年〕、開封のユダヤ寺院は洪水に遭って破壊されたが、全滅は免れた。咸豊一〇年に再び洪水が起こり、寺院はすべて崩壊した。同治六年〔一八六七年〕、アメリカ長老派教会の修道士ウィリアム・マーティンが北京から上海に赴く際、開封に回り道をして、ユダヤ教の遺跡を訪ねた。雑草が生い茂るばかりだったが、ただ二つの碑がなお残っていて、多くのユダヤ人が噂を聞いてやってきた。[47] 一七世紀には、ユダヤ人が中国に来た時期について、ヨーロッパとロシアの学者および宣教師のあいだで、すでに多くの異なる観点が存在した。大まかに、周、漢、唐、宋の四大説があった。しかしユダヤ人が中国に来た最も早い時期についての確かな証拠は二つしかない。一九〇一年、スタインが新疆の和田付近でヘブライ文字で書かれたペルシャ語の個人宛書信を発見した。一九三〇年、マルゴリウス（Margoliuyh）がこの文書を校正して出版した。手紙の差出人はペルシャのユダヤ人で、七一八年のものだという。また、フランスの中国学者ポール・ペリオ（Paul Pelliot）は敦煌千仏洞でユダヤ教の祈祷文を発見し、八世紀の遺物だと認定し、ユダヤ人が遅くとも七世紀か八世紀前後には中国に入ってきていたとした。[48] この二つの文物はユダヤ人が六世紀から八世紀の間

（44）同前、八一頁。
（45）潘光旦『中国境内猶太人的若干歴史問題』、北京大学出版社、一九八三年、二三頁。
（46）朱江「猶太人在揚州的踪跡」、沙博理前掲『中国古代猶太人　中国学者研究文集点評』、一五四－一六九頁。
（47）陳垣前掲「開封一賜楽業教考」、一〇八頁。
（48）劉迎勝「関於元代中国的犹太人」、沙博理前掲『中国古代猶太人　中国学者研究文集点評』、一九九頁。

に中国に来たことの信頼できる物証である。しかしながら、陳垣は「様々な方法を用いて、開封のユダヤ人が宋以前には到来していなかったことを証明した」[49]。彼らは、ある者は陸路、ある者は海路を通って、一路中国に到来した。弘治と正徳の二つの碑は、彼らが天竺から来たとするが、「仔細に経典を見れば、ペルシャ風の書法があり、またペルシャ製とおぼしきシルクペーパーがあった。寧波に経典があり、維揚に経典があった。まさに東西の海路が通じた時にあたり、その道筋は、ペルシャ商人がペルシャ湾を出て、インド洋を経由して、中国東南各省にいたる道と極めて似ていた。西洋人は、我が国の河南、江蘇の風俗が、ユダヤ人と極めて似ていると言う。たとえば結婚の古い儀礼、衣料品に毛と綿・麻などを混ぜないことなどは、じつにユダヤ人の習慣なのである」[50]。開封には一二世紀から「一賜楽業」教徒と自称するユダヤ人のコミュニティとユダヤ教会があり、それが一九世紀まで、七〇〇年間続いた[51]。

「一賜楽業」という名称の由来についても、見解は統一されていない。一説ではこの名は金の世宗である完顔褒から賜ったものだという。またある人はイスラエルの音訳だという。しかし開封の現地では、普通の中国の庶民は「挑筋教」と呼んでいる。一八六三年、上海ロンドン会の宣教師アレクサンダー・ワイリー（Alexander Wylie）が書いた「中国のユダヤ人」にも、一九世紀中頃の開封のユダヤ人を「挑筋子」と呼ぶという記述がある。潘光旦の名著「中国国内のユダヤ人の若干の歴史問題」の説によると、この名称はほとんど清代を貫き、二六〇〜二七〇年間続いたという。彼の考証によれば、この名称の由来は『創世記』のヤコブの物語にあるという。ヤコブは家族をヤボク川の渡しにやって、一人残った。このときある人が彼と格闘し、明け方になっても勝つことができなかったので、彼の足の付け根に手を伸ばした。ヤコブは格闘中に付け根の部分をひねった。その人は彼に言った。これからヤコブと名乗るのはやめて、イスラエルと名乗りなさい。なぜなら彼は人、神と力比べをして勝ったのだから。ヤコブはその人が祈祷した場所をペヌエルと名付けた（神の顔という意味）。彼がそこで神と会見し、生命を保つことができたという意味である。日が昇り、ヤコブがそこを通ると、足が不自由になった。「それゆえイスラエル人は、今日でも足の付け根の筋を食べない。その人がヤコブの足の付け根の筋に手を伸ばしたからである。いわゆる足の付け根の筋とは、解剖学で言う坐骨神経もしくは殿骨神経である」[52]。この伝説がしだいに変化して、ユダヤ人が牛や羊をさばくとき足の筋を取り除く習慣になった。

実は、開封の現地の人は、ユダヤ人とムスリムの区別がついていなかった。彼らの口から最もよく聞かれたのは、「青い帽子の回回」あるいは「青回回」と「白い帽子の回回」という呼称であった。そのほかに、アラビア語、ペルシャ語でユダヤ人は「yahud」と呼ばれた。チュルク系民族はiとyをj音に読む習慣がある。それゆえ「術忽」はユダヤ人の音である。中原地区にきて、「回回」の二文字が付け加えられ、「術忽回回」という名称になった。陳垣は、中国人がイスラム教とユダヤ教、ムスリムとユダヤ人をいっしょくたにしてしまう幾つかの理由を述べている。

回教の寺院を清真という。一賜楽業の寺もまた清真という。正徳碑ができる限り清真の名を避けたのは、まさにそれゆえである。開封のユダヤ人は、顔つきが漢人と大きく異なり、習俗は回教とほぼ同

(49) 陳垣前掲「開封一賜楽業教考」、八三頁。
(50) 同前、八五頁。
(51) 開封のユダヤ人に関する史料の多くは、李景文・張礼剛・劉百陸・趙光貴編校、張倩紅校定の『古代開封犹太人：中文文献輯要与研究』（人民出版社、二〇〇一）に収録されている。
(52) 潘光旦前掲『中国境内犹太人的若干歴史問題』、四頁。

じである。回教は一神を祀り、一賜楽業もまた一神を祀る。回教は安息日を守り、一賜楽業もまた安息日を守る。回教は毎日五回礼拝をして、一賜楽業もまた毎日三回礼拝をする。回教は割礼を行い、一賜楽業もまた割礼を行う。回教は豚肉を食べず、一賜楽業もまた豚肉を食べない。回数で文字を書ける人を毛喇と呼び、一賜楽業で経典に通じるものもまた満喇と呼ぶ。正徳碑には祖先についての記述がある。アダム、ノア、アブラハム、イサク、ヤコブ、モーゼが出てくる。回教の祖先の記述にも、アダム、ノア、アブラハム、イサク、ヤコブ、モーゼが出てくる。こうした諸々のことにより、外部の人は容易に混乱するのである。(53)

時代が下るにつれて、中国のユダヤ人はしだいに現地コミュニティに同化し、区別がつかなくなった。ユダヤ人の一部にムスリムのコミュニティの中に消え去ったものがいるのは確かである。しかし、おそらくそれゆえに、開封のユダヤ人コミュニティは、自分たちを、自分たちよりもはるかに人数が多いイスラム教徒と区別するため、意図的に筋を取り除く教えによって自分たちがヤコブの末裔であることを強調し、イスラム教と区別しようとした。(54) 歴代の文献によれば、ユダヤ人は、李、艾、趙、金、高、石、俺、張の姓が多いという。しかしこれらの姓が広大な中原あるいは江南の人の群れに埋没するのは当たり前ではないだろうか。

エスニシティと宗教の衝突は、ヨーロッパの歴史で最も長く見られた現象である。大多数のヨーロッパの人は、自身の経験から出発して、そのような観点からヨーロッパの社会矛盾と衝突を見ることに慣れていて、またその観点を他の社会の矛盾や衝突にも適用し、中国の歴史上の「同化」あるいは「文化変容」に懐疑的な態度をとる。二〇一四年三月、ベネディクト・アンダーソン教授が清華大学で講演をした。アンダーソンは中国の昆明で生まれた。真珠湾事件の前夜、わずか五歳のとき、中国の税関で仕事をしていた父親についてロンドンに戻った。それ以来七三年ぶりであった。アンダーソンは清華大学で二回の講演を行った。一回は民族研究の新しい困惑について語り、もう一回はタイ社会の衝突についての新しい観察を語った。彼は二回の講演で、タクシン一族と紅シャツ隊のリーダーは客家族で、アピシット一族と黄シャツ隊は基本的に広東人、福建人であるという、エスニシティの観点からタイの社会衝突を分析した。王室も華人の血統を含んでいる。彼の講演は、階級やその他の社会的要素を排除しなかったが、しかしエスニック・アイデンティティおよびそれが生み出した歴史を基軸にしていた。それを聞いて私は新鮮に感じたが、同時に釈然としないものも感じた。講演の後、三月二〇日、晴れた日、私はアンダーソンを国家博物館に案内した。漢代・唐代の部分には、張騫が西域に赴いたことの説明があり、さらに西南夷〔現在の雲南・貴州・四川など少数民族地域〕のコーナーもあった。明朝の部分には、鄭和の大航海の絵、文物、説明の文章などが当然あった。宣徳炉のアラビア文字を見ながら、私たちはなんとなしに、この時代の移民と人口構成の変化、さらには中国におけるムスリムとユダヤ人の移民と定住の歴史について語りはじめた。アンダーソンは、メガネの奥の、いつも物事を問いただす目を細めながら、突然、広州でかつて起きた虐殺について聞いてきた。

私は、彼が一〇〇〇年以上も前のことを聞いてくるとは思いもよらなかった。紀元一〇世紀〔九世紀という説もある〕、アラビアの旅行家アブー・ザイド・アルハサン（Aboul Zeyd al Hassan）が『中国とインド

(53) 陳垣前掲「開封一賜楽業教考」、八六頁。
(54) 潘光旦前掲『中国境内犹太人的若干歴史問題』、五頁。

の諸情報』に書いた中国におけるムスリム、ペルシャ人、ユダヤ人の事績が、西洋に広く伝わっている。唐の僖宗の乾符元年（八七四年）、王仙芝が長垣（現在の河南省長垣の西南）で挙兵し、翌年、黄巣が山東曹州の冤句（現在の菏沢の西南）で王仙芝に呼応した。乾符六年（八七九年）九月、黄巣の蜂起軍が広州を占領し、唐の嶺南東道節度使の李迢を捕虜にした。当時、広州は唐朝最大の貿易港で、多くのアラブ、ペルシャのムスリム商人とユダヤ商人が居住していた。黄巣軍は入城すると無辜の民を殺害した。被害者の中に、イスラム教徒、ユダヤ教徒、ゾロアスター教徒約一二万人がいた。しかしながら、この見聞録の記述は、新唐書にも旧唐書にも書かれていない。黄巣は乾符六年（八七九年）に広州に入り、広明元年（八八〇年）に撤退した。史書には、疫病の流行のため死者が一四万人と記載されている。潘光旦はこう推断した。「殺害された各種の教徒の総数が一二万人というのは、おそらく誇張であろう。しかし当時、この四つの教徒が、いずれもかなりの数いたことは、認めるべきである」[55]。実のところ、歴史の暗黒の物語は、きわめて容易に正史から抹消されるものでもある。私たちは、野史や民間の伝説の中に誇張されたり隠されたりしている記述から、暗黒の記憶をたどることもできるだろう。私の故郷の揚州の例を出そう。『旧唐書』一一〇巻と『新唐書』一四一巻の「鄧景山伝」によると、七五二年からタージ〔イスラム帝国〕と唐朝の海上貿易が盛んになり、多くのタージ商人が広州と揚州に居住した。七五七年から七五八年にかけて、揚州で蜂起があり、数千のタージ商人、ペルシャ商人が殺害された。高望之の研究によると、彼ら外国商人は、一時的な滞在をしていたわけではなく、現地の婦女と結婚し、中国に根を下ろしていた商人であり、タージ人の中にユダヤ人が含まれていたという[56]。黄巣蜂起の他に、元末の泉州の「亦思巴奚」の乱でも、民族の殺害があった。史書によると、「これは戦役であった。およそ西域人はことごとく殺した。髪の色が違うもの、鼻が高いもので誤って殺された者もいた。閉じ込めて三日間殺戮をした」。「およそ死体はすべて裸体で、西に面して並べた。……ことごとく五刑を加えて殺させた」[57]。泉州事件の被害者の多くは、色目の地位にあったムスリムとペルシャ人だったが、潘光旦の考証によると、泉州も中国におけるユダヤ人の居住地の一つであった。太平天国のとき、その他の地域の民衆と同じく、ユダヤ人も影響を受けた。しかしながら、これらのあらゆる事例は、ヨーロッパのユダヤ排斥の歴史とはまったく異なり、朝廷や国家による組織的な迫害ではなく、とくにユダヤ人を標的にしたわけでもなかった。ここから宗教衝突を示す明確な指向を見出すことは困難である。開封のユダヤ人を例にすると、彼らは現地のその他のエスニック・グループと平和共存していた。一七世紀になると、ユダヤ人の現地社会への同化は、きわめて明白になっていった。開封ユダヤコミュニティの最後のラビは一八五〇年に死去した。彼は当時、教徒の中で唯一ヘブライ語を解する人だった。その後、ユダヤの宗教生活とユダヤ人としてのアイデンティティは、中国で一つの終わりを告げた。二〇世紀になると、中国におけるユダヤ人の存在を知っている人はほとんどいなくなった。

中国の歴史上のこうした暴力的衝突と、ヨーロッパの歴史上の宗教矛盾や人種衝突が同じでないと言うのは、中国で起きた暴力を弁護するためではない。むしろ、こうした暴力が発生した歴史的な条件について具体的な分析をしようというのである。実のところ、シュテルンのような中国に長く住んだ人からすれば、アンダーソンの問いは存在しない。シュテルンは繰り返し、中国人は「人種」にそれほど敏

(55) 同前、五七頁。
(56) 高望之『関於中国犹太人』(一九八三)、沙博理前掲『中国古代猶太人　中国学者研究文集点評』、一三二頁。
(57) 『麗史』、『清源金氏族譜』所収。

感でなく、宗教についてもさほど重視しないと述べた。彼は、真っ先に中国訪問をしたドイツの首相シュミットと同じように、そもそも二〇世紀の中国が共産主義革命を起こしたことすら信じていなかった。彼の中国人についての観察は、さらに長く中国に暮らしたユダヤ人沙博理の観察ととても良く似ている。詳細な調査をしたうえで、沙博理はこう結論づけた。「中国で反ユダヤ主義の証拠となる文献を見つけることは困難です。唯一発見できたのは、徐宗沢という中国の神父が一九四三年に書いた一つの文章でした。彼は高慢にも、「イスラエル教は遠からず地球上から徹底的に消滅するだろう」と堅く信じています[58]」。徐宗沢は明末の大学者徐光啓の一二代目の子孫である。徐光啓はマテオ・リッチ等宣教師の影響を深く受け、彼の子孫もカソリックを信じた。徐宗沢は二一歳でイエズス会に入り、その後欧米に行って哲学の博士学位を取得した。一九二三年、徐家匯教会図書館（現在の徐家匯蔵書楼）の館長となり、『聖教雑誌』主編を兼任した。彼の書いた『中国カソリック宣教史概論』（一九三八年）、『明清イエズス会士訳著提要』（一九四九年）などは中国カソリック研究の経典的作品である。彼の作品に見られる反ユダヤ主義は、彼が欧米で受けたカソリックの知識から来ており、中国の文化とは何の関連もない。

ポーランドから帰ったあと、シュテルンと会ったその午後は、春うららかで、風が頭上の木々の間を吹き抜け、さらさらと音を立てていた。私たちはいつものように、木の下のテーブルに腰掛けた。ここは喫茶店の中庭。まばらな木影と、そこに座る客人が、あちらこちらに散らばっている。私が開封のユダヤ人について話し始めるのを聞くと、シュテルンはタバコを一口吸い、こう続けた。「ユダヤ人はきわめて強い集団意識を持っているとみんないうが、コミュニティのアインデンティは社会環境によって生まれることを理解していない。もしある集団が敵意の環境におかれたら、強烈な集団アインデンティティによって自分を守るしかなくなる。どうしてユダヤ人は中国でアイデンティティを失ったのか？

中国社会がユダヤ人に敵意を持っていなかったからではないかい?」。私は、清華大学の呉沢霖教授が同じような見方をしていると答えた。潘光旦の『中国国内のユダヤ人に関する若干の歴史問題』への序文で、呉沢霖はこう書いている。「宗教信仰において、……排斥されればされるほど、ますます頑強になり、ますます変化しなくなる。逆に、寛容と自由のもとでは、かえって相互に影響しあい、お互いに混交する現象が生まれる。開封のユダヤ人がまさにそうである。彼らは長い間に、しだいに彼らと近かったイスラムの信仰と融合し、独自の存在ではなくなっていた[59]」。「開封のユダヤ人の変化は、もちろんユダヤ人自身が主たる役割を担ったが、周囲の民族、および宗教、文化、社会制度なども、ユダヤ人の運命と変化に強烈な影響を及ぼした[60]」。

シュテルンはうなずいて賛同した。近年流行している各種理論において、寛容と自由は、ほとんどヨーロッパの特許品になっている。ヨーロッパの思想家には、彼らが「東洋的専制主義」のお手本と見なしている社会に自由と寛容の伝統を見出せる人はほとんどいない。私のワルシャワ旅行の話になったとき、シュテルンの顔に、なかば嘲り、なかば見通したという表情が浮かんだ。彼は私を見据えて言った。「君はワルシャワのゲットーのことを話したが、ユダヤ人がポーランドで苦しみをなめ尽くしたことを知っているのかね?」

一筋の怒りが、彼の眉間に現れた。

(58) 沙博理前掲『中国古代犹太人 中国学者研究文集点評』序言、一六頁。
(59) 呉沢霖「『中国境内犹太人的若干歴史問題』序」(一九八三年)、前掲『中国境内犹太人的若干歴史問題』、六頁。
(60) 同右、一一頁。

開封とワルシャワの間

ユダヤ人がヨーロッパに定住した歴史はローマ時代にまでさかのぼることができる。紀元八〇〇～一一〇〇年前後、キリスト教各国には約一五〇万人のユダヤ人が住んでいた。大多数の貧しいキリスト教徒に比べて、ユダヤ人の教育水準は比較的高く、金融、医療、行政等の領域で高い地位を得、君主と貴族の庇護を獲得することができた。だがカソリックの改革に伴って、とりわけフランシスコ会とドミニコ会が創立されると、キリスト教社会のユダヤ人に対する排斥が顕著に増加した。中世のヨーロッパの都市の中産階級の勃興は、ユダヤ人がいくつかの業種を独占して創り上げていた利益と衝突し、ユダヤ人を排斥、迫害する動機を触発した。行き場を失ったユダヤ人は東へ移動せざるをえなくなり、イングランド、フランス、神聖ローマ帝国を離れ、一五〇〇年前後にポーランドなど東ヨーロッパの国々に身の置き所を見いだし、再び繁栄した。[61]ポーランドのユダヤ人の歴史は一〇九八年にまでさかのぼることができる。一五世紀末期にはすでに六〇のユダヤ人の社会的集団がポーランドで生活し、人口は二、三万人だった。その後一世紀で、スペインから追われたユダヤ人が大勢ポーランドにやってきて、ポーランドのユダヤ人の人口は八～一〇万人にまで増加した。一五七三年、ワルシャワ連邦はポーランドの宗教的寛容さを保証した。ワルシャワ市の中心街にある、巨大な、周辺の建物より風格のあるユダヤ人コミュニティは、ユダヤ人がかつてそこで繁栄した時期があることを証明している。一七六四年、ポーランド・リトアニア共和国領内のユダヤ人は七五万人にも達したが、全世界のユダヤ人口は一二〇万人にすぎなかった。[62]一八六二年、ポーランドはユダヤ人に平等の権利を与えた。一八九七年、ポーランド在住のユダヤ人口は一三〇万人に達し、ワルシャワだけでも二一万九〇〇〇人のユダヤ人がいて、ワルシャワの全人口の三三・九パーセントを占めていた。

しかしポーランドとワルシャワは決してユダヤ人の天国ではなかった。ワルシャワの中心部に屹立するゲットーと貧しいポーランド農民の間には長い矛盾の歴史がある。カソリックとヨーロッパのユダヤ人排斥の間には切っても切れない関係がある。一六四八～一六四九年に起きたユダヤ人迫害事件によって、ポーランドのユダヤ人の「黄金時代」は終わった。一七九一年、ロシア帝国はユダヤ人のポーランド人居住区への定住を制限した。二〇世紀以降、さらに悲惨な経験が続いた。第一次世界大戦の前夜、ポーランド人とユダヤ人の関係は日ごとに緊張し、一九一八年にユダヤ人を狙った暴力活動が起こった。「第二次世界大戦」前夜には、ポーランドのユダヤ人の総人口は三〇〇万人を超えたが、ナチス占領期には、わずか十二分の一のユダヤ人が辛うじて生き残れただけだった。戦火が停止してからも、ポーランドのユダヤ人は、ポーランド政府と一部のポーランド人から二度略奪された。まずポーランド政府がユダヤ人の財産、土地、家屋をポーランド人に分け与え、その後財産を得たポーランド人はユダヤ人が国に戻って、財産を回収することを怖れ、なんとナチスのように大挙してユダヤ人を襲撃した。歴史記載によれば、一九四五～一九四六年、クラクフなどで五〇を下らないユダヤ人謀殺未遂事件が起こった。一九五六年、ヴワディスワフ・ゴムウカ（Wladyslaw Gomulka）が政権を取ってから、反ユダヤ主義の波が高まり、三〇～四〇万人のユダヤ人がポーランドを離れた。一九六八年の「六日戦争」は新たな反ユダヤ主義のうねりを引き起こし、さらに多くのユダヤ人がイスラエルに移住した。一九七〇年までに、か

（61）Norman F. Cantor: The Last Knight: The Twillght of the Middle Ages and the Birth of the Modern Era, New York & London: Free Press, 2004, PP.28-29.

（62）Jane Ulman: "Timeline: Jewish Life in Poland from 1098", The Jewish Journal, June 7, 2007. http://www.jewishjournal.com/articles/item/timeline_jewish_life_in_poland_from_1098_20070608/ 参照。

って三〇〇万人以上のユダヤ人を抱えていたポーランドには、わずか六〇〇〇人のユダヤ人しかいなくなった。二〇〇七年、ポーランド政府の統計によれば、ユダヤ人は五〇〇〇人だという。ただし、ユダヤ人の指導者たちは実際の人口は三万以上だと述べている。あるいはこれは多くのユダヤ人が自らのユダヤの身分を隠し始めていることを意味しているのかもしれない。

ユダヤ人のポーランドでの境遇の話になって、シュテルンはふさぎ込み、声も異様になった。私は話をそらそうとして、アドルノを持ち出した。このフランクフルト学派の理論家は音楽への造詣が深い。だがシュテルンはユダヤ人問題という話題から離れられなかった。ヨーロッパの歴史における反ユダヤ主義について、アドルノはこのように断言している。

憤怒は、無防備さの目立つ者へ向って爆発する。そして犠牲者たちも、状況に応じて浮浪者、ユダヤ人、プロテスタント、カトリック教徒というふうに、つぎつぎに入れかわることがあるのと同様に、そのうちのどれかが、自分こそ規範としての力を持つと感じるようになれば、今度は、同じやみくもの殺人への欲求にかられて、殺人者の地位にとってかわることもありうるのだ。天性の反ユダヤ主義というものはありえず、生まれつきの反ユダヤ主義者などはもちろん存在しない(63)。

浮浪者、プロテスタント、カトリック教徒がつぎつぎと入れかわることから「天性の反ユダヤ主義というものはありえない」ことが証明されている。このように悲惨な歴史を叙述する時、歴史上の宗教衝突と現代の民族衝突の違いについて考えられるのではないだろうか？　ポーランドのユダヤ人とポーランドの農民の長きにわたる階級矛盾について意識する、あるいは考慮するべきではないだろうか？

一九八〇年代の転変で重要な役割を果たした教会の別の時期の役割を問い質すことができるのではないだろうか？　宗教衝突は信仰の衝突として直接的に表現される。異教徒は迫られて改宗すれば、肉体の消滅という災厄は避けられるかもしれない。だが啓蒙運動以降、宗教衝突から民族衝突へ変化するに従って、言い換えれば、宗教衝突がしだいに民族的矛盾として解釈されるようになって、決して相容れない、妥協の余地がまったくない絶滅政策が、時期に乗じて生まれてきた。貴族階級制度が凋落し、民族の階級化あるいは階級の民族化が、現代資産階級社会の痼疾となり、今に至るまでぬぐい去れずにいる。

私はシュテルンの表情を凝視しながら、クルシェフスキーの中断を思い起こしていた。あの中断の瞬間の凝縮された、言葉にできない苦痛、被害者競争についての重たい困惑を。一三年後、私は夜の帳に包まれた雪山で、再び一九二九年のダートマスでのカントに関する論争について考えていた。カッシーラーとハイデガーの形而上学的論争で、ユダヤ教の独自性に関するカントの論断に言及されることはなかった。カントの道徳律に関する論述と、彼のユダヤ人、ユダヤ教に対する観点は結局どのような関係にあるのだろうか？　哲学のレベルにおいて、ハイデガーの哲学に含まれる民族主義的要素にはさらに深い哲学的脈絡があるのだろうか？　一九二九年のダートマスの論争を研究しているゴードン教授(Peter E. Gordon)は、カッシーラーとハイデガーの分岐を理解する唯一の正確な方法は、それを同じ歴史的文脈、哲学的脈絡に置くことで、それが彼らの共通の出発点だと述べている。だが二〇世紀の哲学潮

(63)『啓蒙弁証法』、重慶出版社、一九九〇年、一六二－一六三頁（邦訳は、ホルクハイマー、アドルノ著、徳永恂訳『啓蒙の弁証法』、岩波書店、三五七頁）。

流以外に、彼らの論争はカントをめぐって展開しているのであり、ドイツ古典形而上学に通じるラインもあるのではないだろうか？　カントの道徳倫理は明らかに現代の人権思想の源泉の最も重要な根拠のひとつである。だがこの道徳理論に回帰することで、根深く、くり返し発生する民族主義と宗教的／世俗的偏見を克服できるのではないだろうか？

潘光旦著『中国境内猶太人的若干歴史問題』の序言で、呉沢霖は開封のユダヤ人の経験に基づいて、カントの一七九〇年代中期の判断に反駁を加えている。カントは、いかなる宗教信仰団体も、別の、より膨大な宗教グループの海原に入れば、自らの信仰はしだいに周囲に埋没し、広範な信仰世界に入っていくという「規則」を提出した。ユダヤ人だけが例外で、その理由はユダヤ人が早期に自身の成文経典を持ち、同化されづらかったからかもしれないという。だが、カントのユダヤ人に関する観点は、呉沢霖が引いているより事実上ずっと複雑である。異なるテキストに散見されるわずかな言葉から見て、カントには少なくとも三つのレベルからユダヤ人の「独自性」を解釈している。一つ目のレベルは民族である。「実用的見地における人間学」のひとつの注釈で、カントはこう言っている。

われわれのあいだに混住しているパレスチナ人〔ユダヤ人〕は、〔紀元一世紀末のパレスチナからの〕追放以来身につけた高利貸し精神のせいで、彼らのほとんど大部分がそうなのだが、欺瞞的だという、根拠がなくもない世評を被ってきた。さて詐欺師からなる一民族というものを想像するのはどこか奇妙な感じがする。かといって商人だけからなる一民族があって、彼らのうちの大多数の者が、自分たちのいま住んでいる国家に容認してもらっている古くからの迷信〔ユダヤ教〕によって団結しながら、その国の市民としての栄誉を求めるのでなく、その点での不利を、保護を受けている国の国民を欺いたり、ときに自分たち同士をさえ欺くことによって得る利益によって償おうとする、というのも同様にまた奇妙な感じがする。ところが現実には（たとえばポーランドのユダヤ人の社会がそうであるように）、社会における非生産的構成員としての商人たちだけから成り立つ一民族全体を見ると、事情はまったくこの通りである。しかしたとえ彼らがわれわれキリスト教徒との取引で「客よ、〔お前の方こそ〕気をつけろ」という格言を自分たちの道徳の最上原則としているにしても、彼らの古くからの教義によって神聖視された体制は、彼らといっしょに暮らしている（一定の聖なる書物〔『旧約聖書』〕を共有している）われわれ〔キリスト教徒〕によって認知されさえしている訳だから、〔奇妙だからといって、〕言行不一致を犯すのでないかぎり廃めさせる訳にはいかない。そこでこの民族を欺瞞と誠実という観点に関して道徳化するという無駄な計画を練るかわりに、私はむしろこの風変わりな体制（つまり商人だけからなる民族という）の起源について自分なりの推測を述べてみたい。古代最初期においてインドとの交易によって、富はインドから陸路を経て地中海の西岸まで、つまりフェニキア（ここの一画をパレスチナが占める）の港へと運ばれてきた。ところで富はこれ以外にも、たとえばパルミュラとか少しあとにはティルス、シドンといった他の土地を経由し、あるいはまた多少回り道をして海〔紅海〕を渡ってエジオン・ゲベルやエラテといった町を通ることができたし、さらにはアラビアの海岸から大テーベに向かい、その後エジプトを通ってかのシリアの海岸へとその経路をたどることもできた。しかしエルサレムが首都であったパレスチナはその場合にもキャラバン交易にきわめて有利な位置にあった。思うに昔日のソロモンの栄華の奇跡もその結果であって、この国の界隈にはローマ時代に下ってさえも商人が満ちあふれていたが、パレスチナ人たちはこの町が破壊されたあと、同じ言語と信仰を抱く他国の商人たちとすでに以前から広範な取引関係を結んでいたので、自分たちの言語と信仰を携えて次第にはるか遠く隔たった国々へと（ヨーロッパへと）拡散していきながら彼らとの連携を保ちつづけ、流れついた国々からは自分たちの商売による利便さと引き替えに保護を受けることができたのであった。——こうして彼らは宗教と言語によって統一しながら全世界へと散らばっていったのだが、それをこの民族に降りかかった呪いのせいとするべきではまったくなく、むしろ祝福と見なさなければならないのであって、それはわけても現在彼らの富を個々人で評価すれば、人口が同じくらいの他のいかなる国民の富をもほぼ間違いなく凌駕しているからである。(64)

この描写に見られるユダヤ人の独自性とは、全民族が生産に従事せず商業領域（とりわけ高利貸し領域）に集中し、市民としての栄誉感に乏しいことである。そしてカントの「この民族を欺瞞と誠実という観点に関して道徳化するという無駄な計画を練るかわりに、私はむしろこの風変わりな体制（つまり商人だけからなる民族という）の起源について自分なりの推測を述べてみたい」という言葉は、モーゼス・メンデルスゾーンが教化を通してユダヤ人をドイツ社会に溶け込ませようとしたことへの風刺のように聞こえる。

カントが提出したユダヤ人の第二の「独自性」はユダヤ教に集中している。カントは「たんなる理性の限界内の宗教」で、道徳を宗教信仰より優先する理性主義の観点でユダヤ教を観察し、「ユダヤの信仰はもともとの仕組みからいっても、法規的にすぎない律法の総括であり、国家体制もこれにもとづいていた。この総括にどのような道徳的補遺が当時すでに、あるいはその後に、付け加えられたにしても、それらはけっしてかかる総括としてのユダヤ教の一部をなすものではないのである。本来ユダヤ教は宗教ではまったくなく、むしろ人々の集合の統合にすぎず、人々はある特殊な血統に属していたので、政治的にすぎない律法の下で一つの公共体を形成したのであり、したがって一つの教会を形成したわけではないのである。むしろユダヤ教は世俗的にすぎない国家でなくてはなるまい。だからこそ、たとえば不運な偶然の数々により国家が引き裂かれても、いつかきっと（メシアが到来すれば）国家が復興されるという（本質的にユダヤ教の一部であるような）政治的信仰が依然として残るのであろう[65]」と結論づけている。カントは宗教を批判してはいるが、彼の宗教に対する批判は一貫してキリスト教の経験に基づいている。またそこから触発されて、「来世を信じることなくしては、宗教はまったく考えられないわけだから、ユダヤ教は……その純粋な姿を見るかぎり、まったく宗教信仰をふくんではいないのである[66]」と断言している。それゆえ、ユダヤの国家制度は神の名のもとの神権政治であるが、ユダヤの祭司／貴族の政体について言えば、神は世俗君主として信奉されているだけで、良知についていかなる要求も出したことがない。それゆえ、ユダヤの制度は宗教制度ではない。十戒は本来倫理を含む禁令であるが、ユダヤの立法においては、「遵守する際の道徳的心術への要求とともに与えられたわけではなく（後にキリスト教がこれを重視した）、もっぱら外的な遵守に向けられただけであって、……十戒の履行なり違反なりの結果はすべて、つまり報酬や懲罰はすべて、この世で誰にでも授けられるようなものだけにかぎられており、しかもけっして倫理的概念にしたがって授けられるわけではないのである。というのも報酬も

(64)『実用人類学』、李秋零訳注、中国人民大学出版社、二〇一三年、八六頁、注釈一（邦訳は、カント「実用的見地における人間学」、渋谷治美訳、『カント全集』一五巻、岩波書店、二〇〇三年、一三八－一四〇頁）。

(65)『純然理性界限内的宗教』、李秋零訳注、中国人民大学出版社、二〇一二年、一一三－一一五頁（邦訳は、カント「たんなる理性の限界内の宗教」、北岡武司訳、『カント全集』一〇巻、岩波書店、二〇〇〇年、一六七－一六八頁）。

(66)同前（邦訳、一六九頁）。

懲罰も、戒律の実行や破戒に実践的に関与しなかった子孫にまでおよぶとされているからであるが、これはもちろん政治体制にあっては人々を従順にするための賢明な手段たるに十分だとしても、しかし倫理的体制ではまったく公正さに反することになろう(67)」。

言い換えれば、ユダヤの立法者が打ち立てたのは政治共同体にすぎず、絶対に倫理共同体ではない。このように倫理基盤に乏しい政治共同体の結果はどうなるのだろう？　カントはこう述べる。

　ユダヤ教は全人類をその共同体から締め出し、自分たちだけがヤーヴェに選ばれた民だとして、他のすべての民を敵視したし、その見返りに他のいかなる民からも敵視されたのである。これとともにやはりさほど高く評価できないのが、ユダヤの民が可視的な像によっては表象できない唯一神を普遍的な世界支配者として立てたことである。そもそも他の大抵の諸民族の場合でも、教義はやはりそのような唯一神をめざしたのであって、それが多神教の嫌疑をかけられたのは、唯一神に従属する特定の強力な属神を崇敬するからにすぎないことが分かるのである。そもそも、道徳的心術の改善をまったく要求しない戒律の厳守をひたすら欲するような神などというのは、本来、宗教のために私たちがその概念を必要とする道徳的存在者ではないのである。……たとえばある民族が、すべての神々の役割はちがっても、心を尽くして徳を信奉する人だけに神々に嘉されるだけの価値を、神々はこぞって認めてくれるのであると、そんなふうに考えるとするならば、たとえ唯一の存在者だけに信仰が捧げられていても、しかしそれが機械的な祭祀を重視するような存在者であるならば、後者よりもむしろ前者において宗教が成立することになろう。したがって普遍的教会史が一個の体系をなすとすれば、私たちはそれをキリスト教の起源からはじめる以外にはない。キリスト教はユダヤ教に源を発したのに、そこからの完全な離脱として、まったく新しい原理に基礎が置かれ、教義の点で全面的な革命を引き起こしたからである。(68)

「啓蒙とは何か?」で、カントは理性を最高の価値と見なしたが、ユダヤ民族について言えば、その悲しい運命は必然である。あるいはユダヤ人は理性という不変真理の外にいるのかもしれない。カント著、何兆武編訳『歴史理性批判文集』に収められている「あらためて立てられる問い――人類はより善い方向へ絶えず進歩しているか」という文章は、「永遠平和のために」ほど有名ではない。この文章で、カントはユダヤの三つ目の特徴を提示している。「ユダヤの預言者たちは、ユダヤ国家には遅かれ早かれ衰退のみならず全面的崩壊が迫っている、とみごとに預言していた。というのも、かれら自身がみずからのこの運命の創始者だったからである。――民族の導き手だったユダヤの預言者たちが自国の体制に背負わせた教会法的な重荷、およびこれから派生する市民法的な重荷はあまりに多かったので、ユダヤ国家は自力で立ちゆくことが、とりわけ近隣諸民族と共存することがまったくできなくなった。だから、ユダヤの祭司たちの嘆きの歌が虚しく中空に響き去るしかなかったのも当然であった。祭司たちが、かれら自身で作りだした維持できないような体制を守るという意図に、頑なに執着したからである。こういうわけで、〔国家の崩壊という〕結末は、かれら自身が間違いなく予見することがで

(67) 同前(邦訳、一六八頁)。
(68) 同前(邦訳、一六九–一七〇頁)。

きたのである」[69]。それゆえユダヤ民族とユダヤ宗教の独自性は、成文経典の存在が決定しているのではなく、そもそもその創始者によって確定されたのであり、それゆえ理性で改変することはできない。カントはこのようにさっぱりと理性を普遍化し、モーゼス・メンデルスゾーンの啓蒙と教化の関係に関する議論をまったく顧みないが、その理由はここに埋もれているのかもしれない。では、「永遠平和」という命題と、カントのユダヤの独自性に関する議論との間には、何の関係もないのだろうか？

やはりこの問題はヨーロッパの哲学者たちに論争してもらおう。カントから始まって、ヨーロッパの思想家たちはいつも宗教信仰、道徳価値から民族と人民の運命を解釈する傾向がある。しかし、同じような信仰、宗教形式と経典を持つ開封のユダヤ人の運命が、これほど異なり、さほど時間がたたないうちに、彼らの他の場所では「宿敵」であるイスラム教徒にさえ同化したのはなぜだろう？　陳垣、潘光旦から呉沢霖まで、中国領内のユダヤ人の「同化」現象を探求するための糸口をすでに提出している。呉沢霖は次のように概括している。

その原因は、彼らの内在的要因だけから探ることはできず、環境の中から掘り起こすべきである。中華民族は一貫して気迫にあふれていた。歴代王朝は異民族が政治に関与しないという前提のもと、基本的にいずれも「中外一体」を提唱し、異民族、異教を包容し、ユダヤ人も例外ではなかった。これはユダヤ人自身の文献から見て取ることができる。……開封のユダヤ人の「重建清真寺記」には、清真寺建設時にさかのぼって、こういう話が載っている。「……天竺から命を受けてやってきた……西洋の布を宋に献上した。皇帝は「我が中華に帰順し、祖先の遺風を守り、汴梁に留め置け」とおっしゃった。……この寥寥たる数語には注目すべき点が二つある。一つは、宋朝の統治者には彼らを無理やり同化させようという意図がまったくないこと。「祖先の遺風を守り」とは、彼らがもともとの信仰と風俗習慣を維持することを許すとの意である。もう一つ、清真寺は金人が開封を掌握してから三八年目、すなわち一一六三年に建立された。金が建国されてから、当然独自の暦ができた。この「重建清真寺記」は、明代の弘治二年すなわち一四八九年に書かれたが、文中で用いられている年号は開封金代の暦に従っておらず、杭州の南宋の暦に拠っている。金人は少数民族であり、宋は主体民族の象徴だった。ユダヤ人は、数百年後も、使用年号という小さな問題で優劣をつけており、長いあいだ彼らと友好的だった主体民族の王室に、なおも懐旧の念を抱いていたことがわかる。とにかく、開封のユダヤ人はユダヤ教法典の規定に収められている宗教儀式等の自由を与えられていた。中華民族のこのような「暖かさ」と「譲歩」によって、ユダヤ人が自らの宗教内容を通して民族の独自性を保持できたのはもとより、もう一方で、中華民族とユダヤ人の間の心理的な猜疑、隔絶感をも回避、消滅させ、これが自然な同化への条件を整えた。(70)

まさにこのような雰囲気の中で、ユダヤ人は中国で科挙に参加する権利を得たばかりでなく、ほどなくして大規模に現地の人間と婚姻関係を結ぶようになった。「ユダヤ人が中国へ来た時間はそう長くないが、体質、言語、生活面のいずれでも現地人とほとんど弁別できなくなった。これは彼らと現地人と

(69)『重提這個問題：人類是在不断朝着改善前進嗎』、『歴史理性批判文集』、何兆武訳、商務印書館、一九九〇年、一五七頁（邦訳は、カント「諸学部の争い」、角忍、竹山重光訳、『カント全集』一八巻、岩波書店、二〇〇二年、一〇九頁）。
(70) 呉沢霖「『中国境内犹太人的若干歴史問題』序」（一九八三年）、前掲『中国境内犹太人的若干歴史問題』、九－一〇頁。

の婚姻が個別の事例ではなく、相当数にのぼったことを示している。このタブーの突破は彼らが同化されていった過程の鍵となる要素である。このような夫婦関係は日常生活における宗教の痕跡をしだいに消していくばかりでなく、このような夫婦関係が日増しに拡大していくにつれて、必然的にユダヤ人の社会文化的結合力は削がれ、人種の独自性を破壊した」[71]。

カントのユダヤ人の特徴についての描写を中国領内のユダヤ人の運命と比較すると、カントはユダヤ人の特徴を判断する根拠とした前提を再考すべきなのではなかろうか？　これらの前提は形式的には形而上学的あるいは宗教学的だが、ユダヤ人について言えば、その「民族特徴」を再生する客観的な条件を構成している。あるいは、ユダヤ人のアジア社会、とりわけ中国社会での経験についての知識が欠けていたために、「再認識」を特に重視するカントが先験論の陥穽にはまったのかもしれない。

ベルリンと北京およびテルアビブの距離

シュテルンは私にアウシュヴィッツ訪問計画があることを知らなかったし、私も彼になぜその計画を取りやめたか話さなかった。彼はもちろん私の頭の中で彼と見知らぬポーランド人がもう長いこと対話を繰り広げていることなど知る由もない。いままでと同じように、私たちは音楽とカラヤンの話をした。シュテルンはカラヤンに複雑な感情を抱いていた。尊敬、拒絶、ひいては憎悪さえ、言葉ににじみ出ていた。ある時私は彼に、カラヤンとバーンスタインの指揮の風格を比較してほしいと求めたが、シュテルンは煩わしそうに、人々はいつも視線を指揮者に向けて、楽団全体の一人一人が本当の音楽家であることを知らない、と言った。彼が最も不満だったのは、カラヤンが、どんどん自分の記念碑を建てていったことだった。映画撮影、音楽フェスティバルの開催、学院の設立、コンクールまで、すべてがその目的だったという。彼はあざけるような調子で、「こういったものは全部、カラヤンが「永久不変」であるために、メディアの技術の助けを借りて作られたのだ」、「指揮者は祈祷師のようなもので、静まりかえった中で手を振ると音楽が起こり、人々はそいつを尊敬する。だが何もかもマジックさ！」と言った。

一九六〇年代から、シュテルンはベルリン・フィルの北京、テルアビブ訪問を夢見ていた。「大虐殺」の後、ドイツとユダヤ民族の和解を求め、冷戦の雰囲気の中で西方と中国の橋渡しをすることは、ほとんど彼の音楽生涯と同じぐらい長く続いていた。事実上、このような和解を求める努力は、彼がイスラエル、アメリカを転々としてからドイツに戻った時に始まった。亡命したドイツ系ユダヤ人で戦後にこの彼らに多大な犠牲を強いた国家へ戻った例は少ないが、彼は戻り、彼の二つの身分、即ちユダヤ人とドイツ市民という身分、より正確に言えば、ユダヤ系ドイツ市民の身分を堅持した。彼の体には、波瀾万丈のドイツ啓蒙運動の遺産が一種の新しい形式——一種の最も積極的な形式——で生きている。一九七二年、ニクソン訪中が契機となって、西欧諸国は競って中国と外交関係を結んだ。一九七五年、シュミット首相が中国を訪問した。この時の巨大な変化にシュタインは希望を見いだした。二〇一三年一月三一日午後、ハンブルクにあるシュミットの絵がいっぱいかかった客間で、この齢九五に達した老人は目を輝かせ、私に言った。「一九七五年中南海で、八二歳の毛沢東が五七歳の私に「私たちは二人ともドイツ人だね——あなたはカント主義者、私はマルクス主義者だ」と言ったんだよ」。私はどう答えたのか尋ねた。シュミットは答えず、「実は、私はカント主義者じゃないし、毛がマルクス主義者だ

（71）同前、一〇頁。

というのも信じないね。毛が発動した農民革命と工業革命の中で誕生したヨーロッパのマルクス主義思潮、社会主義運動はまったく違う。中国にはヨーロッパとはまったく異なる歴史条件がある」と説明した。シュミットはそこから彼の中国に対する四〇年にわたる探求について語り始めた。毛沢東はどのようなマルクス主義者か、中国にはどのような共産主義の実験が存在したか、どれも別に議論すべきことだが、中国と中国革命を理解しようと思ったら、ヨーロッパのロジックに照らすのではだめで、中国の歴史文脈と文化伝統に深く分け入らねばならない。中国の近代世界の歴史構造における独特の位置は、極めて確実である。革命がそうである以上、革命のプロセスにおける成果や悲劇も同様である。これはシュテルンの中国理解の出発点でもある。ただ彼は、指導者層やエリートと接触してではなく、幼年期の経験と戦乱時代の中国人のユダヤ人に対する態度から、このはるかな国に少しずつ近づいていったのである。

一九七九年、ベルリン・フィルはついに中国政府の許可を得て、北京の首都体育館でコンサートを開いた。当時、中国の観衆は外国の楽団に接する機会が少なく、しばしば興奮しすぎて、拍手をすべきでない時に拍手し、客同士で耳打ちをしあった。演奏の間、カラヤンはホール内の物音に怒り、どうしようもなく、眉に皺を寄せたり、抑えきれずに罵って、シュテルンに辛い思いをさせた。「中国人はたむろして、大声でしゃべるのが好きだ。だが真心があるんだよ!」。彼は言葉を切ると、また不満げに言った。「植民主義者が大げさな!」。北京公演が終わってから、彼は単身ハルビンへ向かった。戦争中に彼を受け入れた都市を再訪し、新しく建った建物と壊れた旧跡の間で、感慨無量だった。

ベルリン・フィルのイスラエル行きは中国行きよりもさらに遅かった。早くも一九六七年の「六日戦争」後、シュテルンはイスラエル側とテルアビブ公演について交渉を始めたが、イスラエル側の反応は固かった。イスラエルは厳格な民族原則に基づいて建設された民族国家であり、あるインドの学者はかつてイスラエルを、ネーション・ステートと区別してナショナル・ステートと呼ぶべきだと主張したことがある。戦後のパキスタン人の運命はユダヤ人の運命のくり返しを彷彿させ、ナショナル・ステートの建国の原則はこの重複の軸である。ユダヤ人のドイツとヨーロッパでの悲惨な境遇ゆえ、イスラエルとドイツの関係は極めて敏感だ。一九五〇年代、イスラエル交響楽団ではいかなるドイツ音楽も演奏を許されなかった。バッハ、モーツアルト、シューマン、ベートーヴェンも例外ではなかった[72]。さらにひどいことに、一九三三年、カラヤンは自衛のために二度ナチス党に参加したことがあり、メディア上でこのことを書き立てられていた。しかし楽団ではカラヤンは越えられない高山であり、彼が首を振らなければベルリン・フィルは出発できなかった。楽団のイスラエル行きは何度も延期され、一九九〇年にようやく実現し、指揮を担当したのはインド系ユダヤ人指揮者ズビン・メータ（Zubin Mehta）だった。カラヤンは行かなかった。一九八九年七月一六日、ヴェルディの歌劇「仮面舞踏会」の練習中に、心臓病が突発し、この騒がしい世界を離れ、彼が三四年間ともに歩み、いま彼に反駁するようになったベルリン・フィルを離れたのである。

私はたまたま銀幕上でカラヤンとベルリン・フィルの記録映画を見た。カラヤンの姿は優雅で、力強

（72）二〇一五年二月二三日、私はベルリンでルートヴィヒ・マクシミリアン大学ミュンヘンとゲーテ・インスティチュートが開催した「対話と他者の経験（Dialogue and the Experience）と題するシンポジウムに参加した。私がシュテルンのことを話したところ、トラヴィアから来た哲学の教授がシュテルンの話に疑義を呈した。彼は、イスラエルが禁止したのはワーグナーの作品だけであり、ドイツのすべての音楽ではないと述べた。しかしシュテルンは彼よりもはるかに年長である。私はシュテルンが体験したことを信じる。

く、説明は細やかで、豊かで、楽団とぴったり息が合っており、どの音も色彩豊かで輝いていた。カラヤンの天賦の才、風格、絶えざる努力は、ベルリン・フィルを驚嘆すべき有機体にし、芸術の頂点を創り上げた。だがなぜかわからないが、私は演奏を聴きたいと思い、映像資料はあまり見たくなかった。これは「カラヤンが「永久不変」であるために作られた記念碑」だというシュテルンの論評が頭の中を駆けめぐっていた。このような記念碑は拝跪へと通ずる橋梁であり、銘文を刻むことで歴史の知識を終結させる場である。

イスラエル訪問を拒んだのは、あるいはカラヤンの自尊心から出たことかもしれない。人々は「対話」精神に欠けると言うかもしれない。中国の観衆の騒がしさに苛立ちを露わにしたのは、プロの音楽家としての素養以外に、おそらく「他者の経験」の乏しさに帰結させることができるだろう。しかし、対話の精神、他の文化への理解は、必ずしも互いの尊重をもたらさない。開封の現地人はユダヤ人を「割礼をしている奴」とか「青い帽子のイスラム」と呼んでいた。彼らはユダヤ人やユダヤ教を本当には理解していなかったのかもしれないが、こういう「不理解」や「理性的対話」の欠乏ゆえに「異類」に対する攻撃が生まれることはなかった。「己の欲せざるところ、人に施すなかれ」という常識を遵守していただけかもしれない。あるいは「差異」を平等な交際の前提としていただけかもしれない。友誼はある種の経験の上に打ち立てられた感動的な善意から生まれる。彼らの間の対話は啓蒙と被啓蒙の関係ではなく、エリート同士の学問交流や普遍的理性に基づく文化教化でもなかった。彼らはすべての儀礼社会の隣人と同じように、商売し、おしゃべりし、友だち付き合いをし、婚姻をしていたと言った方がいいだろう。「来りて往かざるも、亦礼に非ざるなり」。シュテルンは一種の恩義の情と、冷戦およびそのイデオロギーに対する強い拒否感をもって、中国に来た。シュテルンと中央楽団の指揮者李徳倫との友情も、二人の音楽家の相互理解と対話だけから生まれたものではない。音楽に対する彼らの観点はまったく異なっており、最後まで互いに理解できてはいなかったかもしれない。彼らの間の対話は、異なる放物線上を滑っていく物体のようで、ぶつかることも交わることもなかった。しかし善意と友情はその間に生まれたのである。あるユダヤ人の哲学者は、ドイツの同業者の対話と理解へのこだわりを嘲笑して、「ユダヤ人はパレスチナ人が何を求めているか最もよく理解している。なぜならパレスチナ人がほしいものはユダヤ人がほしいものだからだ」と言った。だがこの深い理解は対話を構成しえず、妥協の余地もほとんどない。だからこそ、シュテルンの戦後の努力は実に貴重である。直感的に言えば、開封のユダヤ人と隣人との関係と同じように、シュテルンに代表されるのは、対話の精神というよりむしろ、経験と恩に感じる気持ちに基づいて自分を贈りものとして差し出す態度である。贈りものには昔からあるお返しの精神、交換の形式と理由が含まれている。これはフランスの人類学者マルセル・モース (Marcel Mauss) のテーマでもある。だがー九二九年のダートマスでは、この話題は意識されることさえなく滑り落ちた。

反復と沈黙

ベルリンのアインシュタイン・カフェでシュテルンがポーランドのユダヤ人の物語を語るのを聞きながら、私は突然クルシェフスキーが言葉を切り、独り言を言って沈黙した意味を悟った。視点を変えて、いわゆる「河豚計画」の誕生と廃棄をさかのぼって探ると、不運の連続だったユダヤ人は、中国人に対してポーランド人のように危急につけ込んで打撃を与えることはしなかったが、日露戦争で日本を助ける一臂の力となった。他の要素に妨害されなければ、彼らは日本帝国植民方略の有機的一部分となり、そのうちの何人かは日本帝国主義のアジア計画の中で何らかの役割を演じていただろう。これは民族の過ちではなく、植民主義の罪と言うべきである。歴史は逆説的風刺に満ちている。ここからあの沈黙の瞬間を振り返り、私はクルシェフスキーもシュテルンもはっきりわかっていないものを読み取った。

もしかしたらそれは、すべての記念碑式歴史が迫ることのできない「真の知識」なのではないだろうか？

クルシェフスキーは歴史の真相を回避することを望まなかったが、その真相をどう叙述すればいいかわかっていなかった。中断と沈黙はその苦悩の表れである。だが、この中断と沈黙よりも真相に近い叙述があるだろうか？ 歴史研究において、異なる現象の背後に同じようなロジックと動力があることを発見する、あるいは似たような現象の中に異なるロジックと動力を探すことは、互いに関連しあっている。老子は「万物並《なら》び作《おこ》り、吾《わ》れ以《もっ》て其《そ》の復《かえ》るを観《み》る。夫《そ》れ物の芸芸《うんうん》たる、各《おの》おの其《そ》の根《こん》に復帰す。根に帰るを静《せい》と曰《い》い、是《こ》れを命《めい》に復《かえ》ると謂《い》う。命に復《かえ》るを常《じょう》と曰《い》い、常を知るを明《めい》と曰う。（万物は、あまねく生成変化しているが、わたしには、それらが道に復帰するさまが見てとれる。そもそも、万物はさかんに生成の活動をしながら、それぞれその根元に復帰するのだ。根元に復帰することを静といい、それを命《めい》つまり万物を活動させている根元の道に帰るという。命に帰ることを恒常なあり方といい、恒常なあり方を知ることを明知という。）[73]」と言った。「復」と「常」は「万物並作」のうちに隠れており「芸芸たる物」への静かな観察を通してのみ現れうる。魯迅は小説「出関」で、老子が「静」と「常」の哲学に固執していることを諷刺し、それによって孔老の争いで彼が好んでいない孔子が勝利した理由を示した。「万物並作」から離れたプロセスは、「復るを観る」ことはなく、「復」「静」「常」には「万物並作」のエネルギーが内包されている。クルシェフスキーは歴史の相似性を意識し、また似たような現象の背後に異なる意義が存在することに気づき、語りの面で、また倫理的にも、苦境に陥った。アウシュヴィッツの現代の歴史叙述における独特の位置はポーランド人が受けた苦しみを覆い隠すが、この点をはっきりさせても問題のもうひとつの側面を覆い隠す可能性がある。アウシュヴィッツとカティンの森事件は似たような表象だが、その動力とロジックは同一視できない。彼の中断と沈黙には沈痛さが滲んでいたばかりでなく、歴史叙述を支配する記念碑式の歴史に対する拒絶も暗に含まれていた。

歴史の反復は魅力と陥穽に満ちた話題である。マルクスは、『ルイ・ボナパルトのブリュメール十八日』の冒頭に、よく引用される「ヘーゲルはどこかで、すべての世界史上の大事件と大人物はいわば二度現われる、と言っている。ただ彼は、一度は悲劇として、二度目は茶番として、とつけくわえるのを忘れた」[74]という言葉を記した。ヘーゲルが触れたのは歴史事件と人物が反復して出現することだが、マルクスは反復の中の非反復性を問題にした。ナチスの歴史の研究で、歴史学者たちは一貫してナチスのイデオロギーとユダヤ人の自我意識の関係に関心を寄せている。二〇〇一年ベルリンで、私はジュネーヴの第三帝国史研究家ビュラン（Philippe Burin）と隣人になった。彼は詳しい事実を示して、ナチスのイデオロギーには三つの組成要素——権力、文化、衛生——があり、すべてユダヤ文化の模倣から生まれたものであると論証した。アドルノもナチスの反ユダヤ主義を分析する際、似たようなことを言っている。ドイツのファシズムが「世間の前に掲げるユダヤ人イメージのうちには、彼ら自身の本質が表現さ

（73）『老子』、蜂屋邦夫訳、岩波文庫、二〇〇八年、七三－七四頁。
（74）『路易・波拿巴的霧月十八日』、『馬克思恩格斯選集』第一巻、六〇三頁（邦訳は、マルクス「ルイ・ボナパルトのブリュメール一八日」、村田陽一訳、『マルクス・エンゲルス全集』第八巻、大月書店、一九六二年、一〇七頁）。

れている。いかなる犠牲を払っても、独占と横領と限りなき権力を、というのが彼らの欲望なのだ(75)」。実際のところファシストは、ユダヤ人以前にも、労働者の卑しさを説明するたくさんの理由を探しあてており、黒人も同様で、ここでユダヤ人の番になったのだ。

反復の歴史は自由主義史観とはまったく相容れず、現代の人権政治とも異なる。「反復」は、弁護(たとえばいわゆる「歴史バランス」)に使うことはできず、攻撃(異なる事件を無理やり比べてある事件を非難する)にも使えない。これは道徳の名のもとに展開される宗教批判ではなく、歴史の方式で展開される政治分析であり、倫理的正義は政治的正義に内在している。アドルノは資産階級の反ユダヤ主義を分析して、「このリベラルなテーゼは、人類は一つだという理念を、原理的にはすでに実現済みのものとして前提しているために、かえって現状の弁護に役立っている(76)」「市民社会の反ユダヤ主義には独特の経済的根拠がある。つまりユダヤ人が生産面で支配しているかのように偽装することである」と述べた。現代の資産階級は、古代の貴族と違って、自らも生産と労働に参与し、市場の競争活動に直接的に参加する。それゆえ「ユダヤ人はじっさいのところ、贖罪の山羊なのだ。たんに個々の策略や陰謀にとってそうだというだけではない。全階級の経済的不正が彼らに背負わされているという包括的な意味において(77)」。ドイツでは、「経済的にもはや支配［者による保護］を必要としなくなった一方で、ユダヤ人はたんに処理されるべき、支配の絶対的対象として規定(78)」された。日本およびその統治下の「満州国」で、統治者が経済的にまだユダヤ人を必要としていた時、ユダヤ人は潜在的な協力者に転化される必要があった。日本のユダヤ人に対する寛容さと南京への殺戮、台湾と東北の経営は、同じ一つのロジック、資本主義と帝国主義のロジックに従っているが、異なる様態で現れているのだ。

ドゥルーズ(Gilles Louis René Deleuze)は、反復と循環を区別し、「反復は一般性ではない」「反復すること、それは行動することである。ただし、類似物も等価物もない何かユニークで特異なものに対して行動することである」(79)と述べた。彼はニーチェの思考回路を引き継いで、こう語っている。

　だがそうした〔習慣と記憶の〕心理学的運動は……習慣と記憶に対する二重の断罪として定立された反復を前にすれば消え失せてしまう。反復が未来についての思考であるのは、まさにそうしたかたちで定立されるからである。反復は、想起《アナムネーシス》という〔プラトン的な〕古代のカテゴリニーにも、ハビトゥスという近代のカテゴリニーにも対立する。《忘却》がひとつの定立的な力《ピュイサンス》へと生成し、無意識が定立的な高次の無意識へと生成するのは、まさに反復においてであり、反復によってである(80)……

　反復は「未来についての思考」であり、未来は行動から生まれる。行動は能動的行為であり、「想起《アナムネーシス》という古代のカテゴリニー」に駆り立てられるものではない。一九三〇年代、魯迅は左連五烈士を記念するために「忘却のための記念」を書いた。魯迅にとって、「記念」とは「忘却のため」のものであり、それゆえ「忘却」は自発的な行為である。その意味において、「記念」とは「受動的な記憶」

(75) 前掲『啓蒙弁証法』、一六〇頁（邦訳は、『啓蒙の弁証法』、三五二頁）。
(76) 同前、一六〇頁（邦訳は、三五二頁）。
(77) 同前、一六四－一六五頁（邦訳は、三六一－三六二頁）。
(78) 同前、一六〇頁（邦訳は、三五二頁）。
(79) 「重複与差異」、陳永国編『遊牧思想――吉爾徳勒茲、費利克斯瓜塔里読本』、吉林人民出版社、二〇〇三年、二七－二八頁（邦訳は、ジル・ドゥルーズ著、財津理訳『差異と反復』、河出書房新社、一九九二年、一九－二〇頁）。
(80) 同前、三六頁（邦訳、二八頁）。

を「自発的な忘却」に転化する行動で、ここで鍵となるのは忘却と記憶ではなく、自発と受動である。魯迅の「忘却のため」は「記念」を先駆としている。「記念」のない「忘却」は怯懦な奴隷道徳にすぎず、「忘却のため」とは新しい行動に身を投じること、新しい現実に向き合い、「過去」から解放されることを意味している。受動的な記憶で、歴史の道筋を抹殺し、見て見ぬ振りやマンネリ化した方式で「真相」に向き合うのは、慣習と本能への屈服である。「忘却のため」は反復の中の反復不可能性——つまり事件の独自性——を理解する通路であり、ここからこそ人は自覚的に新しい行動に身を投じることができるのであり、「過去」の記念碑のもとに這いつくばって、先人の道を反復するのとは違う。「忘却のための記念」はここから一種の政治行為、歴史の慣性との断裂から生み出された政治決断となり、問題の現在性を理解するのに必要な契機となる。アドルノはアウシュヴィッツを歴史の中の虐殺の序列に組み込むことを拒み、歴史の中断を宣告することによって、唯一無二の、同じもの、等価値のものがない特徴を示した。ここで極めて重要なのは、反復とは一般性ではなく、まったく反対に、反復はいつも事件の独自性を意味していることだ。事件の独自性に切り込む思考だけが真に政治的な思考である。アウシュヴィッツはヨーロッパの歴史の独特な産物であり、それをすべての歴史事件——同時期に起こった同じような事件を含む——のバランスを取る普遍的な方式にしたら、錯覚を作り出せるだけで、じきに反復が循環と誤解され、レイシズムと暴力の歴史的根源を掘り下げ、これらの根源を取り除く行動に身を投じることを阻止される。反復は、事件が呈する現象の相似性を意味するが、よりいっそう事件の独自性を示している。

歴史的意味では、「反復」は仏教の「輪廻」により近いかもしれない。毎回の反復はもはや境地が異なる。革命が初めて世俗政治で運用された時、——つまり一六八八年イギリスの「名誉革命」で——

そのより確定的な意味は「復辟」だった。コペルニクスの『天体の回転について』の中のラテン語の単語 **revolutionibus** のように、その語幹が表しているのは天体の循環往復である。[81] 革命と反復は同一事物の両面である。だが今日人々は革命で反復を否定するのでなければ、反復で革命を否定する。近代世界及びその統治基礎に対する分析を放棄したら、もう二〇世紀中国に対する政治解釈を展開することはまったくできず、「反復」の中の反復不可能性を発見するすべもない。現代のメディアの「謝罪」事件は、当代史学にある後悔の心理状態のようで、新しい記念碑を建てる政治行動にもっと似ている。「文革」は、失敗した社会実験としてであれ、創傷を作った歴史的悲劇としてであれ、唯一無二の性質を持っている。その独自性を理解することはできず、その実験の特徴や悲劇の由来を解釈することは許されない。すべての記念碑が自らの歴史を持っているのと同様に、「謝罪」という記念碑は現代の政治の内部に植え付けられている。謝罪者の特権の根源に触れず、自分がかつて実行していた原則を忘れて「普遍的人間性」に変身して今日の世界を主宰するとしたら、どうしてかつて身を置いた政治衝突の根源を明らかにすることができようか？　謝罪、誰が謝罪しているのか？　誰に謝罪しているのか？　なぜ謝罪するのか？　あるいは誰のために謝罪するのか？　どうしてあの時ではなくこの時に謝罪するのか？　なぜ他ならぬこういうやり方で謝罪するのか？　どうして他の人ではなくこの人が謝罪するのか？　同様に、拒絶、誰が拒絶しているのか？　誰に対して拒絶しているのか？　なぜ拒絶するのか？　あるいは誰のために拒絶するのか？　どうしてあの時ではなくこの時に拒絶するのか？

(81)『論革命』、訳林出版社、二〇〇七年、三一－三二頁（邦訳は、アーレント『革命について』、志水速雄訳、筑摩書房、一九九五年）。

か？　なぜ他ならぬこういうやり方で拒絶するのか？　どうして他の人ではなくこの人が拒絶するのか？　謝罪と拒絶の劇が演じられている時、あの時代を経験したが黙して語らない一般の人々は、結局どこにいるのか？　とにかく、いったん「謝罪」して自分の身分の問いただしを省略してしまえば、歴史に対する再認識など論外である。いったん全体的否定という方式でもって、具体的な歴史矛盾と衝突からでなく、悲劇の形成を解釈すれば、一種の非歴史的で、それゆえ「政治化された政治」に慣用される道徳態度しか提供できない。このような道徳態度の唯一の効能は、罪咎を「歴史」に帰して現実関係を隠蔽し、「現在」的関係への政治分析や倫理追及を阻むことである。謝罪行為が作られた記憶と習慣に訴えるのではなく、歴史事件の具体的脈絡と具体的責任を展開して見せ、謝罪と許しの行為が過去を指向するのではなく、現在身を置いている関係に向かってこそ、謝罪の政治は意義あるものとなり、許しの政治も可能になるのだ。

革命の世紀を「反復」の世紀と名づけることができるとしたら、そこには必ず、かつてない、等価物では評価できないものが埋蔵されており、それは最終的に回帰する未来である。この「最終的に回帰する未来」は「確立されるべき状況」ではなく、「現実につり合う理想」でもなく、まして総体としての「過去」でもない。これは「被抑圧者の回帰」、歴史の中で抑圧された「真相」、「過去」の中の被抑圧者、「回帰」という方式で「現在の状態を止揚する現実的な運動」である。(82)それゆえ、「回帰」はいまだかつて「過去」に戻ったことはない。悲劇であっても、「反復」の反復不可能性を必ず弁別してこそ、この時代とその悲劇を解釈できる。その意味において、自らの歴史を覆い隠そうとする全ての記念碑を超越し、歴史の内にありながら歴史の外の様式で打ち立てられた境界の印を忘れなければ、過去の中の被抑圧物としての「真相」に近づき、そこから「未来」に接近することはできない。まさにそれゆえ、「真相」は複雑だが放棄できない——永遠に問い質し続けられるべき——概念なのである。

会議が終わった朝、私は鞄を提げて駅に向かった。人混みの中に、前日机の脇に黙って座っていた、青い帽子をかぶったユダヤ人の歴史家を見かけた。彼は遠くから私に手を振った。黒いひげが風にそよいでいた。彼の表情はよく見えなかった。あの晩、話を終えて、舞台から自分の席に戻った時、落ち着いた青い帽子が目の片隅をかすめ、その下に凝視する目が光っていたことをぼんやりと覚えている。青い空の下で列車が動き始めた。私は彼に向って手を振り、彼の背後に退いていく雪山と、山の斜面にうごめいている黒い点を眺めていた。

数日経って、ここもまた静かになった。まるで一九二九年の春に戻ったかのようだ。その年も、雪山と青い空は同じだったが、全世界を揺るがす危機は雷のごとく空の果てで動き始めており、哲学論争の中には危険な情報がしみ込んでいた。若きレヴィナス同様、人々はまったく気づかないうちに、注意せずに、自分の心の中に後悔の種、災難が過ぎてからゆっくりと芽吹いてくることになる種を埋め込んだ。だが彼らはまだ知らなかった。時勢が変遷し、〝芽〟はすでに別の土壌で育ち、自身の新天地に適応していたことを。

「生生これを易と謂う」、これはもうひとつの反復である。「生生」の過程に含まれる辛苦、困窮と悲喜こもごもは同質の循環ではなく、「新しさ」に満ちた再生である。これは歴史的思考、政治的思考、

（82）「被抑圧者の回帰」はフロイトの著名な命題であり、ひろく文化分析に応用されている。他の二つの語句はマルクス『ドイツ・イデオロギー』から借用した。『馬克思恩格斯選集』第一巻、五三九頁（邦訳は、『ドイツ・イデオロギー』、廣松渉編訳、岩波書店、二〇〇二年、七一頁）。

倫理的探索の契機である。

（二〇一四年二月一六日、北京にて初稿）
（二〇一五年三月二四日、ヨハネスブルグにて改訂）

解説

羽根次郎

かつて世界中の知識人が中国共産党の革命政治に熱い期待を寄せていた時代があった──といったところで、今となっては、にわかには信じがたい話に聞こえてしまう。一九五〇年代までは続いていた「革命といえばソ連」という、西側先進資本主義国の知識人が抱いた「幻影」は、一九五六年二月ソ連共産党第二十回大会における書記長ニキータ・フルシチョフのスターリン批判の衝撃、そしてその動揺のさなかに生じた同年一〇月のハンガリー動乱におけるソ連軍の鎮圧行動によって「幻滅」に変化する。「ソ連共産党」なる絶対的存在──構造主義的に言い換えれば大文字の公理──の相対化は、哲学者ルイ・アルチュセールをして『資本論』を読むことに拘らしめた。公理＝真理が大文字・単数形から小文字・複数形へと変容するなかで「世界」とは、すでに読まれているのではなく、これから各自で読み解かれるものとなった。

世界共産主義運動に対するソ連共産党の絶対性への否定は、「ソビエト社会帝国主義」と真っ向から対立した毛沢東個人への期待に接続した。いわゆるパルタイのヘゲモニーを拒否した日本の新左翼もまた、しばしば憧憬の眼差しで、「党中央」に造反する紅衛兵を見つめ、自らと重ね合わせた。しかし、文化大革命は一種のデカダンスに結末してしまい、その彼方に待っていた「市場経済」の出現によって期待は反感へと反転した。この反感を決定づけたのは、一九八九年六月四日の「天安門」事件であった。「好き」と「嫌い」は対象への強い関心と心的依存において心的方向性が同一であるとしばしば言われる。西側の少なからぬ知識人の中国観における、かつての期待と現在の反感──この一見真逆に見える態度もまた理解困難なものではないのだ。

ソ連共産党に裏切られ、中国共産党にも裏切られた知識人——実らぬ好意は容易に憎悪に変質する。硬直化したコミンフォルム体制の克服のための神輿として担がれた中国共産党の素朴さ・純粋さもまた、「変節」や「暴力」のイメージへと反転した。そうすることで、知識人の理想主義の純潔性は護持されて今に至っているのだ。ただ、実際に変節したのは本当に相手だけなのだろうか？　この敏感な問題もまた、「社会主義時代から赤い資本主義時代へ」などという公式主義的なレッテルを貼ることで思考停止させてしまうことに知識人は成功した。

中国へのネガティブなイメージは今世紀に入っても喧伝されている。人権抑圧、独裁政治、貧富の差の拡大、暴力の蔓延……。九〇年代の近代化論者は、経済成長による中産階級の増加が「民主化」を促進し中国共産党の「独裁体制」は崩壊すると主張した。二〇〇〇年代の経済学者はバブル経済崩壊論を主張した。いつか中国は崩壊する——この希望的観測はそのつど「お色直し」を施されてきたが、結局のところ、まともに当った例などない。にもかかわらず、いまなお書店には、中国崩壊を予言する書籍があまた並んでは、今日もまた「お色直し」を続けている。

ポスト冷戦期においてマルクス主義は、「理論の現実への押しつけ」という人間無視の思想として批判にさらされた。なるほど、当時の学徒にとって、エドワード・サイードやベネディクト・アンダーソンは眩しかった。世界は同様に進歩していくのではなかった。「見る側‐見られる側」の知的な「支配‐被支配」の構造の中でしか近代世界は解釈されたことはなかったのに、それは確かに不可視化されつづけてきたのだ。萌芽的近代すら経ぬまま植民地化された地域では出版圏が、ナショナルなまとまりを確かに拵えてきたのだ。国民経済の成立との関係においてばかり近代ナショナリズムを捉えてきた従来の知のありようからすれば、かかる問題提起は同時代の知的環境においては斬新であった。

国民経済論をその玉座より退位させた如上の一連の業績は今にして思えば、九〇年代後半から加速するグローバリゼーションへの予言でもあった。象徴的な意味での「一九六八年」以降、ナショナリズムには「良い」も「悪い」もなければ「進歩的」も「反動的」もないと断罪されたうえで、反ナショナリズムの議論が世界的に積み上げられてきたのは言うまでもない。しかし、九〇年代に至り、ポスト・コロニアル批評や出版資本主義概念が登場すると、従来のアンチ・ナショナリズムというより、現にそこにあるナショナリズムの存在は承認しつつその相対化を図るという「脱ナショナリズム」の文脈が生まれた。経済においては、ヴァーチャル経済が実体経済への従属関係から離脱しつつあったのが、まさしく同じ九〇年代であった。自らの運動を加速させるには、国民経済の制限を除去したマネーのトランス・ナショナル化が不可欠であり、国民‐経済の協働関係はむしろマネーの自己増殖にとっては阻害要因ですらあったため、この関係に楔を打ち込む必要が生まれていた。

こうした時代状況の中で、ポストコロニアル批評や出版資本主義の議論が受容されたという点は、今なお日本ではあまり自覚的でない。脱ナショナリズムへの知的志向は、たとえばポストコロニアル批評においては、当初の個の歴史性の回復から、個の身体経験の重視へと変容していった。発展段階論に代表される歴史理論や歴史哲学を個々の事象に照射していく「科学性」はむしろ、「個」を知的に抑圧するための認識装置だと批判されるようになった。

しかし、「個」への重視が突出してくると、奪われていたヘゲモニーを奪還し、「個」のありように絶対性を認めるような流れが生まれてしまった。九〇年代から二〇〇〇年代にかけて流行した自己認識（＝アイデンティティ）論がその象徴であり、その結果としてもたらされたのは端的にいえば、マイノリティ・ポリティクスやエスニック・ポリティクスなどを典型とするアイデンティティ・ポリティクスの言説、つまり自らの政治的帰属はアイデンティティによって排他的に画定されるという主張であった。

こうしたアイデンティティ・ポリティクスによって、「自分がどう規定されたいか」という意思が、公的・社会的制度において「自分がどう規定されるべきか」に直結すべきというポリティカル・コレクトネスが出現した。普遍的観点より「世界」を俯瞰しようとする思想的課題認識は反転し、「普遍」によって抑圧されてきた「特殊」の存在の指摘へと重心が移り、理論ではなく身体、客観性ではなく当事者性こそが正義となった。たとえば歴史学においても、「オーラル・ヒストリー」や「記憶」に注目が集まったのも記憶に新しい。

だが、身体に注目が集まれば集まるほど、均質な身体（＝当事者性）を持たない多元的国家への理解は困難に陥る。そもそも脱構築しなければならない均質な国民がそうした国家には存在したことがない。民族や社会の多元性・混淆性――それらが国家の構成原理として機能する国家をかりに帝国型国家と呼んだ場合、旧ソ連や旧ユーゴスラビアのような帝国型国家にとっての身体そして国民とはいかなる意義が与えられるべきなのだろうか？　この二つの帝国型国家が解体していったのがまさに、知的関心が身体へと傾倒していった九〇年代であったのは偶然なのだろうか？　そして、その解体が代表しているのは「共産主義国家の解体」なのか？　「帝国型国家の解体」なのか？

中国における少数民族と「東アジア」

いうまでもなく、この種の国家類型に付け加えられるのが中国である。全ヨーロッパと同規模の面積に、一三億の人口が居住し、公認されているだけでも五六の民族が存在する。にもかかわらず、中国は解体しなかった。

中国でひとたび社会的矛盾が先鋭化するや、ただちに権力の抑圧性や暴力性に原因を求めようとする議論は後を絶たない。それはその通りなのかもしれない。ただ、ここで見落としがちなのは、権力の問題が分節化されることもないまま、アプリオリに権力と国家とが等号で結ばれ、激しい国家非難に終始する点である。そこに存在しているのは、一民族一言語一国家を暗黙の前提とする西欧型近代国家観という前提である。しかし、たとえば中国の民族問題とはユダヤ人や在日コリアンに通底しうるようなディアスポラ的問題性を本当に抱えているのだろうか？

中国の民族問題が、都市型の民族差別に見られるマジョリティ－マイノリティの制度的抑圧の位相においてというより、中央－周縁の構造の中の貧困の問題系において爆発しやすいことは日本では考えられたこともないだろう。問題は常に、「漢民族中心主義」や「中華思想」などおなじみのエスニック・ポリティクスのキーワードによって、おあつらえの議論に回収されていく。当の漢民族に漢民族という強いアイデンティティがないことなどは一顧だにされぬまま、その民族的アイデンティティのありようは「きっと我々と同じはず」という先入観によって規定されている。

したがって、たとえば日本の中国議論を例にとると、少数民族について語られるとき、マジョリティの側に立たされることとなる「漢民族」は、いつでも抑圧者としての「悪役」を引き受けさせられる。そこで動員される思い込みもまた、民族的マジョリティの抑圧のありようは「きっと我々と同じはず」ということである。

「中国の少数民族」なる語には、想像上の「漢民族」の生態とはおよそ異なる――高地や草原に居住しているような――生活環境にある人びとのイメージが固着している。その最たる例が、日本では「満洲民族」と呼ばれる満人（中国では満族と称する）である。満人は、「漢民族」とは明確に異なる騎馬民族的な異邦人の記号を背負わされてきた。「満洲民族」の「漢民族」に対する異邦人性は満洲国建国においても存分に動員された。現在の日本の議論で興味深いのは、満洲国が傀儡であったことに疑義を呈することがほとんどない一方で、「満洲民族」と「漢民族」とは全く別個の存在である、というまさに満州国建国正当化のイデオロギーとなった「満洲民族」概念自体はいまなお無批判に受け入れられてしまっている点である。一九世紀にマンチュリアつまり中国東北部に滞在していたキリスト教宣教師アレクサンダー・ウィリアムソンはその著『中国北部、マンチュリア、モンゴル東部の旅行記』（Journeys in North China, Manchuria, and eastern Mongolia）において、「マンチュ」つまり満人につき、以下のように書き残している。

〔マンチュリア南部の〕人口は満人Manchusと中国人Chineseからなる。元来は前者の居住地であった。……現地の満人の割合は場所によって三分の一だったり、十分の一だったりする。……現地の満人はほぼ全ての面で中国人に同化している。年配者の中には満語を今も話す者もおり、さらに皆くだけたマンダリン〔共通中国語〕を話すが、若い層は他の地域と同様に、中国語の書籍で教育されている。中国語に通じた後に満語文字で教育されることもあるがそれは稀であり、満語の枯渇は避けられまい(1)。

（1） WILLIAMSON, Alexander, *Journeys in North China, Manchuria, and eastern Mongolia*, London: Smith, Elder & Co., 1870, Vol.II, pp.39-40.

満人の民族的個性の喪失に言及したこの引用箇所は、遼東（南部）・吉林（中部）・チチハル（北部）に三分されたマンチュリアのうち遼東つまり南マンチュリアについて言及したものである。そして、満人の同化の指摘はこの旅行記の至るところに言及があり、たとえば吉林（中部）についても同様に述べられている。

満人は少数者に属する。また、彼らと彼らの侵入者とを区別するのはいささか困難である。〔マンチュリアの〕中部に住まう人々は、農業あるいは他の何らかの仕事のために居を構えてきた。そして、衣服や振る舞い、慣習、言語において、中国人に倣っている。……満語はとても洗練されているのではないから、少年たちはまず中国文字を学び、中国古典を読む。そして、地位や将来性から必要と感じた人は、遠く離れた都市にある満人の学校に通うのである。(2)

「農耕民族―騎馬民族」の類のエキゾチックな民族分類が中国に当てはめられるとき、「漢民族」は農耕民族として、少数民族は騎馬民族として単純化されて想像されることが多く、とりわけ〔万里の〕長城以北の少数民族には例外なく騎馬民族のイメージが無自覚にあてがわれる。それゆえ、ここで引用した満人の例のように、前近代において狩猟生活を放棄した姿は無視される。それればかりでない。昨今の「民族問題」の代名詞ともなっているチベット人やウイグル人もまた、古くより農耕民であることなど知られぬまま、「きっとこうなっているはず」という頑固な固定観念の中で、遊牧民のイメージにおいて扱われてしまっている。

たとえば、「新疆ウイグル自治区」といえば条件反射的に、「もともとはウイグル民族の土地だったのに漢民族の〝侵略〟に犯されている」と連想する。しかしながら、そもそも同自治区は天山山脈を挟んで生態系は全く異なり、北側（北疆）は草原が広がる遊牧民の世界で主にカザフ人が住んだ一方、南側（南疆）は巨大なタクラマカン砂漠の外郭にオアシスが点在する農耕民の世界で主にウイグル人が住んできたことは、一般には全くといっていいほど知られていない。新疆「ウイグル」自治区であるのだから、ウイグル人こそ全新疆の唯一の主人だ、という物言いは中国共産党への批判にしばしば登場するのだが、それは思い込みでしかないことは以下の周恩来の言にもうかがえる。

新疆ウイグル自治区が成立したとき、我々は「ウイグリスタン」〔原文：維吾爾斯坦。スタンというペルシア語由来の接尾辞は「～の地」の意で用いられる〕という名称を採用することに賛成しませんでした。新疆にはウイグルという民族が存在するばかりでなく、さらに十二の民族が存在しており、十三の民族を十三の「スタン」とすることなどありえなかったのです。そこで、党と政府は最終的に新疆ウイグル自治区を成立させることに決め、新疆の同志もそれに同意しました。そして、「新疆ウイグル自治区」という名称において「看板」として掲げたのはウイグル民族〔原文：維吾爾民族〕でした。というのも、ウイグル族〔原文：維吾爾族〕は新疆では主体となっている民族であり、その人口は七割以上を占めているからで、他の民族もこの看板をともに掲げることとなりました。[3]

（2） Ibid., p.60.
（3） 周恩来「関於我国民族政策的幾個問題」、一九五七年八月四日。

人口の大半をウイグル人が占めていることはそのまま面積の大半を占めていることにはならない。というのも、単位面積当たりの生産性に劣る遊牧地帯では、必然的に人口密度も低くなり、カザフ人やモンゴル人が遊牧を営んでいた地域は人口比と比べると明らかに広いからだ。少なくとも新疆の全体を「もともとウイグル人の土地だった」とみなしうる根拠は弱い。にもかかわらず、カザフ人やモンゴル人と比べてウイグル人のみに民族問題の激化が顕著に認められるのもまた事実である。これはいったいどういうことなのだろうか。

この問題についてはは以前、アクセサビリティと天然資源の問題として詳論したことがある。新疆の開発は、原油や天然ガスの産出に恵まれ人口密度も低い北疆から積極的に行われてきた。南疆はただ砂漠があるばかりか、その西側はパミール高原に代表される五〇〇〇メートル級の高地に行く手を阻まれているため、旧ソ連との交通はかなり古くより北疆経由で行われてきた。低い人口密度に豊富な天然資源、恵まれたアクセサビリティ、という客観条件によって北疆の経済建設はウイグル人の集住地帯である南疆よりも遥かに早くから進み、この三条件に劣る南疆は経済の近代化に立ち遅れるようになった。新疆はテロの多発地帯というイメージが最近あるが、テロの大多数は、南疆とくにウイグル人が人口の九割以上を占める西南部か、自治区の首都であるウルムチに限定されており、北疆ではテロが起こることはめったにない(4)。

テロと貧困との関連について、遠い中東についてはイメージできる「まともな」文化人ですら、こと中国が関係してくると途端に辛口になるのが現在の日本の現状である。中国を前にすると日本では皆が唯心論に走ってしまう。しかし、社会問題とは究極的には生活の中からしか生まれない。「貧困」のなかにテロを置けば、民族アイデンティティが政治的なトーテムとして突出してくる背景が透けてくるのであり、その結果として言語・習俗・宗教が一種の指標として前景化してくる構造があらわになる。しかし、「貧困」つまり経済的な視座を考えずに問題を見れば「過度に加速した近代化が引き起こす矛盾」は「漢民族による少数民族への抑圧」という現象の単純化へと容易に転化していってしまう(5)。

だが、満人の例にも見たように、「漢民族」と少数民族との関係に、エスニック・ポリティクスにおける二項対立的な関係を押し付けることはできない。ここで、「中国人」の構成要素に「漢民族」以外の少数民族を含めたうえであらためて「中国」を想起してみよう。日本語の言語環境における少数民族のイメージには往々にして、長城以北の大草原が広がっている。少数民族もまた「中国人」を構成しているとすれば、巨大国家中国を「東アジア」なる概念で包摂することはそもそも現実的ではないのだ。これを可能にするためには、中国を「東アジア」のサイズにカットしていく必要があるわけで、明治維新以降の日本の東洋史が扱ってきたいわゆる「満鮮史観」はその典型例ともいえる。中国から長城以北を切り取れば話は早い。しかし、「中国」という地理カテゴリーに長城以北を含めれば、「東アジア」という地理カテゴリーの下位カテゴリーではなくなる。つまり、中国はこの意味において、日本や朝鮮半島とは等価の関係にない。

草原地帯の中国性を全否定しない限り、中国は「東アジア」に属すると同時に、「中央アジア」にも属しているのであり、日本ではポリティカル・コレクトネスを握れるであろう「東アジア」なる概念も

（4）羽根次郎「「陸」の世界の少数民族と貧困――「ウイグル問題」をめぐるアイデンティティ・ポリティクス再考」、『atプラス』第二二号、二〇一四年一一月。

（5）チベット問題分析についても同様の問題が存在していることは大西広『中国の少数民族問題と経済格差』（京都大学学術出版会、二〇一二年）で指摘されている。

また中国においては、中国の中央アジア性や東南アジア性を無視する概念装置として警戒されることになる。「東アジア」を謳った国際会議で参加する中国人はほとんど例外なく沿海部大都市の研究者とくに日本留学経験者であって、内陸部の大学や研究機関からの出席者を見かけることはまずない。中国が常に沿海部によって象徴される中で、「東アジア」に国土全体が収まっているという自己認識を持つ日本や韓国の代表――あるいは時に沖縄の代表すらもこれらに付け加えられる――は、中国が「東アジア」と結ぶ関係についてもやはり、「きっと自分たちと同じはずだ」と勝手に期待してしまっている。中国人を前に「私たち東アジアの人間は……」と発言する日本や韓国の「良心的」な研究者を見かけるが、この発言が見落とすものに対してあまりに無自覚ではないだろうか。くりかえすが、日本や韓国――そして沖縄――にとって「東アジア」とは自らが統合される上位カテゴリーになる一方、中国にとってはそうならないのだ。中国には東アジアのみならず、中央アジアも東南アジアも存在している。

システム間の相互依存構造

さて、中国認識における中央アジア性否定の思考は現代にはじまった話ではない。ヘーゲル『歴史哲学講義』には以下のようなくだりがある。

中国は国土に深く侵入してくるタタール人となんどもたたかわねばならなかった。北方遊牧民の侵入にそなえて、始皇帝は万里の長城をきずきました。(6)

中国の北にあったタタール人の王国契丹（遼）は、一一〇〇年ごろ、西方のタタール人と手を結んだ中国人によって、滅ぼされ征服されましたが、そのことが逆に、タタール人が中国に確固たる地歩を占める機縁となりました。満州人が中国に住みつくようになったのも、一六、七世紀における戦争の結果で、中国の現王朝はこのたたかいに勝って玉座につきました。(7)

ここでいう「タタール人」とは、同時代ヨーロッパにおいて不正確な情報しか伝わっていなかったがゆえに野蛮人のイメージを背負わされていた内陸ユーラシアの諸民族全体を、曖昧な形で一括した総称である。「中国」とは長城以南の地域とされており、すでに一八世紀において、中国の中央アジア性否定の思考が息づいていたことが分かる。中央アジア性と東アジア性など様々な地域性が統合される装置が「中国」という概念であるとするならば、中国を「世界」と見ずにエリア・スタディーズの枠内に押し込むための必要条件とは、中国のそうした地域的多元複数性を否定して、「均質で単一の中国」を幻想すること——中国は「東アジア」であり、「東アジア」以外ではないと幻想すること——である。それに対して、エリアの統合の装置としての中国を理解することは、中国を中国として特殊化することではなく、中国のなかに世界を見る普遍的な視座である。それが著者のいう「システムを越えた社会」という問題系につながってくるのである。

それでは「システムを越えた社会」というのは、中国のみの問題なのであろうか。ここで、ヘーゲルが「東洋から西洋へ」と定式化したその歴史観の出発点に据えたメソポタミアの経験を例に考えてみた

(6) ヘーゲル(長谷川宏訳)『歴史哲学講義』(上冊)、岩波書店、一九九四年、二〇〇頁。
(7) 同右、二〇一頁。

い。

一般に、「オリエント」というと連想されるのは、極度に乾燥した砂漠型の気候である。事実、いわゆる四大文明のいずれもが乾燥地域において発展した。また、共通点としてはいうまでもなく、巨大河川の流域に開花した文明という点も加えられよう。ウィットフォーゲルの治水文明論では、河川の治水・灌漑事業にあまたの労働力を動員する必要から東洋的専制主義に基づく水力国家が成立したとされる。水力国家とは、ヘーゲルにおいては、自由の拡大過程としての世界精神（＝世界史）の出発点に据えられたオリエント世界における「皇帝一人の自由」の具象化された姿であり、マルクスにおいては、土地の私有制の欠如のために存在する奴隷制と専制君主の存在の具象化された姿であったということになる(8)。

とはいえ、そもそもインダス文明や黄河文明では、大規模な灌漑事業が行われず、紀元前後に至るまで専制的な集権国家が現れすらしなかった。アジア的生産様式が指す「アジア」とはインドや中国などの「遠東」ではなく「近東」つまり狭義のオリエント世界を指すことになるのだが、近代主義的な生産力第一主義の観点において巨大な生産力を基準にした場合、農業生産力が工業生産力を圧倒していた古代においては、集約型の農業を実現しうる大河流域が「古代文明」として析出されるのはある意味自明なことにすぎない。

では、こうした古代文明社会における余剰物の蓄積はいかなる意義を有することになるのだろう。それは、内部における富の誇示のみを目的としたのではない。産品を輸入する際の交換物として機能することにもなった。これらの大河流域では、祭祀・装飾に用いる貴金属はおろか、建築用の木材すらも産出しえず、外部から輸入するよりほかなかった。高度な古代文明は、農業生産力を基準に見ても見えてこない周縁地域との相互依存関係において成立していた。メソポタミア・シュメールにおける交易は当初、民間商人による私的な商業活動として行われたのではなく、王家に独占され、王の使者がイランやペルシア湾などの遠隔地に赴き必要な物品を入手することで成り立っていた。[9] 遠隔地との交易に依存しない限りそもそも文明の存立自体がありえなかった。そして、交易品が陸路で運ばれてくる場合、動物輸送力が必須となるのだが、生産力至上主義の観点からは、圧倒的な農業生産力を有する大河流域の灌漑農耕文明ばかりが焦点化してしまい、動物輸送力と最も関連のある遊牧民の意義への関心が失われてしまう。

そもそもメソポタミア社会においては遊牧民とは定住農耕集落内部から生まれたものである。農耕は低湿地において始まったとされるが、タンパク源としての動物資源は地形狭小な低地では容易に枯渇してしまう。さらに水利困難な地形のために塩害などの連作障害に見舞われやすく、結果として農地の重心は丘陵地へと移り、その結果、高地を生息域としていたヤギやヒツジが家畜化するに至る。[10] 農耕牧畜への依存度が高まり、集落規模そして耕地面積が拡大すると、農作物の成熟期に、それを食するヤギやヒツジなどの家畜を農地から引き離すことが定住型の生活では物理的に困難になってくる。農地拡大による農耕と牧畜とのこうした矛盾は、農耕の繁忙期に入ると逆に農地を離れ、農耕に不向きなより乾燥

（8）石井知章「K・ウィットフォーゲルにおける国家と社会」、『明治大学教養論集』通巻三八〇号、二〇〇四年一月。なお、ウィットフォーゲルについては以下の文献が参考になる。石井知章『K・A・ウィットフォーゲルの東洋的社会論』社会評論社、二〇〇八年。
（9）前田徹ほか『歴史学の現在　古代オリエント』山川出版社、二〇〇〇年、三二頁。
（10）藤井純夫『ムギとヒツジの考古学』同成社、二〇〇一年、一八七–一九三頁。

した地域を巡る移牧生活の出現をもたらした。[11] さらに、紀元前五五〇〇〜三〇〇〇年頃に進行した「ヒプシサーマル」と称される気候の温暖化によって、イスラエル－ヨルダン－メソポタミア沿海部を結ぶ北緯三〇〜三三度あたりの地域は少雨乾燥温暖化を進めていき、移牧生活はいよいよ、気候の乾燥化によって出現したステップ地帯を定常的に移動する遊牧生活に転換していくこととなった。[12]

その一方で、メソポタミア南部ではすでに前六〇〇〇年紀から前五〇〇〇年紀にかけてウバイド期と呼ばれる先史文化が展開しており、灌漑農耕導入による飛躍的な生産力向上を実現させていた。しかし、ヒプシサーマルによる海水面上昇の結果、メソポタミア南部のうちペルシア湾沿岸部では農地が沼地化し、さらに海水面上昇がもたらす河水面上昇によって内陸の治水にも混乱が生じ、地下水位の上昇も重なり耕地の塩化が深刻化していった。[13] そのため、現地の定住民は土地を離れ、都市が出現したシュメールに、都市に不可欠な要素である流動人口つまり「よそ者」として参入してくることとなった。[14] 現地人口の流動性が高まったことで、その後のウルク期とジェムデット・ナスル期においては、多様な人口構成を統合する装置として都市における階層化が進み、社会的地位の分化や再分配経済が本格化する。[15]

メソポタミア平原の灌漑農耕社会が内部の階層化を進め、都市から都市国家が脱皮してくることは同時に、都市の「よそ者」と周囲の遊牧民世界のベドウィンとの相互関係を不可欠としていた。というのも、都市の祭祀空間や統治空間における金属・木材・石材などの建築資材需要や奢侈品需要をメソポタミア平原部ではやはり自給できず、長距離交易に頼るほかなかったからである。[16] 木材はアナトリアやレバントからの輸入が図られ、宝石類は黒曜石ならばアナトリアやアルメニアから、ラピス・ラズリはアフガニスタン北部の山地やバイカル湖付近から、クロライトやステアタイト、アラバスターは南東イランから輸入され、金属類では銅・鉛・銀・金がアナトリアやイランから、さらに前三〇〇〇年紀に入ると錫がイラン東部やアフガニスタンからペルシア湾経由で輸入された。[17] その結果、「肥沃な三日月地帯」からパミール高原に至るまでの西アジアを中心とする地域に交易圏が徐々に成立していった。[18]「中央」における余剰生産物と、「周縁」における鉱産物との交換関係を招来させることを通じて、「中央‐周縁」の世界構造が成立したことになる。

一般に、遊牧生活は狩猟採集生活の延長線上にあるものと想像されがちだが、西アジアにおける遊牧民の出現は農耕集落と強く関係している。それゆえ、遊牧生活は当初より、炭水化物の摂取源としての穀物需要や、織物技術が勃興した都市への羊毛の供給など、農耕定住民との交易関係を必要条件としていたのであり、遊牧民を孤立したイメージで捉えることは誤りである。つまり、植物食料の大量生産に

(11) 藤井純夫「沙漠のドメスティケイション――ヨルダン南部ジャフル盆地における遊牧化過程の考古学的研究」、『国立民族学博物館調査報告』八四、(山本紀夫編『ドメスティケーション――その民族生物学的研究』)、二〇〇九年、五一九‐五五三頁。
(12) 藤井純夫『ムギとヒツジの考古学』一八八頁。
(13) 同右。
(14) 藤井純夫前掲論文、二七四‐二七七頁。なお、土漠とも称される中近東の砂漠地帯は実際には硬い表土に砂礫が薄く広がる地質であるため、草木が一本を生えないステレオタイプの砂漠とは様相が異なる。
(15) 小泉龍人「前四千年紀の西アジアにおけるワイン交易――ゴディン・テペからの一考察」、『東洋文化研究所紀要』一三九冊、二〇〇〇年三月。
(16) 同右。
(17) 同右。ほかに以下参照。本山美彦『貨幣と世界システム――周辺部の貨幣史』三嶺書房、一九八六年、三〇頁。荻野博「前三千年紀前半のイラン高原と遠隔地貿易――テペ・ヤハヤーの発掘を中心として」、『流通經濟大學論集』第一六巻第三号、一九八二年二月。
(18) 小林登志子『五〇〇〇年前の日常――シュメル人たちの物語』(新潮選書)、新潮社、二〇〇七年、一五七‐一九八頁。

よって、農と畜との分業が図られるようになった象徴が、メソポタミア平原における灌漑社会とその後背地たるバーディア世界（農耕に適さぬ砂漠や土漠、ステップなど）における遊牧社会の出現なのである。このバーディア世界は、「肥沃な三日月地帯」を経由せずにメソポタミアとエジプトとを言わば直線距離で結ぶ砂漠の交易ルートを出現させた。つまり、砂漠が内海的な役割を果たす「砂の地中海」として機能するようになっていった。[19] そして農と畜の農耕民と遊牧民は都市における非農業従事者たる「よそ者」を媒介として自己の産品を商品化させることで、交換可能なコインの裏と表の関係をなしていたことに注意しておかねばならない。[20]

しかし、農耕民と遊牧民の相互依存関係は、決して両者を二項対立のモデルに固定化させる関係ではないことに注意する必要がある。都市内部の「よそ者」と遊牧民とは時に同義語となりえた。というのは、メソポタミアの歴史そのものが侵入者により更新を重ねてきた歴史であるからである。メソポタミア最南部に最初の王朝を建設したシュメール人がそもそもこの地に侵入してきた謎の民族であった。[21] シュメールに次いだアッカド（前二四世紀～二三世紀）もまた言語的にバーディア世界のベドウィンと同様のセム語系民族であり、[22] わずか二〇〇年の治世に、度量衡統一をはじめ、メソポタミアから地中海東岸にかけての通商圏構築などを進めた。[23] さらにはハンムラビ王を輩出したバビロニアもまたセム語系の遊牧民であるアラム人の系譜に連なる国家であった。[24] そもそも、ハンムラビ法典の出現そのものが、擬制としての家族共同体の理念に基づく祭祀による社会統合が都市化の進展によって行き詰まったことの反映であり、「血の紐帯」を超えた多元的社会の新たな統合の姿を象徴していた。[25]

中国での農耕民と遊牧民

農耕民社会への「よそ者」の流入は中国においても類似の史的展開が見られ、古くは周王朝もまた中原とはとてもいえない西方に起源を持つ勢力であったが、さらに西方の遊牧民勢力と思われる「犬戎」に押し出されるようにして中原に入ってきた。周はその後、「犬戎」のさらなる東進によって、首都鎬京を追われ洛邑に遷り、これが、都市国家から領域国家への移行期と考えられるいわゆる春秋戦国時代の幕開けとなる。また、秦王朝にしても、かつての周の祖地に拠り、中原諸侯からは野蛮視されていたことがよく知られている。

遊牧民勢力の農耕民社会への流入は古代に限った話ではない。漢代には匈奴との抗争があったし、西晋時代末期には匈奴に加えて鮮卑などの遊牧民が南下しいわゆる五胡十六国時代が始まっている。中国の民族大移動時代ともいわれるこの時代は、南北朝時代へと移行していくことになる。最初の北朝となった北魏（三八六～五三四）もまた遊牧民系統の鮮卑族の拓跋氏によって建設された王朝であったものの、後に漢式の王朝として自らを再定義していくことになる。しかし、北魏の次の後周は逆に遊牧文化

(19) 藤井純夫前掲論文、二八〇頁。
(20) 藤井純夫前掲論文、二九〇頁。
(21) 石井和彦「商業と民族――フェニキア人」、『産業経営』（早稲田大学産業経営研究所）、一九八一年一二月。
(22) 同右。
(23) 青柳正規『人類文明の黎明と暮れ方』（興亡の世界史　〇〇）、講談社、二〇〇九年、一八八－一九〇頁。
(24) 石井和彦前掲論文。
(25) 青柳正規前掲論文、一八五－一八六頁。

の気風を回復させる政策を採っており、北方の王朝は農耕－遊牧の文化的な「揺れ」の中にあり続けた。

　ところで、犬戎しかり、鮮卑しかり、これら異民族の存在は今や跡形もなく消えてしまっている。古代の文献に当ると無数に少数民族の記述があるのだが、今に残っているものはほとんど存在しない。にもかかわらず、宋代以降の文献にその存在が記された少数民族については、蒙古を典型として今なお健在であるものが決して少なくない。つまり、一種の民族アイデンティティの固着化が宋代以降認められるようになるのだが、それに一躍買ったのが日本では「士農工商」で知られる朱子学を代表とする理学であった。

　一般に、中国王朝の世界認識は、華（文明）と夷（野蛮）の座標軸において文化的な中央－周縁が設定され、「中央」に政権を重ね合わせることによって自己の正当化が語られるという、いわゆる「華夷秩序」において語られる場合が多い。しかしながら、秦の成立以来、政治と文化の中央－周縁構造が一致した時期など中国史上において実は僅かしかなく、とりわけ宋朝はあまりに狭い版図しか持たず、前王朝である唐の版図を継承したとはとても呼べないありさまであった。しかのみならず、宋は北方の王朝である遼や金とは、形式においてすら天下国家としての体裁を表現することが許されず、金に対しては巨額の歳幣の支払だけでなく、さらに臣下としての礼も行わねばならないなど、中華の正統王朝としてのイメージとは程遠い「現実」に取り巻かれていた。

　いったい宋代というのは図式的にいえば、宋の北に遼、遼の北に金、金の北にモンゴルがあったのであり、遼を滅ぼした金を滅ぼしたモンゴルに宋が滅ぼされることでモンゴルによる統一が実現した。遼も金もそれぞれ起源としては契丹人と女真人に遡行できるのであるが、そもそも農耕民（＝華）と遊牧民（＝夷）との相互依存が前提の社会構造を考えたとき[26]、華と夷の両者をあくまで分断し固定しようとする、それまではあまり強調されてこなかった当時の認識枠組みには一定の政治性や歴史性が透けて見えてしまう。宋におけるこの華夷認識の固定化は、北方の他の王朝の政治的圧力に対する思想的な抵抗と捉えるのが一般的な見解であり、[27]分断された文化の「華」と「夷」が政治的な意味での「中華」と「非中華」とに両断されることで「中華の統一王朝」を気取った宋が思想的に準備された。ここに、漢民族を中華と等号で結んでしまうエスニック・ポリティクスの思考回路が登場することとなった。筆者が問題視する京都学派がなぜ、唐と宋との間に時期区分を設ける唐宋変革論を主張し、宋に近代の契機を見ようとしたのかは、こうした視座からも説明ができるのである。

統一に失敗した漢民族主体の王朝は、北方の異民族主体の王朝を夷狄視すれば、「中華」を全て統一したというロジックを構築することができる。こうした思考は、元朝の版図の一部しか継承できなかった明朝においてもさらにデフォルメされた形で流用された。「北虜南倭」とは統一事業失敗の一つの結果でもあったわけだが、北辺や沿海との人的交流を朝貢以外すべて遮断することを華夷秩序のロジックにおいて解釈することで、むしろ大明帝国の威光は倍化された。[28]

この漢人中心主義のエスニック・ポリティクスは、同時代の中国を訪れていたイエズス会の宣教師を通じてヨーロッパに伝えられ、啓蒙思想期を経験することを通じて、その世界認識の一部分となった。経験主義が科学を作り上げていた時代に、中国を「この目で見、この耳で聞き、この体で経験した」宣

(26) 以下参照。檀上寛『明代海禁＝朝貢システムと華夷秩序』、京都大学出版会、二〇一三年。
(27) 葛兆光『宅茲中国――重建有関「中国」的歴史論述』（第一章「〝中国〟意識在宋代的凸顕」）、中華書局、二〇一一年二月。
(28) 檀上寛『明代海禁＝朝貢システムと華夷秩序』四〇〇－四〇四頁。

教師や旅行者の報告は中国認識を作り上げる上で第一級の根拠となったわけだが、一七世紀以降の清代中国においてはヨーロッパ人の往来が厳しく制限されるようになっていったため、はるか以前の宋代や明代に蓄積されたエスニック・ポリティクスの認識枠組みがヨーロッパでは温存されてしまった。まさにそれこそが、長城以北を中国とはみなさない地理認識を、そして漢民族のみが中国人なのであるという民族認識を醸成させることとなり、明治維新後の日本の大学でも講じられたかかる中国観が、日清戦争敗北後に来日した数多の中国人留学生を通じて中国本土へと還流し、革命運動に合流していくこととなった。[29] たとえば、日本で最初の中国史の通史を著わした那珂通世の『支那通史』（一八九〇年）は漢文の著作であったため、後に中国本土でも教科書として用いられたと言われるが、それには以下のような叙述が見られる。

清国の人民はほとんどが西洋人のいう黄色人種に属している。骨格や容貌が日本人と非常に異なるというわけではない。ただ、その種類は非常に多く、主に六種類に分けられる。支那種〔漢人のこと〕、韓種、東胡種〔満人のこと〕、韃靼種〔モンゴル人とウイグル人のこと〕、図伯特《チベット》種、江南諸蛮種となる。支那種とはつまり漢人のことであり、華人と自称している。……韃靼種はさらに二種類に分かれる。一つは蒙古種といい、内蒙古と外蒙古、そして青海省にいる。……もう一つは土耳古（トルコ）種といい、また回回ともいわれている。……。[30]

形質人類学的に民族を分類するのは、まさに一九世紀ヨーロッパにおける典型的な民族認識であるのだが、この引用箇所もそうした立場に立ちつつさりげなく、「支那種とはつまり漢人のことであり、華人と自称している」と記している部分が見逃せない。宋代のエスニック・ポリティクスの知の還流は、辛亥革命前夜における満人排斥の排満革命論にも現れている。

韃靼〔満人〕を種族の異なる賤しい人間集団と軽視するのは、種族の性格が二〇〇年の間に伝えられ、しっかりと根付いたということなのであり、これは今もなお同様である。(31)

我が同胞が現在言うところの「朝廷」や「政府」、「皇帝」は、昔は「夷」「蛮」「戎」「狄」「匈奴」「韃靼」などと呼ばれていた。その集落は山海関〔万里の長城にある関所〕の外にあり、我が黄帝神明の子孫とは元々同じではない種族なのである。……その文字も言語も衣服も私たちとは同じでない。……災いが至れば漢人がそれを受け入れ、吉事が至れば満人がそれを享受している。(32)

本書著者汪暉氏は華夷秩序と京都学派を分けて論じておられるが、その実、これらは同根のものであり、さらに問題はひとり京都学派というより日本の東洋史概念全体に内在する問題でもあることは捕捉しておくべきだろう。それは、循環論的な世界知の構造のなかで、中国認識は中国において自ら放った矢が

(29) 羽根次郎「啓蒙思想期以降のヨーロッパにおける南台湾記述と「南東台湾」の発見について」、『日本台湾学会報』第一二号、二〇一〇年五月。
(30) 那珂通世（和田清訳）『支那通史』上冊、岩波書店、二六－二八頁。
(31) 章炳麟「康有為に反駁して革命を論じる書」（駁康有為論革命書）。
(32) 鄒容『革命軍』第二章「革命之原因」。

全く意図しないところで自らに的中してしまった、ともいえるのである。中国認識には「本家」「元祖」の類が当の中国人すら含めて存在しない。そういう意味で、中国とは実体である以上に理念であり概念なのであり、所与のものというより絶えざる刷新や更新が続けられていくものなのである。

まとめ

システムを超えた社会への理解と重視を著者が求めているのは、以上のような歴史的経緯に対する応答であると解釈すべきであろう。だからこそ、多様性の尊重がアイデンティティ・ポリティクスの陥穽に落ちないように再三注意を促しているわけである。アイデンティティ・ポリティクスの危うさとはつまるところ、アイデンティティの多元性や複数性に気を配らぬまま、あたかもナンバリングでもするかのようにして、一人一つのアイデンティティを充てようとする点にある。自分はウイグル人でもあると同時に、労働者でもあって、女性でもある——こうした identities がウイグル人という Identity に単純化されると、自らの階級的あるいはジェンダー的矛盾は解決されぬまま、民族主義への一本道が敷かれてしまう。民族・階級・ジェンダーという問題の諸相が単純化される先にあるのは、一民族一国家という近代国民国家をもう一つ増やすということである。だが、階級的矛盾が民族国家建設では解決されないのは、まさにソ連解体後の中央アジアで民族主義が沸騰するなかで独立を選んだキルギスやウズベキスタン、タジキスタンなどが貧困国としての状況からなかなか抜け出せていないことに示唆的に現われている。(33)

近年では台湾や香港、あるいは沖縄でも同様に、独立国家の建設を目指す動きが見られる。ウイグル人という確固たる民族概念が用意できない場合は、「私たちは本土の人とは違う」というアイデンティティの相違を、「あなたは自分を日本人（あるいは中国人）だと思いますか」といったマルバツ式のアンケートによって拵え、それを以て疑似的に民族を構築する。だが、たとえば、台湾人である自分が台湾人である雇用主に不当な賃金で働かされている、という問題は疑似的な民族国家の建設では対応しえない。また、ここ最近、一種のポリティカル・コレクトネスと化しているＬＧＢＴの認識においても同様であり、公園から最貧困層を追い出す某区が性的マイノリティの婚姻問題には積極的である例に見られるように、identities の一つを Identity として突出させた場合、位相を別にする他のアイデンティティをめぐる政治状況にいかなる社会的影響を与えてしまうのかがたやすく不可視化されてしまう。[34]

アイデンティティ・ポリティクスを中国に向けた場合、とりわけ内陸部では非常に問題含みとなる。まず、沿海部についてであるが、造船技術の進化によって、海洋はたしかに内陸化していったが、人口が定着するのはもちろん海上ではなく、沿海の都市である。つまり、「点」なのだ。たとえば、日本における在日コリアンの民族問題について考える時、それは主に都市の問題であって、農村で在日の問題が爆発することはまずない。都市においてこそ、自立した個人として析出される市民の主体や個のありようというものが焦点化するのは都市においてであり、アイデンティティ・ポリティクスが都市においては一定の正当性を有する根拠もそこに存在している。

海洋の内陸化による流通網の「陸から海へ」というシフトは、逆に内陸の海洋化をもたらすこととも

（33）羽根次郎「「陸」の世界の少数民族と貧困――「ウイグル問題」をめぐるアイデンティティ・ポリティクス再考」。

（34）ＬＧＢＴ問題については以下を参照。『現代思想』二〇一五年一〇月号（特集：ＬＧＢＴ　日本と世界のリアル）、青土社、二〇一五年九月。

なった。ヒトもモノも情報も海に向かう中で、内陸はテラ・インコグニタ（未知の領域）へと暗転していった。経済的近代化は内陸、つまり「面」から、単純労働力として農民を都市に引き出すことを促す。だが、労働集約度が著しく高い農業に従事する貧困地区では、現金収入の増加に魅了されて若年労働力が農村から都市に出稼ぎに向かう流れが出来上がると、農業を成り立たせてきたコミュニティそのものが荒廃してしまう。貧困の克服が逆にもたらすコミュニティ荒廃という問題が帯びている階級性は、市民という個人性が農村には存在しえないことによって、出稼ぎ先での個の孤立の問題へと変容しやすい。それは、公権力に対するアンチテーゼとしての宗教や民族のナショナリズムへと合流しやすい。「都市民」と「市民」は決して同義語ではない。都市に住めばただちに適切な判断を行いうる知識や経済力や人的ネットワークに恵まれるというわけではないのだ。海洋の内陸化によるこうした内陸の海洋化を防ぐには、ヒト・モノ・情報が往来するためのアクセサビリティの向上を図るべきだというのがつまるところ一路一帯構想の背景にある問題認識なのだと解釈することもできるだろう。

現状全肯定の投降主義でもなければ、アイデンティティ一辺倒のナショナリズムでもない世界認識をいかにして作り上げていくのか。これは以上に述べてきたように、決して中国だけの問題でもなければ、ましてや中国共産党だけの問題でもない。中国は世界の中にあると同時に、世界は中国の中にある、という一種の循環論的な歴史認識、社会認識において本書は読まれるべきである。中国を中国として見るのではなく――。

あとがき

青土社より出された著作としては、『世界史のなかの中国』（二〇一一年）、『世界史のなかの東アジア』（二〇一五年）に続いて今回が三冊目となる。特に「三部作」的な配慮があるわけではないのだが、この三つの著作には、やはり一貫した傾向が潜在すると言うべきであろう。それは、私たちの中で自明視されているか、あるいはその裏返しとして無視されている「世界史」というカテゴリーへの問いである。ここでの「世界史」は、否応なく冷戦崩壊以降に「歴史の終焉」が叫ばれ、新自由主義グローバリズムが本格化する一九九〇年代以来の文脈ともクロスする。新自由主義グローバリズムは、階級政治を無視するだけでなく、また民族の独自の歴史をも破壊し、やはり内部的には政治勢力間の政治的競争をも空無化させる。実に汪暉氏の使うキーワードとしては、「脱政治の政治」に焦点化され得るものである。そこで汪暉氏が企図している大きな目標は、前作『世界史のなかの東アジア』に「帯文」を寄せていただいた柄谷行人氏が指し示していることであろう。すなわち、汪暉氏は明らかに「社会主義」をどうやり直すのか、という課題を中国人として負っているのである。中国においてこの課題は、中華人民共和国が名目において「社会主義国家」であることもあり、否応なく独自の文脈を負うことになる。

それはおそらく、国家として一度は社会主義を標榜したことの重みであり、イデア（理想）としてはそれが幾ばくか中国社会に漂っている、という文脈である。おそらく汪暉氏が誤解されるとすれば、上記の柄谷行人氏の用語を使うならば、交換様式Ｂ（国家からの再分配）の契機をどう取り戻すのかという問題にだけ専心している、と受け取られることであろう。しかしそう単純ではない、と私は見る。それは汪暉氏が「システムを越えた社会」と名付けている根源的な機能――古くもあり、未来形でもある――に着目している点であろう。この「システムを越えた社会」は、中国の内部にかかわる展開にしても、また中国の外側に対する展開としても、あるいは両者を同時に見る際にも必要な観点となる。この概念は、今後とも汪暉氏の思想の展開を辿って行くべきキーポイントとなる。

　そしてもう一つ、上記三作にはまた別に一貫した背景がある。つまりすべて、「中国の台頭」の趨勢とも関係づけられることである。問題提起的な言い方が許されるなら、「世界史のなかで中国とは何か?」あるいは「いわゆる世界史は中国によってどう再解釈されるのか?」という問いに接続することである。日本でも少々は知られているように、汪暉氏は実に中国において毀誉褒貶の渦中にある人物である。だが、この波は日本にも伝わっているようで興味深い。日本の中国関係の書籍において、同氏を批判的に捉えた文章が載った本も既に出版されている。否応なく中国内部の論争が日本にも及んでいる証左である

（ただここでは紙幅の都合もあり、批判の中身については触れない）。端的に、このような現象が裏書しているところを言えば、つまり同氏は既に中国内部のみに向けて書く人物ではなく、世界的な思想家となっている事実である。つまり、ジジェク、ランシエール、ネグリ、B・アンダーソン等々と同じところにいる、ということである。いわゆる今日の「中国の台頭」は、ある意味では当然のことながら、世界の思想界における中国人の台頭をも伴ったということだ。これこそ、「世界史」の再解釈を迫る象徴的な出来事であるのかもしれない。

汪暉氏との個人的な出会いを二つほど書き記し、「あとがき」の任を終えたい。同氏と初めて会ったのは確か、二〇〇〇年代前半のことであった。東京大学の村田雄二郎氏が主催していた、汪暉氏を迎えてのセミナーの席においてであった（魯迅研究者として高名な丸山昇名誉教授も参加していた）。その時の汪暉氏は中国革命をテーマにして議論を展開していたが、非常に刺激的な印象を持った。その二次会の席で話し込んだ際、同氏がさらに大きなスケールの話をしてくれたことが強く記憶に残っている。すなわち、「中国的なロジックとは敵を作るのではなく、友を作ろうとすることだ」と。単純な類推では、戦後の米国、さらに第一次湾岸戦争以降も米国がずっと「敵」を作り続けて来た事跡があり、それとの対比であり得るだろうとは思われた。ただ同氏の言いたいことは、おそらくもっとスパンを広げたところの中華の歴史とも繋がるはずである。いずれにせよ私が驚いたのは、そのような中国的ロジックを展開する言葉の中に、中国が今後どうあるべきかについての強い責任意識が滲み出ていたことである。そのことは、たとえば今回の著作では「一帯一路」構想への言及において実に色濃く表れている。

そしてもう一つのエピソードは、二〇一三年のことであった。私の本務校の明治大学で汪暉氏を講演者としてお呼びした時、一橋大学の鈴木将久教授とともに魯迅について突っ込んだ議論をした時のことである。そこで同氏が強調していたのは、魯迅は晩年、「中国左翼作家連盟」などを通じて、共産党との深い関係を築いていたが、彼自身は党員ではなかった――にもかかわらず彼は深く共産党に影響を与えていた――という事跡である。現代中国において国民党にせよ、共産党にせよ、「党」が非常に強く機能してきたことは周知のことである。そこで「知識人と党との関係はどうあるべきか」という課題は現代中国の歩みにおいて非常に大きなテーマであり、現在でもそうである。少なくともここで問題となるのは、誰々は党員であるかどうか、あるいは誰それは「党」に近いかどうか、といったレベルのことではない。中国人の考え方において、政治は制度にだけ頼るものだけでなく、やはり人の力によるところが大きい、という伝統がある。翻って申せば、一般的に「党」が人を左右することだけがクローズアップされるのだが、むしろ人がどのように「党」に働きかけたか、という作用／反作用が重要なのだ。いずれにせよその時、私は汪暉氏の議論の着眼点に、また同氏を通じて取り挙げられた魯迅の生き方に改めて感嘆したのであった。

汪暉氏の活躍は今後も続くだろう。魯迅がそうであったように、毀誉褒貶を打ち返しながら。

＊

本書の翻訳について。明海大学の河村昌子氏、そして北京大学に留学中の宮本司氏との合作によって成り立っている。特に河村氏には汪暉氏の思想・行動と東西思想史が複雑に入り組んだ論文「記念碑を越える、あるいは真知の始まり」を担当していただいた。深く感謝したい。

本書の解説であるが、気鋭の中国研究者（台湾も含む）羽根次郎氏にお願いした。同氏の最近の言論は汪暉氏の問題関心とも重なるところがあり、汪暉氏の論をさらに日本の側から強化していただけたと思う。ここに感謝する。

さて、本書の成立には、銭理群氏の『毛沢東と中国』（二〇一二年）でもお世話になった青土社の菱沼達也さんの熱意が必要であった。ここに深く感謝する。また汪暉氏の著作を青土社から出すきっかけを作ってくださった、『現代思想』の元編集長・池上善彦氏にもこの場を借りて感謝申し上げる。

三月　世田谷の自宅にて

丸川　哲史

編訳者

丸川哲史（まるかわ・てつし）

1963年和歌山市生まれ。2002年一橋大学大学院言語社会研究科博士課程修了。2007年同研究科にて博士号（学術）取得。現在、明治大学政治経済学部教授（教養デザイン研究科兼任）。専攻は東アジアの思想・文化。主な著書に『帝国の亡霊』（青土社）、『阿Qの連帯は可能か？』（せりか書房）、『台湾ナショナリズム』（講談社選書メチエ）など、訳書に銭理群『毛沢東と中国』（共訳、青土社）など。

訳者

河村昌子（かわむら・しょうこ）

1969年東京都三鷹市生まれ、大阪府豊中市出身。1999年お茶の水女子大学大学院人間文化研究科博士課程修了、博士号（人文科学）取得。現在、明海大学外国語学部中国語学科准教授。専攻は中国近現代文学。著書に『ああ　哀しいかな—死と向き合う中国文学—』（共著、汲古書院）、訳著に柴静『中国メディアの現場は何を伝えようとしているか　女性キャスターの苦悩と挑戦』（共訳、平凡社）、張承志『中国と日本　批判の刃を己に』（共訳、亜紀書房）など。

宮本司（みやもと・つかさ）

1991年青森市生まれ、長野県軽井沢町出身。2014年明治大学政治経済学部卒業、現在同大学大学院博士前期課程在籍中。翻訳にS・ジジェク、A・ルッソ、海裔、汪暉「現代政治の礼と法」（青土社『現代思想』2014vol.42-4）、羅永生「香港現代思想史「本土意識」の歩み」、「バーチャル・リベラリズムの終結」（共和国『誰も知らない香港現代思想史』）。

解説

羽根次郎（はね・じろう）

1974年横浜市生まれ。2010年一橋大学大学院言語社会研究科博士課程修了、博士号（学術）取得。現在、明治大学政治経済学部専任講師。専攻は比較文明史、中国近現代史、現代中国論。主な論文に「啓蒙思想期以降のヨーロッパにおける南台湾記述と「南東台湾」の発見について」（『日本台湾学会報』第12号）、「「陸」の世界の少数民族と貧困」（『at プラス』22号）など、訳書に汪暉『世界史のなかの中国』（共訳、青土社）、銭理群『毛沢東と中国』（共訳、青土社）など。

著者　汪暉（ワン・フイ／おう・き）Wang Hui

1959年江蘇省揚州市生まれ。揚州師範学院中文系卒業、南京大学中文系修士課程修了、中国社会科学院研究生院博士課程修了、文学博士。現在、清華大学人文社会科学学院教授。他にハーバード大学客員研究員、カリフォルニア大学バークレー校ポスト・ドクター・フェロー、香港中文大学客員研究員、ワシントン大学客員研究員、ベルリン高等研究所客員研究員、コロンビア大学客員教授、東京大学客員教授などを務めた。『読書』（三聯書店）元編集長。邦訳に『思想空間としての現代中国』、『近代中国思想の生成』（以上、岩波書店）、『世界史のなかの中国』、『世界史のなかの東アジア』（以上、青土社）。

世界史のなかの世界

文明の対話、政治の終焉、システムを越えた社会

2016年 4 月 25 日　第 1 刷印刷
2016年 5 月 10 日　第 1 刷発行

著者——汪暉
編訳者——丸川哲史

発行人——清水一人
発行所——青土社
〒101-0051　東京都千代田区神田神保町 1-29　市瀬ビル
［電話］03-3291-9831（編集）　03-3294-7829（営業）
［振替］00190-7-192955

印刷所——双文社印刷（本文）
方英社（カバー・扉・表紙）
製本所——小泉製本

装幀——菊地信義

ISBN978-4-7917-6927-8 C0030